21世纪高职高专财经类规划教材

21SHIJI GAOZHIGAOZHUAN CAIJINGLEI GUIHUA JIAOCAI

山东省潍坊市第二十次社会科学优秀成果二等奖（2012年）

会计基础与实务（第3版）

Kuaiji jichu yu shiwu

杨桂洁 ◎ 主编

王建军 西德国 宋菡君 ◎ 副主编

侯秉文 ◎ 主审

21SHIJI GAOZHIGAOZHUAN CAIJINGLEI GUIHUA JIAOCAI

人民邮电出版社

北京

图书在版编目（CIP）数据

会计基础与实务 / 杨桂洁主编. -- 3版. -- 北京 :
人民邮电出版社, 2016.8（2018.5重印）
21世纪高职高专财经类规划教材
ISBN 978-7-115-42694-9

Ⅰ. ①会… Ⅱ. ①杨… Ⅲ. ①会计学－高等职业教育
－教材 Ⅳ. ①F230

中国版本图书馆CIP数据核字(2016)第137286号

内容提要

本书是校企合作开发的基于会计工作过程的项目式课程教材，全书按照会计工作过程选取、序化教学内容。单一实例贯穿全书，采用仿真的凭证、账簿、报表来讲解，并安排相应的教、学、做一体化训练，突出仿真性和互动性，以实现工学结合。

本书主体分为两部分，第一部分是会计入门知识，以模块形式介绍会计人员必备的基本知识，其中，企业基本经济业务的账务处理模块以一个完整的小型案例为载体来讲解；第二部分是会计工作流程，以滨海有限责任公司一个会计期间全部经济业务的账务处理流程为主线，依次介绍会计工作过程中期初、日常、期末、最终的职业活动和工作任务，并根据工作任务穿插了各种相关知识。

本书附录中提供了教、学、做一体化训练的参考答案、教学模拟案例需用实训材料清单、会计从业资格考试模拟题及解析、综合模拟实训案例和会计基础工作规范。在本书附册中提供了教学模拟案例和综合模拟案例的原始凭证，供学生实际操作时裁剪使用。

为便于教学，本书提供课程标准、电子教案、电子课件、模拟案例参考答案、模拟试卷和案例分析等配套资料，索取方式参见“更新勘误表和配套资料索取示意图”。

本书可作为高职高专院校财经类专业基础课教材，也可作为会计从业人员的培训教材和自学参考书。

♦ 主　编　杨桂洁
副 主 编　王建军　西德国　宋菡君
主　审　侯秉文
责任编辑　万国清
责任印制　焦志炜

♦ 人民邮电出版社出版发行　北京市丰台区成寿寺路 11 号
邮编　100164　电子邮件　315@ptpress.com.cn
网址　http://www.ptpress.com.cn
北京隆昌伟业印刷有限公司印刷

♦ 开本：787×1092　1/16
印张：20.25　2016 年 8 月第 3 版
字数：449 千字　2018 年 5 月北京第 5 次印刷

定价：48.00 元（附小册子）

读者服务热线：(010) 81055256　印装质量热线：(010) 81055316
反盗版热线：(010) 81055315
广告经营许可证：京东工商广登字20170147号

第3版前言

《会计基础与实务》自出版以来，得到广大读者的厚爱，特别是教材中的综合模拟案例教学，得到了教师和学生的好评。为了使本书更加紧密结合实际，内容不断趋于完善，以更适合教学和初学者使用，我们在第2版教材的基础上，对本书进行了全面、细致的修订。

在修订过程中，我们广泛听取了相关专家和教师的意见和建议，保持了第2版的优势和特点，更正了第2版的错漏，同时对有关项目的内容做了修改、完善，并新增了部分辅助教学内容。

本次修订依据第2版教学实践的信息反馈，主要修改完善了以下内容：一是教学模拟案例更换了最新增值税专用发票，加盖了印章，使其仿真性更强；二是每个模块和项目前增加了知识框架，中间穿插了提炼点睛、拓展阅读和二维码展示等小栏目，更方便读者的全方位学习；三是补充了会计从业资格考试的相关内容，便于参加会计从业资格考试的相关人员学习；四是附录中增加了会计基础工作规范，便于学习查阅。

本次修订由潍坊职业学院杨桂洁教授担任主编，由潍坊职业学院王建军、西德国和潍坊新东方会计代理有限公司宋菡君担任副主编；北京城市学院申婧，潍坊工商职业学院王玉花，北京师范大学张春杨，潍坊职业学院张华丽、刘新萍、裴建红、刘婷、冀香芬、李梅参加了编写；本书由潍坊职业学院侯秉文教授审定。

本书修订过程中得到了潍坊职业学院和人民邮电出版社的大力支持，在此表示感谢。

由于作者水平有限且编写时间仓促，书中难免有疏漏和不妥之处，敬请广大读者批评指正。

编　者

2016年4月

第1版前言

“基础会计”课程主要面向会计核算工作全过程，为学生搭建会计工作整体框架，培养学生的基本会计核算能力、基本职业判断能力以及全盘账务处理能力，让学生对会计工作有系统性的整体认识。

本书定位于高等职业教育，按照2006年财政部颁布的《企业会计准则》《企业会计准则——应用指南》和教高［2006］16号文件精神编写，是校企合作开发的基于会计工作过程的项目课程教材。本书按照会计工作过程选取、序化教学内容，以工作过程为导向，以工作任务为载体，用单一实例贯穿全书，融教、学、做于一体，突出仿真性和互动性，以实现工学结合。本书编写力求突出以下特点。

（1）校企合作开发。本书由潍坊新东方会计代理有限公司、潍坊新盛染织有限责任公司和潍坊职业学院合作完成，由会计行业企业专家、会计工作人员和会计专业教师共同编写。

（2）重构内容体系。本书打破了过往以理论知识为核心、以会计核算方法为主线的学科内容体系，转向以会计工作过程为主线组织教学，以具体工作任务为载体，将相关知识和会计核算方法融于实际的会计工作中。

（3）结构新颖。会计入门知识部分，每个模块前有“知识目标”“能力目标”和“导入案例”栏目，中间穿插“考考你”“小知识”“学中做”“知识拓展”和“导入案例解答”等小栏目，模块后配有“教、学、做一体化训练”项目；会计工作流程部分的每个项目前有“职业活动”和“职业能力”栏目，每个项目分解为多个工作任务，每个工作任务的学习依次按“提出任务、分析任务、相关知识和实施任务”四个环节进行，中间穿插“账簿书写规范”“小知识”“注意事项”等小栏目，项目后配有“教、学、做一体化训练”项目。这种编写结构通俗、生动、趣味性强，符合高职学生的认知特点。

（4）教、学、做一体化。全书用单一实例贯穿始终，即以滨海有限公司一个会计期间全部经济业务的账务处理流程为主线，引导学生学习整个会计工作过程。工作过程中，每项具体工作任务的实施分为“示范操作”和“自己动手”两部分，学生在示范操作的引领下，自己在真实的凭证、账簿和报表中独立完成各项工作任务，最终提交一套完整的会计档案资料。书后附有“滨海有限公司”模拟案例的原始凭证，供学生实际操作时使用。对于重要的知识点和单项操作技能，本书在“教、学、做一体化训练”项目中有针对性地加强了训练。

本书适合用于高职高专院校经济管理类专业会计基础课程的教学，选用本书的教师，可根据本书末页说明索取电子教案、电子课件、模拟案例参考答案和案例分析等配套教学资料。

本书由潍坊职业学院杨桂洁副教授任主编，潍坊职业学院高级会计师张华丽和杨发岭副教授任副主编。潍坊新东方会计代理有限公司总经理宋菡君，潍坊职业学院刘新萍、裴建红、冀香芬、刘婷和黄瑾，潍坊新盛染织有限责任公司王景侠参与了编写。具体分工为：杨桂洁负责拟定编写提纲并编写会计入门知识部分中的模块一和模块三，杨发岭编写模块二；张华丽编写会计工作流程部分中的项目一，裴建红和冀香芬编写项目二，宋菡君和刘新萍编写项目三，刘婷编写项目四，黄瑾编写项目五，王景侠编写项目六，最后由杨桂洁总纂成书。

本书由潍坊职业学院侯秉文教授审稿，他提出了许多宝贵意见，在此表示衷心的感谢。

由于时间仓促且作者水平有限，书中难免有错误和不当之处，敬请广大读者批评指正。

编　者

2010年4月

目录

第一部分　会计入门知识

第二部分　会计工作流程

操作裁剪用凭证

第一部分　会计入门知识

本部分主要内容

模块一　会计入门

模块二　账户与借贷记账法

模块三　企业基本经济业务的账务处理

本部分以模块形式向初学者介绍从事会计工作必备的入门知识，让学生认识会计、理解会计要素和会计等式、掌握借贷记账法、能对企业简单的经济业务进行账务处理，为第二部分学习会计工作流程打下较好的基础。

模块一

会 计 入 门

【知识框架】

- 会计入门
  - 认识会计
    - 会计的产生和发展
    - 会计的含义和职能
    - 会计核算方法
    - 会计基本假设与会计基础
    - 会计信息的质量要求
    - 会计法律法规体系
    - 会计机构和会计人员
  - 会计要素和会计等式
    - 会计对象
    - 会计要素
    - 会计等式

【知识目标】

了解会计的产生和发展过程，理解会计的含义和职能，熟悉会计核算方法，熟悉会计基本假设、会计基础和会计信息的质量要求，了解会计法规体系，熟悉会计机构的设置和会计人员的配备，掌握会计要素和会计等式。

【能力目标】

能识别会计要素，能根据会计等式判断经济业务类型，能分析经济业务对会计等式的影响。

【导入案例】

经济越发展，会计越重要。对一个企业来说，会计既是很重要的岗位，也是企业搞好管理的重要环节，但会计是一门专业性比较强的学科，对会计岗位和会计从业人员都有许多规范性要求，企业管理者若不了解这一点，有时会像下面的王先生一样遇到麻烦。

情况是这样的：王先生的企业创办一年之后，工商局和税务局的人员都指出他没有遵守我国会计准则的要求建立企业的会计制度，记账随意性大；财政局的人员还指出该企业的财会人员没有经过资格认证。王先生觉得非常委屈，认为企业是自己的，应该有自己的自主权，为什么会计一定要按照国家规定的会计准则去做呢？会计人员为什么要有资格认证呢？你能解答王先生的疑问吗？

第一节 认 识 会 计

一、会计的产生和发展

会计起源于社会生产实践，是社会生产发展到一定阶段的产物。随着社会经济的发展，会计的内容和形式不断地变化和完善。

在人类社会早期的生产活动中，会计只是生产职能的附带部分。原始社会的“结绳记事”“刻木记事”等方式便是最早的会计雏形。

当社会生产力发展到一定水平后，剩余产品出现，需要记录和计量的内容多起来，会计逐渐从生产中分离出来。

据史料记载，西周时代“会计”一词开始使用，对财务收支采取了“月计岁会”的办法。到西汉时，出现了“计簿”或“簿书”的账册，并使用“入”“出”作为记账符号。到了宋代，开始出现“四柱”结算法，官厅会计把钱粮的收支分为四个部分（旧管、新收、开除和实在）来反映财产的增减变化，称为“四柱”，相当于现代会计中的期初结存数、本期收入数、本期支出数和期末结存数。根据四柱结算法编造的账簿称为“四柱清册”（旧管＋新收－开除＝实在）。明末清初，产生了“龙门账”，把全部账目分为四部分，即“进、缴、存、该”，分别相当于现代会计中的收入、支出、资产和负债。它们之间的关系为“进−缴＝存−该”，期末编制“进缴表”（利润表）和“存该表”（资产负债表）。

遗憾的是，源远流长的中式会计文化和发明创造，由于经济发展的限制，没能流传和推广。我国在清朝后期从国外引进了借贷复式记账法。

新中国成立后，我国会计工作得到了很大发展。尤其是近20年来，国家先后制定和出台了一系列与国际接轨的会计法规，我国的会计工作出现了很多新变化。

★提炼点睛★

我国会计发展的里程碑

西周：“会计”“月计岁会”
西汉：“计簿”“入、出”
宋代：“四柱清册”（旧管+新收−开除=实在）
明清：“龙门账”（“进−缴=存−该”）

视野拓展

推荐读者课外扫描二维码阅读中国会计网《中国会计发展历史》一文。

二、会计的含义和职能

（一）会计的含义

会计是以货币为主要计量单位，以凭证为依据，采用一系列专门的方法和程序，对企事业单位发生的经济交易或事项进行连续、系统、全面、综合地确认、计量、记录和报告，并向利益相关者提供会计信息的一种管理活动。

1. 会计以货币为主要计量单位

货币是会计的主要计量单位，但不是唯一计量单位。除货币计量外，会计还运用实物量和劳动量作为辅助计量单位，如“千克”“工时”等。

2. 会计以真实、合法的原始凭证为依据

原始凭证是证明经济业务发生或完成的原始记录，它不仅记录着经济业务的过程和结果，也明确了经济责任。会计以真实、合法的原始凭证为依据，能保证会计记录有凭有据、会计信息真实可靠。

3. 会计运用专门的核算方法

会计在工作实践中逐步形成了一系列专门的核算方法——设置会计科目和账户、复式记账、填制和审核会计凭证、登记账簿、成本计算、财产清查和编制财务报告。

4. 会计工作是对经济交易或事项进行的确认、计量、记录和报告

会计处理过程包括确认、计量、记录和报告四个阶段。会计确认，是指按照规定的标准和方法，确定是否将企业的经济活动记入会计凭证、账簿并列入会计报表的过程。会计计量，是指运用一定的计量单位和计量属性，确定被记录项目金额的过程。会计记录，是指将经过确认和计量的信息在会计特有的载体上予以登记的过程。会计报告，是指将日常记录的会计信息归类整理后编制成财务会计报告，以便将会计信息提供给使用者的过程。

请思考

会计含义的要点有哪些？如何理解？

（二）会计的职能

会计的职能是由会计的本质特征所决定的固有、直接的功能，《中华人民共和国会计法》对会计的基本职能表达为“会计核算与会计监督”。

1. 会计核算职能

会计核算职能是指会计对客观经济活动进行确认、计量、记录，并进行汇总、报告，也即通常所说的“记账、算账、报账”。各单位必须根据实际发生的经济业务事项进行会计核算，填制会计凭证，登记会计账簿，编制财务会计报告。

会计核算的有关内容包括以下几项：① 款项和有价证券的收付；② 财物的收发、增减和使用；③ 债权债务的发生和结算；④ 资本、基金的增减；⑤ 收入、支出、费用和成本的计算；⑥ 财务成果的计算和处理；⑦ 需要办理会计手续、进行会计核算的其他事项。

2. 会计监督职能

会计监督职能是指会计在其核算过程中对经济活动的合法性、合理性和有效性所进行的审查。各单位应当建立、健全本单位内部会计监督制度。单位内部会计监督制度应当符合下列要求。

（1）记账人员与经济业务事项和会计事项的审批人员、经办人员、财物保管人员的职责权限应当明确，并相互分离、相互制约。

（2）重大对外投资、资产处置、资金调度和其他重要经济业务事项的决策和执行的相互监督、相互制约程序应当明确。

（3）财产清查的范围、期限和组织程序应当明确。

（4）对会计资料定期进行内部审计的办法和程序应当明确。

会计核算和会计监督的关系十分密切，两者相辅相成。会计核算是会计监督的基础，而会计监督是会计核算的保证。两者必须结合起来发挥作用，才能正确、及时、完整地反映经济活动，有效地提高经济效益。如果没有可靠、完整的会计核算资料，会计监督就没有客观依据。反之，只有会计核算而没有会计监督，会计核算也就没有意义。

随着社会经济的发展和经济管理的现代化，会计的职能也会随之发生变化，一些新的职能不断出现。一般认为，除了会计核算和会计监督两个基本职能之外，会计还有分析经济情况、预测经济前景、参与经济决策等多种职能。

三、会计核算方法

会计方法包括会计核算方法和会计管理方法。会计核算方法是对发生的经济交易或事项进行连续、系统、全面、综合地确认、计量、记录和报告所采用的方法。会计管理方法又分为会计预测方法、会计控制方法、会计分析方法、会计检查方法等。会计管理方法另由其他课程介绍，这里主要介绍会计核算方法。

请思考

会计两个基本职能的关系如何？

（1）设置会计科目和账户。设置会计科目和账户，是对会计对象具体内容进行分类核算和监督的一种专门方法。会计对象包含的内容纷繁复杂，设置会计科目和账户就是根据会计对象具体内容的不同特点和经济管理的不同要求，选择一定的标准进行分类，并事先规定分类核算项目，在账簿中开设相应的账户，以取得所需要的核算指标。

（2）复式记账。复式记账是指对每一项经济业务都要在两个或两个以上相互联系的账户中进行登记的一种方法。复式记账一方面能全面、系统地反映经济业务引起资金运动增减变化的来龙去脉；另一方面能通过账户之间的一种平衡关系，检查会计记录的正确性。

（3）填制和审核会计凭证。各单位发生的任何会计事项都必须取得原始凭证，证明其经济业务的发生或完成。原始凭证要送交会计进行审核，审核其填制内容是否完备、手续是否齐全、业务的发生是否合理合法等，经审核无误后，才能编制记账凭证。记账凭证经审核无误后才能据以登记账簿。原始凭证和记账凭证统称为会计凭证。填制和审核会计凭证是会计核算的一种专门方法，它能保证会计记录的完整、可靠，提高会计核算质量。

（4）登记账簿。账簿是具有一定格式，用来记账的簿籍。登记账簿就是根据会计凭证，采用复式记账法，把经济业务分门别类、内容连续地在有关账簿中进行登记的方法。借助于账簿，就能将分散的经济业务进行分类汇总，系统地提供每一类经济活动的完整资料，了解一类或全部经济活动发展变化的全过程，更加适应经济管理的需要。账簿记录的各种数据资料，也是编制财务报表的重要依据。所以，登记账簿是会计核算的主要方法。

（5）成本计算。成本计算是按照一定对象归集和分配生产经营过程中发生的各种费用，以便确定各成本计算对象的总成本和单位成本的一种专门方法。正确地进行成本计算，可以考核生产经营过程的费用支出水平，同时又是确定企业盈亏和制定产品价格的基础，并可为企业进行经营决策提供重要依据。

（6）财产清查。财产清查是通过对各项财产物资、货币资金进行实物盘点，对往来款项进行核对，以查明实存数同账存数是否相符的一种专门方法。通过财产清查，可以查明各项财产物资、债权债务、所有者权益的情况，可以促进企业加强物资管理，保证财产的完整，并能为编制会计报表提供真实、准确的资料。

（7）编制财务报告。财务报告是企业根据账簿记录的数据资料，定期编制的、总括反映企业在一定期间的财务状况、一定期间的经营成果及其现金流量变动情况的报告文件。财务报告对分散在账簿中的日常核算资料进行了加工整理，可为国家有关部门、投资者、经营管理者等企业利益相关者的决策提供有用的会计信息。

上述会计核算的各种方法相互联系、密切配合，构成了一个完整的核算方法体系。这些方法在会计核算工作中相互配合运用：首先根据企业的经济业务设置会计科目和账户；经济业务发生后，填制和审核会计凭证；根据审核无误的会计凭证，运用复式记账法登记会计账簿；对生产经营过程中各种费用进行成本计算；对账簿记录通过财产清查加以核实，保证账实相符；期末，根据账簿记录编制财务报告。

★提炼点睛★

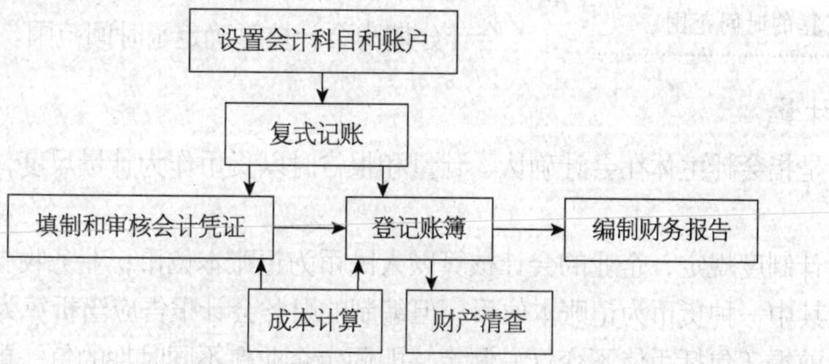

会计核算方法之间的关系

四、会计基本假设与会计基础

（一）会计基本假设

会计基本假设是企业会计确认、计量和报告的前提，是对会计核算所处时间、空间环境等所作的合理假定。一般可将会计核算前提概括为四项，即会计主体、持续经营、会计分期和货币计量。

1. 会计主体

会计主体是指企业会计确认、计量和报告的空间范围，即会计核算和监督的特定单位和组织。

值得注意的是，会计主体与法律主体并非对等概念。一般来说，会计主体不一定是法律主体，法律主体必然是会计主体。会计主体可以是独立法人，也可以是非法人；可以是一个企业，也可以是企业内部的一个特定部门；可以是单一企业，也可以是由几个企业组成的企业集团。

★提炼点睛★

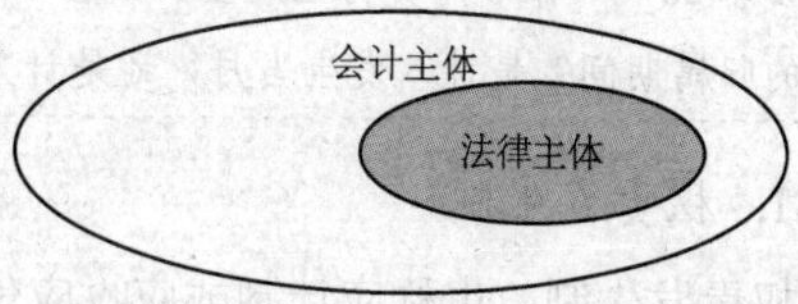

会计主体与法律主体的关系

2. 持续经营

持续经营是指在可以预见的未来，企业将会按当前的规模和状态继续经营下去，不会停业，也不会大规模削减业务。

持续经营前提使会计原则建立在非清算基础之上，为企业选择适用的会计原则和会计方法、进行财产计价和收益确定提供了理论依据。

当然，持续经营只是一个假设，任何企业在经营过程中，都存在破产清算、不能持续经营的风险。企业一旦进入清算，就应当改按清算会计处理。

3. 会计分期

会计分期是指将一个企业持续经营的经济活动划分为一个个持续的长短相同的期间，以便分期结算账目和编制财务会计报告。

> ★提炼点睛★
>
> 会计主体假设确定了会计核算的空间范围，会计分期假设确定了会计核算的时间范围。

会计期间分为年度和中期，我国的会计年度自公历每年的1月1日起至12月31日止。会计中期是短于一个完整的会计年度的报告期间，包括半年度、季度和月度。

会计分期为会计核算确定了时间范围。

4. 货币计量

货币计量是指会计主体在会计确认、计量和报告时以货币作为计量尺度，反映会计主体的经济活动。

我国的会计制度规定，企业的会计核算以人民币为记账本位币；业务收支以外币为主的企业，可以选定其中一种货币为记账本位币，但编制的财务会计报告应当折算为人民币。

货币计量前提还包括币值不变这一假定，即假定企业在不同时期的每一单位货币或同量货币具有完全相同的价值。

> 会计核算的四项基本假设具有相互依存、相互补充的关系。会计主体确立了会计核算的空间范围，持续经营与会计分期确立了会计核算的时间长度，而货币计量则为会计核算提供了必要手段。没有会计主体，就不会有持续经营；没有持续经营，就不会有会计分期；没有货币计量，就不会有现代会计。

（二）会计基础

会计基础是指会计以什么为标准来确认、计量和报告企业单位的收入和费用，目的是为了更加真实、公允地反映企业单位某一特定日期的财务状况和某一特定期间的经营成果。

会计基础主要有权责发生制和收付实现制有两种。

> 例如，甲公司20××年3月销售给乙公司一批产品，价格为40 000元，20××年5月收到货款。甲公司20××年6月支付租入生产设备7、8月份租金6 000元。对于上述业务，如何确定收入和费用的归属期间？是计入发生当月，还是计入收付当月？这必须事先明确采用什么会计基础。

1. 权责发生制

权责发生制，也称应计制或应收应付制，是指收入、费用的确认应当以收入、费用的实际发生作为确认的标准，以合理确认当期损益的一种会计基础。

权责发生制要求，凡是当期已经实现的收入和已经发生的费用，无论款项是否收付，都应当作为当期的收入和费用；凡是当期未实现的收入和未发生的费用，即使款项已在当期收付，也不应当作为当期的收入和费用。权责发生制主要从时间上规定会计确认的基础，其核心是根据权责关系的实际发生期间来确认收入和费用。

前例中，在权责发生制下，甲公司 3 月实现销售收入 40 000 元，虽然款项当月未收到，但仍作为 3 月的收入；6 月虽然支付了 6 000 元，但该租金费用发生在 7、8 月份，应分别计入 7、8 月份。

《企业会计准则——基本准则》第九条规定，企业会计应当以权责发生制为基础进行会计确认、计量和报告。

2. 收付实现制

收付实现制，也称现金制或实收实付制，是以收到或支付现金作为确认收入和费用的标准，是与权责发生制相对应的一种会计基础。

收付实现制要求，凡是本期收到的收入和支付的费用，不管是否应归属本期，都作为本期的收入和费用；反之，凡是本期未收到的收入和未支付的费用，即使应归属本期，也不能作为本期的收入和费用。收付实现制是根据实际收到的现金和实际支付的现金确定本期的收入和费用，与权责发生制正好相反。

前例中，在收付实现制下，甲公司 5 月收到货款 40 000 元，虽然该款项属于 3 月实现的销售收入，但仍作为 5 月的收入；6 月提前支付租金费用 6 000 元，虽然该租金费用实际发生在 7、8 月份，但仍作为 6 月的费用。

目前，我国的行政单位会计采用收付实现制，事业单位会计核算一般采用收付实现制。

【学中做 1.1】

某企业 8 月销售 A 产品一批，价款 20 000 元，款项未收到，收到 6 月所欠货款 5 000 元，按权责发生制确定该企业 8 月的销售收入应为（　　）元。

A. 20 000　　B. 5 000

C. 25 000　　D. 15 000

★提炼点睛★

权责发生制和收付实现制的要点比较如下。

权责发生制，以当期“应当收到”和“应当支付”的金额确认收入和费用，而不管是否收到，是否支付。

收付实现制，以当期“实际收到”和“实际支付”的金额确认收入和费用，而不管是否归属本期。

五、会计信息的质量要求

会计信息质量要求是对企业财务会计报告中所提供高质量会计信息的基本规范，主要包括可靠性、相关性、可理解性、可比性、实质重于形式、重要性、谨慎性和及时性等。

（1）可靠性。可靠性要求企业以实际发生的交易或事项为依据进行确认、计量和报告，如实反映相关信息，保证会计信息真实可靠、内容完整。

（2）相关性。相关性要求企业提供的会计信息应当与信息使用者的经济决策需要相关，有助于他们对企业情况进行评价和预测。相关性是以可靠性为基础的，会计信息在可靠性的前提下，尽可能做到相关性。

（3）可理解性。可理解性要求企业提供的会计信息应当清晰明了，便于使用者理解和使用。

（4）可比性。可比性要求企业提供的会计信息应当相互可比，保证同一企业不同时期可比、不同企业相同会计期间可比。可比性要求包括两层含义：纵向可比和横向可比。纵向可比是指同一企业不同时期可比，横向可比是指不同企业相同会计期间可比。

考考你 1.1

纵向可比和横向可比有什么意义？

（5）实质重于形式。实质重于形式要求企业应当按照交易或事项的经济实质进行会计确认、计量和报告，不应仅以其法律形式为依据。

（6）重要性。重要性要求企业提供的会计信息应当反映与企业财务状况、经营成果和现金流量有关的所有重要交易或事项。对于重要会计事项，必须按照规定的会计方法和程序进行处理，并在财务报告中予以充分、准确地披露；对于次要的会计事项，在不影响使用者做出正确判断的前提下，可适当简化处理。

> **视野拓展**
> 百度百科“会计信息质量要求”词条可供读者参考。

（7）谨慎性。谨慎性要求企业对交易或事项进行会计确认、计量和报告时，保持应有的谨慎，不应高估资产或者收益、低估负债或者费用。

（8）及时性，及时性要求企业对于已经发生的交易或事项，应当及时进行确认、计量和报告，不得提前或延后。

六、会计法律法规体系

会计法律法规体系是会计工作规范的总称。会计法律法规体系按权威性和法律效力区分，可分为如下四个层次。

第一层次是指由全国人民代表大会统一制定的会计法律，如《中华人民共和国会计法》。

第二层次是指由国务院制定的会计行政法规，如《总会计师条例》《企业财务会计报告条例》等。

第三层次是指由财政部统一制定的会计规章制度，如《企业会计准则》《企业会计制度》等。

第四层次是指由国务院其他部门、解放军总后勤部，以及各省、自治区、直辖市等地方制定的适用于本部门、本地实际情况的会计工作管理的规定、办法、规则、通知等。

（一）会计法律

会计法律是指由全国人民代表大会及其常务委员会经过一定立法程序制定的、调整我国经济生活中会计行为关系的法律规范的总称。

目前，现行的《中华人民共和国会计法》是我国会计法律制度中层次最高的法律规范。它是会计法律规范体系中层次最高、最具有法律效力的法律规范，是会计工作的根本大法，是制定其他会计法律法规、会计规章制度的依据，也是指导我国会计工作的最高准则，其他任何会计法律法规都不得与之相违背。

我国会计法律的立法宗旨是规范会计行为，保证会计资料真实、完整，加强经济管理和财务管理，提高经济效益，维护社会主义市场经济秩序。国家机关、社会团体、企业、事业单位和其他组织（以下统称为单位）必须按照会计法律办理会计事务。

（二）会计行政法规

会计行政法规是指由国务院制定并发布，或者国务院有关部门拟订并经国务院批准发布，调整经济生活中某些方面会计关系的法律规范。它是根据《中华人民共和国会计法》制定的，是对会计法律的具体化或某个方面的补充。我国现行的会计行政法规主要是国务院发布的《总会计师条例》《企业财务会计报告条例》等。

1. 总会计师条例

《总会计师条例》是国务院于1990年12月31日发布的，该条例共分为5章23条，主要对总会计师的职责、权限、任免与奖惩等作出规定。

> **视野拓展**
> 法律法规变化对会计实务影响巨大，推荐读者及时通过网络查询新内容，可关注网络百科（如百度百科）“总会计师条例”“企业财务会计报告条例”词条。

2. 企业财务会计报告条例

《企业财务会计报告条例》是国务院于2000年6月21日发布的，自2001年1月1日起实施，共6章46条，主要对企业财务会计报告的构成、编制、对外提供、法律责任等作出规定。

（三）会计部门规章

会计部门规章，是指由国务院主管全国会计工作的行政部门——财政部，对会计工作制定的规范性文件。属于会计部门规章的主要有企业会计准则、会计制度等。

1. 企业会计准则

我国的企业会计准则体系分为三个层次：基本会计准则、具体会计准则和会计准则应用指南。

（1）基本会计准则。基本会计准则是进行会计核算工作必须遵循的基本规范。我国财政部经国务院批准，1992年12月31日发布了《企业会计准则——基本准则》。2006年2月、2014年7月对该准则进行了两次修订。修订后的《企业会计准则——基本准则》的主要内容包括总则、会计信息质量要求、会计要素、会计计量和财务会计报告五大方面。

> **知识拓展**
>
> 《企业会计准则——基本准则》总则部分指出：企业应当对其本身发生的交易或者事项进行会计确认、计量和报告；企业会计确认、计量和报告应当以持续经营为前提；企业应当划分会计期间，分期结算账目和编制财务会计报告；会计期间分为年度和中期，中期是指短于一个完整的会计年度的报告期间；企业会计应当以货币计量；企业应当以权责发生制为基础进行会计确认、计量和报告。
>
> 会计信息质量要求部分，从可靠性、相关性、明晰性、可比性、实质重于形式、重要性、谨慎性和及时性八个方面对会计信息质量提出了具体要求。
>
> 会计要素部分，对资产、负债、所有者权益、收入、费用和利润六个会计要素进行了界定。
>
> 会计计量部分指出，企业在对会计要素进行计量时，一般应当采用历史成本，采用重置成本、可变现净值、现值、公允价值计量的，应当保证所确定的会计要素金额能够取得并可靠计量。
>
> 财务会计报告部分指出，财务会计报告包括会计报表及其附注和其他应当在财务会计报告中披露的相关信息和资料，会计报表至少应当包括资产负债表、利润表、现金流量表等报表。

（2）具体会计准则。具体会计准则是以基本会计准则为依据，规定会计各要素确认、计量的基本原则和对会计处理及其程序所做出的基本规定。2006年2月财政部在发布《企业会计准则——基本准则》的同时，又发布了存货、长期股权投资、投资性房地产、固定资产等38项具体准则。2014年7月颁布公允价值计量、合营安排和在其他主体中权益的披露3项具体准则。

（3）会计准则应用指南。会计准则应用指南是对具体会计准则的基本规定所做出的具体解释和对会计如何确认、计量、记录和报告所做出的具体规定。

2. 会计制度

会计制度是进行会计工作应遵循的规则、方法和程序的总称。根据《中华人民共和国会计法》的规定，我国国家统一的会计制度，由国务院所属财政部制定；各省、自治区、直辖市以及国务院业务主管部门，在与《中华人民共和国会计法》和国家统一会计制度不相抵触的前提下，可以制定本地区、本部门的会计制度或者补充规定。财政部从1992年起陆续颁布行业会计制度，到目前为止，颁布并实施的主要会计制度有《企业会计制度》《金融企业会计制度》《小企业会计制度》和《事业单位会计制度》等。

导入案例解答1

任何企业的会计行为都必须遵循会计法律法规。王先生的企业在创办之后必须按照国家会计准则的要求设计企业具体的会计制度，包括会计机构、会计科目、会计凭证、会计账簿、会计报表、账务处理程序和内部控制制度等，以规范会计工作。王先生认为企业是自己的就可以随意记账，显然是不对的。

视野拓展

由于篇幅所限，本书不会涉及更多会计法规条文，而且本书也不可能及时反映法规的变动，如需查询法规条文或更新动态，推荐使用以下几种方法。

（1）便捷查询。在百度百科（或其他百科网站）以法规名称为关键词搜索相关词条最便捷，如“企业会计制度”“中华人民共和国会计法”。读者需注意百度百科可能更新较慢也可能有差错。

（2）新变化查询。法规最新变化宜直接查询法规颁发者网站，如《中华人民共和国会计法》由全国人民代表大会常务委员会审议通过，可通过中国人大网“立法工作”栏目关注最新动态；《企业会计准则》由财政部公布，财政部会计司“政策发布”“政策解读”两栏目会有最新、最权威的信息。

（3）法规库查询：财政部会计司网站相关栏目下资料繁多，一一查询甚是不便，中国会计学会网站“法规资料库”栏目、中国会计网“法规”栏目对相关法规进行了归类，使用比较方便。需要注意的是资料可能陈旧，还可能有过期法规。

七、会计机构和会计人员

（一）会计机构

《中华人民共和国会计法》规定，各单位应当根据会计业务的需要设置会计机构，不具备单独设置会计机构条件的，应在有关机构中配备专职的会计人员并指定会计主管人员，或委托经批准设立从事会计代理记账业务的中介机构代理记账。会计机构内部应当建立稽核制度，出纳人员不得兼管稽核、会计档案保管和收入、支出、费用、债权债务账目的登记工作。

（二）会计人员

1. 会计人员的从业资格

关于会计人员的从业资格，《中华人民共和国会计法》第三十八条规定：“从事会计工作的人员，必须取得会计从业资格证书。担任单位会计机构负责人（会计主管人员）的，除取得会计从业资格证书外，还应当具备会计师以上专业技术职务资格或者从事会计工作3年以上经历。会计人员从业资格管理办法由国务院财政部门规定。”

会计从业资格是指进入会计职业、从事会计工作的一种法定资质，是进入会计职业的“门槛”。会计从业资格的取得实行考试制度，考试科目为：财经法规与会计职业道德、会计基础、初级会计电算化。

2. 会计专业职务与会计专业技术资格

会计专业职务是区别会计人员业务技能的技术等级。会计专业职务分为高级会计师、会计师、助理会计师和会计员。高级会计师为高级职务，会计师为中级职务，助理会计师和会计员为初级职务。

会计专业技术资格分为初级资格、中级资格和高级资格三个级别。初级、中级会计资格的取得实行全国统一考试制度，高级会计师资格实行考试与评审相结合的制度。

导入案例解答2

会计从业资格是进入会计职业、从事会计工作的一种法定资质，从事会计工作的人员必须取得会计从业资格证书。王先生企业的财会人员没有经过资格认证，显然没有资格从事会计工作。

第二节　会计要素和会计等式

一、会计对象

任何工作都有其特定的工作对象，会计工作也不例外。一般来说，会计对象就是指会计工作所要核算和监督的内容。具体来说，会计对象是指企事业单位在日常经营活动或业务活动中所表现出的资金运动，即资金运动构成了会计核算和会计监督的内容。

首先，资金运动是客观的。资金运动的客观性是指企事业单位的资金都要经过资金的投入、运用和退出这样一个运动过程，这个过程不因企业所处的国家或地区的不同而不同。也正因为资金运动的客观性，才使得会计成为一种国际性的“商业语言”。其次，资金运动是抽象的。资金运动的抽象性是相对于具体的会计核算而言的，因为在会计实务中，任何经济活动所引起的资金运动都必须要具体化直至量化，若仅有“资金运动”这样一个抽象的概念，那么会计核算的对象是无法落到实处的。这就需要对抽象的资金运动做进一步的分类，于是就有了会计要素。

《中华人民共和国会计法》第十条规定，单位发生的下列交易或事项应当办理会计手续，进

> **视野拓展**
> 推荐在线自主学习“会计对象”（视频）。

行会计核算：款项和有价证券的收付；财物的收发、增减和使用；债权债务发生的结算；资本的增减；收入、支出、费用、成本的计算；财务成果的计算和处理；需要办理的其他事项。

二、会计要素

会计要素是指对会计对象按经济性质所做的基本分类，是会计核算和监督的具体对象和内容，即会计对象的具体化。会计要素是组成会计报表的基本单位，我国《企业会计准则——基本准则》规定，企业会计要素包括六类，即资产、负债、所有者权益、收入、费用和利润。其中，资产、负债和所有者权益三项会计要素是组成资产负债表的会计要素，也称为资产负债表要素，它们是反映企业财务状况的会计要素；收入、费用和利润三项会计要素是组成利润表的会计要素，也称为利润表要素，它们是反映企业经营成果的会计要素。事业单位会计要素分为五大类，即资产、负债、净资产、收入和支出。本书主要介绍企业会计要素。

（一）资产

资产是指企业过去的交易或者事项形成的、由企业拥有或者控制的、预期会给企业带来经济利益的资源。

> **考考你 1.2**
> 企业已淘汰的机器设备是资产吗？企业打算购买但尚未实际购买的机器设备，能算企业的资产吗？（答案见附录1）

1. 资产的特征

相对其他会计要素，资产有以几个特征。

（1）资产能够直接或间接地给企业带来经济利益。

（2）资产是企业所拥有的，或者即使不是企业所拥有的，也是企业所控制的。

拥有是指拥有资产的所有权，可以按照自己的意愿使用或处置；控制是指不拥有所有权，却能实际控制，如融资租赁固定资产。

（3）资产是由企业过去的交易或事项形成的。

企业过去的交易或事项包括购买、生产建造行为、其他交易或事项。资产必须是现时的资产，而不是预期的资产，预期在未来发生的交易或事项不形成资产。

2. 资产的分类

资产按其流动性大小可分为流动资产和非流动资产。

（1）流动资产。流动资产是指预计在一个正常营业周期中变现、出售或耗用，或者主要为交易目的而持有，或者预计在资产负债表日起1年内（含1年）变现的资产，以及自资产负债表日起1年内交换其他资产或清偿负债的能力不受限制的现金或现金等价物。流动资产主要包括货币资金、交易性金融资产、应收票据、应收账款、预付款项、应收利息、应收股利、其他应收款、存货等。

（2）非流动资产。非流动资产是指流动资产以外的资产，主要包括长期股权投资、固定资产、在建工程、工程物资、无形资产等。

（二）负债

负债是指企业过去的交易或事项形成的、预期会导致经济利益流出企业的现时义务。

1. 负债的特征

负债相对其他会计要素有以下几个特征。

（1）负债是企业承担的现时义务。负债必须是企业承担的现时义务，这是负债的一个基本特征。其中，现时义务是指企业在现行条件下已承担的义务。未来发生的交易或者事项形成的义务，不属于现时义务，不应当确认为负债。

（2）负债预期会导致经济利益流出企业。预期会导致经济利益流出企业也是负债的一个本质特征。只有企业在履行义务时会导致经济利益流出企业的，才符合负债的定义；如果不会导致企业经济利益流出，就不符合负债的定义。

（3）负债是由企业过去的交易或者事项形成的。负债应当由企业过去的交易或者事项所形成。换句话说，只有过去的交易或者事项才形成负债，企业将在未来发生的承诺、签订的合同等交易或者事项，不形成负债。

> **考考你 1.3**
>
> 企业购买了商品但未付款形成负债吗？企业制定了贷款计划但未取得贷款形成负债吗？（答案见附录 1）

2. 负债的分类

负债按其流动性大小分为流动负债和非流动负债。

（1）流动负债。流动负债是指将在 1 年（含 1 年）或者超过 1 年的一个营业周期内清偿的债务，或者自资产负债表日起 1 年内应予以清偿的债务，以及企业无权自主地将清偿推迟至资产负债表日后 1 年以上的债务。流动负债主要包括短期借款、应付账款、应付票据、预收账款、应付职工薪酬、应交税费、其他应付款和 1 年内到期的长期借款等。

（2）非流动负债。非流动负债是指流动负债以外的负债，主要包括长期借款、应付债券、长期应付款等。

（三）所有者权益

所有者权益是指企业资产扣除负债后由所有者享有的剩余权益。

1. 所有者权益的特征

相对其他会计要素，所有者权益有以下几个特征。

（1）在一般情况下（发生减资、清算除外），不需要偿还所有者权益。

（2）在企业清算时，债权人拥有优先清偿权，只有在偿还所有负债后才返还给所有者。

（3）所有者凭借所有者权益能够参与利润的分配。

2. 所有者权益的来源

所有者权益的来源包括所有者投入的资本、直接计入所有者权益的利得和损失以及留存收益。

（1）所有者投入的资本。所有者投入的资本是指所有者投入企业的资本部分，它包括实收资本和资本溢价（或股本溢价）两部分。

利得是指由企业非日常活动所形成的、会导致所有者权益增加的、与所有者投入资本无关的经济利益的流入。

损失是指由企业非日常活动所发生的、会导致所有者权益减少的、与向所有者分配利润无关的经济利益的流出。

（2）直接计入所有者权益的利得和损失。直接计入所有者权益的利得和损失是指不应计入当期损益、会导致所有者权益发生增减变动的、与所有者投入资本或者向所有者分配利润无关的利得或者损失。

（3）留存收益。留存收益是指企业历年实现的净利润留存于企业的部分，包括盈余公积和未分配利润两部分。

3. 所有者权益的构成

所有者权益通常包括实收资本、资本公积、盈余公积和未分配利润。

（1）实收资本。实收资本是指投资者按照企业章程、合同或协议的约定，实际投入企业的资本，即企业的注册资本或股本。

（2）资本公积。资本公积包括投资者投入资本超过注册资本或者股本部分的金额（即资本溢价或者股本溢价）和直接计入所有者权益的利得和损失。

（3）盈余公积。盈余公积是指企业按税后利润的一定比例提取的法定盈余公积，以及按投资者确定的比例从税后利润中计提的任意盈余公积。

（4）未分配利润。未分配利润是指企业历年来结存的尚未分配的税后利润。

请思考

所有者权益的三项来源和四项构成是怎样的对应关系？

★提炼点睛★

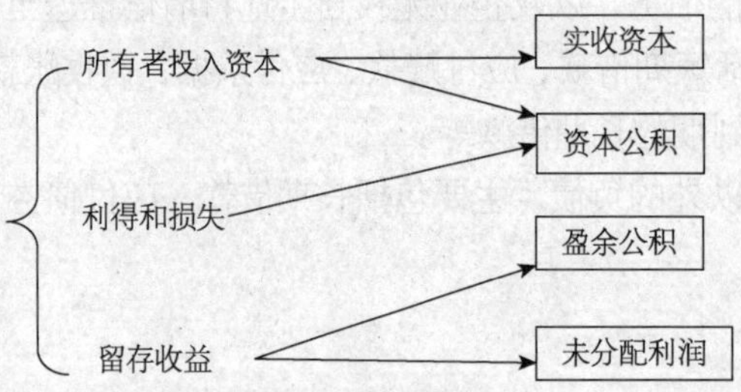

所有者权益的来源与构成

（四）收入

收入是指企业在日常活动中形成的、会导致所有者权益增加的、与所有者投入资本无关的经济利益的总流入。

1. 收入的特征

相对其他会计要素，收入有以下几个特征。

（1）收入源于企业的日常经营活动，而不是从偶尔的交易或事项中产生的。以制造业为例，产品销售、原材料销售、固定资产出租等活动流入的经济利益，与日常活动有关，属于收入；但出售固定资产的净收益，由于不属于企业日常活动，其流入的经济利益不属于收入，在会计上称为利得。

（2）收入可能表现为企业资产的增加，或负债的减少，或两者兼而有之。

（3）收入能导致企业所有者权益的增加。由于收入是经济利益的总流入，所以收入能引起所有者权益的增加。但是，收入与相关的成本费用相配比后，则可能增加所有者权益，也可能减少所有者权益。

（4）收入只包括本企业经济利益的流入，不包括为第三方或客户代收的款项。企业为第三方或客户代收的款项，如增值税、代收利息等，一方面增加企业的资产，另一方面增加企业的负债，因此不增加企业的所有者权益，不能作为本企业的收入。

2. 收入的分类

收入按企业从事日常活动的性质不同，分为销售商品收入、提供劳务收入和让渡资产使用权收入。

收入按企业经营业务的主次不同，分为主营业务收入和其他业务收入。

请思考

收入和利得的来源和性质有何不同？

（五）费用

费用是指企业在日常活动中发生的、会导致所有者权益减少的、与向所有者分配利润无关的经济利益总流出。

1. 费用的特征

相对于其他会计要素，费用有以下几个特征。

（1）费用是企业在日常活动中发生的，而不是在偶尔的交易或者事项中发生的。

（2）费用可能表现为资产的减少或是负债的增加，或者是两者兼而有之。

（3）费用将引起所有者权益的减少。

2. 费用的分类

按照费用和收入的关系，费用可分为营业成本和期间费用。

（1）营业成本。营业成本是指所销售商品或是提供劳务的成本。营业成本按照其所销售商品或提供劳务在企业日常活动中所处的地位，可以分为主营业务成本和其他业务成本。

（2）期间费用。期间费用包括管理费用、销售费用和财务费用。管理费用是企业行政管理部门为了组织和管理生产经营活动而发生的各种费用；销售费用是指企业在销售商品和提供劳务等日常活动中发生的除营业成本以外的各项费用以及专设销售机构的各项经费；财务费用是企业筹集生产经营所需资金而发生的费用。

知识回顾

费用和成本的关系

费用包括能计入成本的费用和不能计入成本的费用。能计入成本的费用构成商品或劳务的营业成本；不能计入成本的费用称为期间费用，直接计入当期损益。

（六）利润

利润是指企业在一定会计期间的经营成果。利润包括收入减去费用后的净额、直接计入当期利润的利得和损失等。

收入减去费用后的净额，反映企业日常活动的业绩，表现为营业利润。

直接计入当期利润的利得和损失是指应当计入当期损益、会导致所有者权益发生增减变动、与所有者投入资本或者向所有者分配利润无关的利得和损失。它反映企业非日常活动的业绩，表现为营业外收入和营业外支出。

利润总额 = 营业利润 +（营业外收入 − 营业外支出）

★提炼点睛★

资产、负债和所有者权益是反映财务状况的三个要素，是构成资产负债表的要素，是静态要素；收入、费用和利润是反映财务成果的三个要素，是构成利润表的三个要素，是动态要素。

视野拓展

推荐在线自主学习“会计要素”（视频）。

知识拓展

会计计量属性

会计计量属性是指会计要素的数量特征或外在的表现形式，反映了会计要素金额的确定基础，主要包括历史成本、重置成本、可变现净值、现值和公允价值等。

（1）历史成本。历史成本是指取得或制造某项财产物资实际支付的现金或其他等价物。

（2）重置成本。重置成本是指按照当前市场条件，重新取得同样一项资产所需要支付的现金或现金等价物金额。重置成本多应用于盘盈固定资产的计量等方面。

（3）可变现净值。可变现净值是指在正常的生产经营过程中，以预计售价减去进一步加工成本和预计销售费用以及相关税费后的净值。可变现净值通常应用于存货减值情况下的后续计量。

（4）现值。现值是指对未来现金流量以恰当的折现率进行折现后的价值，是考虑货币时间价值的一种计量属性。现值通常应用于非流动资产可收回金额等方面。

（5）公允价值。公允价值是指市场参与者在计量日发生的有序交易中，出售一项资产所能收到或者转移一项负债所需要支付的价格。公允价值主要应用于金融资产计量等方面。

三、会计等式

会计等式是指表明会计要素之间基本关系的恒等式，也称为会计平衡公式。

（一）会计等式的表达形式

企业要从事生产经营活动，必须拥有或控制一定数额的资产。这些资产要么来源于债权人提供的资金，形成企业的负债；要么来源于所有者投入的资本，形成企业的所有者权益。因负债是债权人的权益，所以在会计上负债和所有者权益又合称为权益。资产表明企业拥有或控制的资源，权益表明这些资源的来源。

从数量上看，企业有一定数额的资产，就必然有一定数额的权益。因此，企业的资产总额与权益总额永远保持平衡关系，即资产＝权益。这种平衡关系随着企业所处的经营期间的不同，其表现形式有所不同。

1. 反映财务状况的会计等式

在企业经营初期，由于会计要素中只有资产、负债和所有者权益，因此会计等式为

资产=负债+所有者权益

这是最基本的会计等式，又称为第一会计等式，是资金的静态表现。它是设置账户、复式记账和编制资产负债表的基础。

2. 反映经营成果的会计等式

随着企业经营活动的进行，企业会发生相应的成本费用支出并取得收入。企业在一定时期内的收入扣除相关的成本费用后，即为企业的利润，于是出现了反映经营成果的会计等式为

收入-费用=利润

这一等式被称为第二会计等式，是资金运动的动态表现。它是编制利润表的基础。

3. 扩展的会计等式

企业取得利润，表明企业资产增加，同时利润是属于所有者的，取得利润意味着所有者权益的增加。反之，如果企业发生亏损，则企业资产减少，同时所有者权益也减少。将利润或亏损并入基本会计等式，出现了第三个会计等式，即

资产＝负债＋所有者权益＋（收入－费用）

这是一个动态反映企业财务状况和经营成果之间关系的会计等式。从这个会计等式可以看出，企业的经营成果最终会影响企业的财务状况。利润会使企业的资产增加、所有者权益增加，亏损则使企业的资产减少、所有者权益减少。

> **视野拓展**
> 推荐在线自主学习“会计等式”（视频）。

（二）经济业务的发生对会计等式的影响

企业在生产经营过程中，不断地发生各种经济业务。这些经济业务的发生会对有关的会计要素产生影响，但是却不会破坏上述会计等式的平衡关系。因为一个企业的经济业务虽然数量繁多，但归纳起来不外乎以下四种类型。

1. 资产项目之间有增有减

这类经济业务的发生，引起资产项目之间有增有减，增减金额相等，故会计等式保持平衡。

2. 权益项目之间有增有减

这类经济业务的发生，引起权益项目之间有增有减，增减金额相等。这里又可分为四种情形。

（1）经济业务的发生，引起负债项目之间有增有减，增减金额相等，故会计等式保持平衡。

（2）经济业务的发生，引起所有者权益项目之间有增有减，增减金额相等，故会计等式保持平衡。

（3）经济业务的发生，引起负债项目增加，而所有者权益项目减少，增减金额相等，故会计等式保持平衡。

（4）经济业务的发生，引起所有者权益项目增加，而负债项目减少，增减金额相等，故会计等式保持平衡。

3. 资产和权益同时增加

这类经济业务的发生，引起资产和权益同时增加，增加金额相等。这里又可分为两种情形。

（1）经济业务的发生，引起资产项目和负债项目同时增加，增加金额相等，故会计等式保持平衡。

（2）经济业务的发生，引起资产项目和所有者权益项目同时增加，增加金额相等，故会计等式保持平衡。

4. 资产和权益同时减少

这类经济业务的发生，引起资产和权益同时减少，减少金额相等。这里又可分为两种情形。

（1）经济业务的发生，引起资产项目和负债项目同时减少，减少金额相等，故会计等式保持平衡。

（2）经济业务的发生，引起资产项目和所有者权益项目同时减少，减少金额相等，故会计等式保持平衡。

【例 1.1】 光明有限责任公司 20×0 年 1 月 1 日的资产负债情况（单位：万元）为

资产 = 负债 + 所有者权益

200 = 60 + 140

该公司 20×0 年 1 月份发生如下经济业务。

（1）从银行取得短期借款 40 万元，存入开户银行。

（2）购买原材料 20 万元，用银行存款支付。

（3）用银行存款归还前欠某公司货款 30 万元。

（4）以应付票据抵付应付账款 10 万元。

（5）资本公积转增资本 50 万元。

（6）收到甲企业投入的设备 1 台，价值 10 万元。

（7）丙企业收回投资 20 万元，以存款支付。

（8）乙企业代本企业偿还货款 10 万元，作为对本企业的投资。

（9）向股东分配利润 30 万元，但尚未支付。

根据上述经济业务，我们可以分析它们对会计等式的影响情况。

（1）这项经济业务的发生，使企业的负债（短期借款）增加了 40 万元，同时也使企业的资产（银行存款）增加了 40 万元。它对会计等式的影响为

	资产	= 负债	+ 所有者权益
该项经济业务发生前	200	= 60	+ 140
该项经济业务发生时	(200 + 40)	= (60 + 40)	+ 140
该项经济业务发生后	240	= 100	+ 140

（2）这项经济业务的发生，使企业的一项资产（原材料）增加 20 万元，同时使企业的另一项资产（银行存款）减少 20 万元。它对会计等式的影响为

	资产	= 负债	+ 所有者权益
该项经济业务发生前	240	= 100	+ 140
该项经济业务发生时	(240−20 + 20)	= 100	+ 140
该项经济业务发生后	240	= 100	+ 140

（3）这项经济业务的发生，使企业的资产（银行存款）减少 30 万元，同时使企业的负债（应付账款）减少 30 万元。它对会计等式的影响为

	资产	= 负债	+ 所有者权益
该项经济业务发生前	240	= 100	+ 140
该项经济业务发生时	(240−30)	= (100−30)	+ 140
该项经济业务发生后	210	= 70	+ 140

（4）这项经济业务的发生，使企业的一项负债（应付账款）减少 10 万元，同时使另一项负

债（应付票据）增加了 10 万元。它对会计等式的影响为

	资产	＝负债	＋所有者权益
该项经济业务发生前	210	＝70	＋140
该项经济业务发生时	210	＝(70−10＋10)	＋140
该项经济业务发生后	210	＝70	＋140

（5）这项经济业务的发生，使企业的一项所有者权益（资本公积）减少 50 万元，同时使另一项所有者权益（实收资本）增加了 50 万元。它对会计等式的影响为

	资产	＝负债	＋所有者权益
该项经济业务发生前	210	＝70	＋140
该项经济业务发生时	210	＝70	＋(140−50＋50)
该项经济业务发生后	210	＝70	＋140

（6）这项经济业务的发生，使企业的资产（固定资产）增加了 10 万元，同时使所有者权益（实收资本）增加了 10 万元。它对会计等式的影响为

	资产	＝负债	＋所有者权益
该项经济业务发生前	210	＝70	＋140
该项经济业务发生时	（210＋10）	＝70	＋(140＋10)
该项经济业务发生后	220	＝70	＋150

（7）这项经济业务的发生，使企业的资产（银行存款）减少了 20 万元，同时使所有者权益（实收资本）减少了 20 万元。它对会计等式的影响为

	资产	＝负债	＋所有者权益
该项经济业务发生前	220	＝70	＋150
该项经济业务发生时	（220−20）	＝70	＋(150−20)
该项经济业务发生后	200	＝70	＋130

（8）这项经济业务的发生，使企业的负债（应付账款）减少了 10 万元，同时使所有者权益（实收资本）增加了 10 万元。它对会计等式的影响为

	资产	＝负债	＋所有者权益
该项经济业务发生前	200	＝70	＋130
该项经济业务发生时	200	＝(70−10)	＋(130＋10)
该项经济业务发生后	200	＝60	＋140

（9）这项经济业务的发生，使企业的负债（应付股利）增加了 30 万元，同时使所有者权益（未分配利润）减少了 30 万元。它对会计等式的影响为

	资产	＝负债	＋所有者权益
该项经济业务发生前	200	＝60	＋140
该项经济业务发生时	200	＝(60＋30)	＋(140−30)
该项经济业务发生后	200	＝90	＋110

上述 9 项经济业务代表了各种业务类型。通过以上分析，我们可以看出：一项经济业务的发生，无论引起资产、负债和所有者权益发生怎样的增减变化，结果一定是会计等式的恒等关系保持不变。也就是说，任何经济业务的发生都不会破坏会计等式的平衡关系。

教、学、做一体化训练

知识测试

一、单项选择题

1. 我国会计行为的最高法律规范是（　　）。

A. 会计法　B. 基本会计准则　C. 具体会计准则　D. 会计制度

2. 下列项目中，属于会计基本职能的是（　　）。

A. 计划职能、核算职能　B. 预测职能、监督职能

C. 核算职能、监督职能　D. 决策职能、监督职能

3. 由企业非日常活动所形成的、会导致所有者权益增加的、与所有者投入资本无关的经济利益的流入称为（　　）。

A. 主营业务收入　B. 其他业务收入　C. 营业外收入　D. 利得

4. 直接计入所有者权益的利得和损失，应记入所有者权益中的（　　）。

A. 实收资本　B. 资本公积　C. 盈余公积　D. 未分配利润

5. 企业在日常活动中形成的、会导致所有者权益增加的、与所有者投入资本无关的经济利益的总流入称为（　　）。

A. 收入　B. 收益　C. 利得　D. 利润

二、多项选择题

1. 反映企业财务状况的会计要素有（　　）。

A. 资产　B. 负债　C. 所有者权益　D. 利润

2. 下列各项中，属于期间费用的有（　　）。

A. 制造费用　B. 销售费用　C. 管理费用　D. 财务费用

3. 下列各项中，属于流动负债的有（　　）。

A. 应付债券　B. 预付账款　C. 应付账款　D. 预收账款

4. 下列项目中，属于所有者权益项目的有（　　）。

A. 股本　B. 资本溢价　C. 未分配利润　D. 应付股利

5. 下列各种方法，属于会计核算方法的是（　　）。

A. 填制和审核凭证　B. 登记会计账簿　C. 编制会计报表　D. 编制财务预算

三、判断题

1. 某一财产物资要成为企业的资产，其所有权必须属于企业。（　　）

2. 不论发生什么样的经济业务，都不会破坏会计等式的平衡关系。（　　）

3. 收入可能表现为资产的增加，但并非所有资产的增加都是收入。（　　）

4. 企业只能采用货币作为计量单位进行会计核算。(　　)
5. 应收账款和预收账款都是企业的流动资产。(　　)

实务操作

实训一　会计要素的识别

（一）实训目的

掌握会计要素的识别方法，能识别会计要素。

（二）实训资料

甲企业 20×0 年 3 月 31 日的财务状况如表 A1.1 所示。

表 A1.1　甲企业的财务状况

经济内容	资　产	负　债	所有者权益
库存现金 980 元			
短期借款 200 000 元			
银行存款余额 163 000 元			
办公用品价值 6 820 元			
应付外单位货款 5 000 元			
应收外单位货款 37 000 元			
库存的各种材料物资 2 200 元			
机器设备价值 32 000 元			
库存商品价值 8 000 元			
投资者投入资金 45 000 元			
合　计			

（三）实训要求

请根据上述资料确定各项经济内容所属的会计要素类别，并分别加计资产、负债及所有者权益总额。

实训二　判断经济业务的类型

（一）实训目的

能判断经济业务的类型，分析经济业务对会计等式的影响。

（二）实训资料

A 企业 20×0 年 7 月份发生下列经济业务。

（1）用银行存款购买材料。

（2）用银行存款归还短期借款。

（3）用银行存款偿付前欠某单位货款。

（4）收到投资人甲投入的设备。

（5）从某单位购进一批材料，货款未付。

（6）向银行借入长期借款，存入银行存款账户。

（7）将盈余公积转作实收资本。

（8）向银行取得短期借款直接偿还欠某单位货款。

（9）用盈余公积弥补亏损。

（10）企业以固定资产对外投资。

（三）实训要求

请分析上述各项经济业务的类型，填入表A1.2中。

表A1.2 各项经济业务的类型

类　型	经济业务序号
一项资产增加，另一项资产减少	
一项负债增加，另一项负债减少	
一项所有者权益增加，另一项所有者权益减少	
一项负债增加，一项所有者权益减少	
一项负债减少，一项所有者权益增加	
一项资产增加，一项负债增加	
一项资产增加，一项所有者权益增加	
一项资产减少，一项负债减少	
一项资产减少，一项所有者权益减少	

模块二

账户与借贷记账法

【知识框架】

- 账户与借贷记账法
  - 会计科目和账户
    - 会计科目
    - 账户
    - 会计科目与账户的关系
  - 复式记账与借贷记账法
    - 记账方法的演变
    - 借贷记账法的内容及应用

【知识目标】

认识会计科目和账户，理解会计科目和账户的关系；掌握借贷记账法的记账符号、记账规则、账户结构、会计分录、试算平衡等基本内容。

【能力目标】

能识别会计要素，能根据会计等式判断经济业务类型，能分析经济业务对会计等式的影响。

【导入案例】

海天有限责任公司每天发生大量的经济业务，如购买原材料、向银行借款、支付电话费、销售产品等，这些经济业务会引起企业的资金发生增减变化。企业资金的增减变化情况及其结果是企业需要对外提供的会计信息资料，你知道会计人员是如何记录资金增减变化及其结果的吗？这需要借助于专门的记账工具和记账方法。

第一节　会计科目和账户

一、会计科目

（一）设置会计科目的意义

企业在生产经营过程中，会发生各种各样的经济业务。这些经济业务的发生必然会引起各项会计要素发生增减变化。这些变化是如何进行的，变化的结果是什么，需要借助于会计记录来提供变化过程及其结果的信息。但是，如果只按六大会计要素作为会计数据的归类标准，提供的信息就过于笼统、概括。因此，还必须在会计要素的基础上进行进一步的分类，即设置会计科目。

会计科目是指对会计要素的具体内容进行分类核算的项目。通过设置会计科目，可以把各项会计要素的增减变化分门别类地记入账簿，以提供一系列具体、分类的指标。设置会计科目是会计核算的一种专门方法。

（二）设置会计科目的原则

在设置会计科目时，应遵循以下原则。

1. 合法性原则

合法性原则是指无论是企业还是行政事业单位，所设置的会计科目都应当符合国家有关会计法规的规定。国家发布的会计准则、会计制度等都对会计科目的设置提出了规定和要求，企事业单位应当按照国家相关的规定设置会计科目。

2. 相关性原则

相关性原则是指设置会计科目应充分考虑各有关方面对会计信息的需求，不仅要符合国家宏观经济管理的需要，还要满足企业内部经济管理的需要，也要满足投资者、债权人和其他有关方面的需要，以提高会计信息的相关性。

3. 实用性原则

实用性原则是指会计科目设置应符合本单位自身的特点，满足本单位核算的实际需要。

（三）会计科目的分类

1. 按会计科目反映的经济内容分类

会计科目按其反映的经济内容不同，可分为资产类、负债类、共同类、所有者权益类、成本类和损益类。

财政部颁布的《企业会计准则——应用指南》中设置了我国所有企业应用的156个会计科目。以制造企业为例，常用的会计科目如表A2.1所示。

表A2.1 制造企业常用会计科目

序号	编号	名　称	序号	编号	名称	序号	编号	名　称
一、资产类			24	1605	工程物资	46	4104	利润分配
1	1001	库存现金	25	1606	固定资产清理	四、成本类		
2	1002	银行存款	26	1701	无形资产	47	5001	生产成本
3	1012	其他货币资金	27	1702	累计摊销	48	5101	制造费用
4	1101	交易性金融资产	28	1703	无形资产减值准备	49	5201	劳务成本
5	1121	应收票据	29	1901	待处理财产损益	50	5301	研发支出
6	1122	应收账款	二、负债类			五、损益类		
7	1123	预付账款	30	2001	短期借款	51	6001	主营业务收入
8	1131	应收股利	31	2201	应付票据	52	6011	其他业务收入
9	1132	应收利息	32	2202	应付账款	53	6101	公允价值变动损益
10	1221	其他应收款	33	2203	预收账款	54	6111	投资收益
11	1231	坏账准备	34	2211	应付职工薪酬	55	6301	营业外收入
12	1401	材料采购	35	2221	应交税费	56	6401	主营业务成本
13	1403	原材料	36	2231	应付利息	57	6402	其他业务成本
14	1405	库存商品	37	2232	应付股利	58	6403	税金及附加
15	1411	周转材料	38	2241	其他应付款	59	6601	销售费用
16	1471	存货跌价准备	39	2501	长期借款	60	6602	管理费用
17	1511	长期股权投资	40	2502	应付债券	61	6603	财务费用
18	1512	长期股权投资减值准备	41	2701	长期应付款	62	6701	资产减值损失
19	1531	长期应收款	三、所有者权益类			63	6711	营业外支出
20	1601	固定资产	42	4001	实收资本	64	6801	所得税费用
21	1602	累计折旧	43	4002	资本公积	65	6901	以前年度损益调整
22	1603	固定资产减值准备	44	4101	盈余公积			
23	1604	在建工程	45	4103	本年利润			

2. 按会计科目提供指标的详细程度分类

会计科目按其提供指标的详细程度不同，可分为总分类科目和明细分类科目。

总分类科目，也称总账科目或一级科目，是对会计要素的具体内容进行总括地分类核算的科目，前述会计科目表中所列示的会计科目均为总分类科目。

明细分类科目，也称明细科目或称细目，是对会计要素的具体内容做进一步详细分类核算的科目。企业可以在总分类科目下，根据本单位的实际情况和管理工作的需要自行设置明细科目。

★提炼点睛★

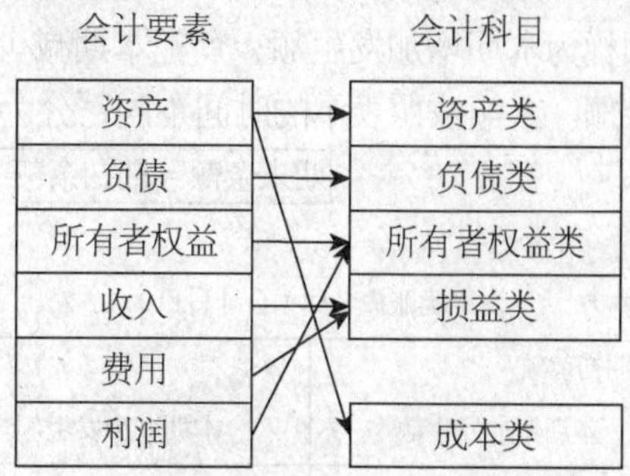

会计要素与会计科目分类

当某一总分类科目下属的明细分类科目较多时，也可以在总分类科目和明细分类科目之间增设二级科目（也称子目）。

总分类科目、二级科目和明细分类科目共同对某类会计要素的有关项目进行详细程度不同的分类核算，它们之间的关系是前者统驭后者，后者从属于前者。

在不设置二级科目的情况下，总分类科目直接统驭明细科目。

现举例说明会计科目的级次，如表 A2.2 所示。

表 A2.2　会计科目的级次

总分类科目（一级科目）	二级科目	明细分类科目
库存商品	家用电器	计算机
		电冰箱
		电视机
	鞋子	皮鞋
		运动鞋
		布鞋

★提炼点睛★

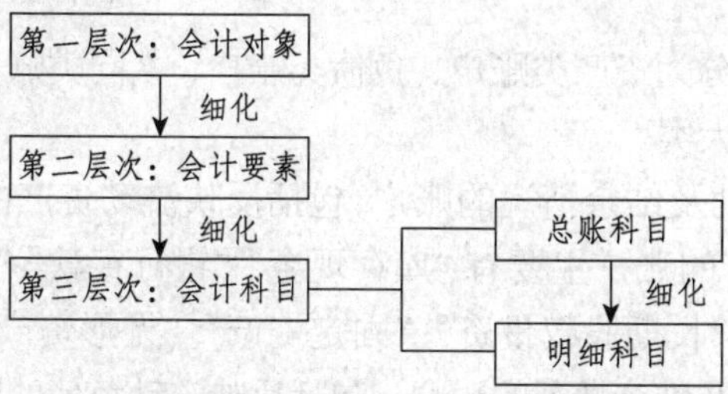

会计对象、会计要素和会计科目之间的关系

视野拓展

推荐读者课外通过网络搜索并阅读“企业会计准则应用指南——会计科目和主要账务处理”。

二、账户

（一）设置账户的意义

设置会计科目只解决了会计要素具体分类的问题，要把发生的经济业务连续、系统地记录下来，反映会计要素的增减变化情况，必须根据会计科目开设账户，通过账户的一定结构和内容来实现。

账户是根据会计科目开设的，具有一定结构和格式，用于分类反映会计要素增减变动情况及其结果的载体。设置账户是会计核算的重要方法之一。

（二）账户的结构

企业各项经济业务的发生，会引起会计要素增和减两个方向的变化。因此，账户的基本结构相应地分为左方和右方两个基本部分，一方登记增加、另一方登记减少。至于哪一方登记增加、哪一方登记减少，取决于所记录经济业务的具体内容和采用的记账方法。登记本期增加的金额称为本期增加发生额；登记本期减少的金额，称为本期减少发生额；增减相抵后的差额称为余额。余额按照表示的时间不同，分为期初余额和期末余额，其基本关系为

期末余额 = 期初余额 + 本期增加发生额－本期减少发生额

上式中的四个部分称为账户的四个金额要素。

为便于教学，账户的基本结构通常用 T 形账户表示，如图 A2.1 所示。

左方　　资产类账户名称（会计科目）　　右方

左方	右方
期初余额	
本期增加发生额	本期减少发生额
期末余额	

图 A2.1　账户的基本结构

在实际工作中，账户的结构具体包括账户名称（会计科目）、记录经济业务的日期、所依据记账凭证的编号、经济业务摘要、增减金额和余额等，如图 A2.2 所示。

账户名称							
年		凭证		摘要	左方（增加或减少）	右方（增加或减少）	余额
月	日	字	号				

图 A2.2　账户的具体结构

（三）账户的分类

1. 按账户反映的经济内容分类

账户按其所反映的经济内容不同，可分为资产类账户、负债类账户、共同类账户、所有者权益类账户、成本类账户和损益类账户六大类。

资产类账户是反映企业资产增减变动及结余情况的账户，包括反映流动资产的账户和反映非流动资产的账户两类。反映流动资产的账户主要有“库存现金”“银行存款”“应收账款”等账户；反映非流动资产的账户主要有“长期股权投资”“固定资产”“无形资产”等账户。

负债类账户是反映企业负债增减变动及结余情况的账户，包括反映流动负债的账户和反映非流动负债的账户两类。反映流动负债的账户主要有“短期借款”“应付账款”“应付职工薪酬”等账户；反映非流动负债的账户主要有“长期借款”“应付债券”“长期应付款”等账户。

共同类账户是反映企业共同类增减变动及结余情况的账户，主要包括“衍生工具”“套期工具”“被套期项目”等账户。

所有者权益类账户是反映企业所有者权益增减变动及结余情况的账户，包括反映投入资本的账户和反映资本积累的账户两类。反映投入资本的账户主要有“实收资本”“资本公积”等账户；反映资本积累的账户主要有“盈余公积”“本年利润”“利润分配”等账户。

成本类账户是用来归集企业生产费用，据以计算产品成本的账户，主要包括“生产成本”“制造费用”等账户。

损益类账户是指那些核算内容与损益的计算确定直接相关的账户，主要是指那些用来反映企业收入和费用的账户。反映收入的账户主要有“主营业务收入”“营业外收入”“投资收

益”等账户；反映费用的账户主要有“主营业务成本”“营业外支出”“管理费用”等账户。

2. **按账户提供指标的详细程度分类**

账户按其提供指标的详细程度不同，可分为总分类账户和明细分类账户两类。

总分类账户是指根据总分类科目设置的，用于对会计要素具体内容进行总括分类核算的账户，简称总账账户或总账。

明细分类账户是根据明细分类科目设置的，用来对会计要素具体内容进行明细分类核算的账户，简称明细账户或明细账。

总账账户称为一级账户，总账以下的账户称为明细账户。

三、会计科目与账户的关系

会计科目与账户都是对会计要素具体内容的科学分类，两者口径一致，性质相同，内容相同。会计科目是账户的名称，也是设置账户的依据；账户是根据会计科目开设的，是会计科目的具体运用。没有会计科目，账户便失去了设置的依据；没有账户，就无法发挥会计科目的作用。两者的区别在于：会计科目仅仅是账户的名称，不存在结构；而账户则具有一定的格式和结构。在实际工作中，对会计科目和账户不加严格区分，而是相互通用。

请思考

账户与会计科目有哪些联系和区别？

★提炼点睛★

会计科目与账户的联系与区别

联系：名称相同，内容相同。

区别：会计科目没有结构，账户有格式与结构。

视野拓展

推荐在线自主学习“会计科目和会计账户”(视频)。

第二节　复式记账与借贷记账法

一、记账方法的演变

企业进行会计核算，除了设置会计科目和账户外，还必须采用一定的记账方法。记账方法就是在账簿中登记经济业务的方法。按其记录经济业务的方式不同，记账方法可分为单式记账法和复式记账法两种。记账方法经历了一个由单式记账到复式记账的发展过程。

单式记账法是指对发生的每一项经济业务，只在一个账户中进行登记的记账方法。在单式记账法下，通常只登记库存现金、银行存款的收付金额以及债权债务的结算金额，一般不登记实物的收付金额。例如，用银行存款购买材料，只记银行存款的减少，不记原材料的增加。单式记账法是一种较为简单、不完整的记账方法，现在已很少采用。

复式记账法是指对每一笔经济业务都要以相等的金额，同时在两个或两个以上相互联系的账户中进行登记的记账方法。例如，用银行存款购买材料，不仅要记银行存款的减少，还要记原材料的增加。复式记账是一种比较科学的记账方法，它完整地反映了企业经济业务的全貌。

复式记账法按记账符号、记账规则和试算平衡方法的不同，可分为增减记账法、收付记账法和借贷记账法三种。借贷记账法是当今世界各国运用最广泛、最科学的复式记账法，也是目前我国法定的记账方法。我国会计准则规定，所有企事业单位一律采用借贷记账法。

二、借贷记账法的内容及应用

借贷记账法是按照复式记账法的原理，以资产与权益的平衡关系为基础，以“借”“贷”二字为记账符号，以“有借必有贷，借贷必相等”为记账规则来登记经济业务的一种记账方法。借贷记账法的基本内容包括记账符号、账户结构、记账规则和试算平衡四项。

（一）记账符号

借贷记账法以“借”“贷”二字作为记账符号来记录会计要素项目的增减变化。“借”“贷”二字的含义，最初是从借贷资本家的角度来解释的，“借”表示“人欠”，“贷”表示“欠人”。随着商品经济的发展，“借”“贷”失去了原来的含义，成为一种纯粹的记账符号，只是用来标明记账方向。

知识拓展

借贷记账法起源于13世纪的意大利，当时意大利北部的威尼斯、热那亚和佛罗伦萨三个港口城市商业比较发达，为了交易的便利，也为了保护货币资金的安全，在这三个城市逐步出现了一些从事放贷和金钱保管业务的借贷资本家。他们在借出金钱时，称为“借”，表示人欠，即债权的增加；在接受委托保管金钱时，称为“贷”，表示欠人，即债务的增加。后来，随着社会经济的发展，经济活动内容日益复杂，记录的经济业务不再局限于货币的借贷和保管业务，逐渐扩展到其他财产物资、经营损益等内容。为求得账簿记录的统一，对于非货币资金业务也采用这种记账方法。随着商品经济的发展，借、贷二字逐渐失去了原来的意义，约定俗成为具有特殊经济含义的复式记账方法。借贷记账法逐步在欧美国家传播，20世纪初从日本传入我国。

（二）账户结构

前面我们已经说明了账户的结构，并指出在不同的记账方法下，账户的结构有所不同。在借贷记账法下，账户的左方为借方，右方为贷方。但究竟哪一方登记金额的增加，哪一方登记金额的减少，则取决于账户所反映的经济内容和账户的性质。

在借贷记账法下，按账户反映的经济内容设置账户，账户分为资产类、负债类、所有者权益类、收入类、费用类和成本类六大类。

1. 资产、成本、费用类账户的结构

资产、成本、费用类账户的借方登记增加额，贷方登记减少额。借方增加额合计称为借方发生额，贷方减少额合计称为贷方发生额。余额一般在借方（账户余额一般在增加方，下同）。其账户结构如图A2.3所示。

这三类账户的期末余额公式为

期末余额 = 期初借方余额 + 本期借方发生额 − 本期贷方发生额

2. 负债、所有者权益、收入类账户的结构

负债、所有者权益、收入类账户的借方登记减少额，贷方登记增加额。借方减少额合计称为借方发生额，贷方增加额合计称为贷方发生额。余额一般在贷方。其账户结构如图 A2.4 所示。

借方　账户名称（会计科目）	贷方
期初余额	
本期增加额	本期减少额
本期借方发生额	本期贷方发生额
期末余额	

图 A2.3　资产、成本、费用类账户的结构

借方　账户名称（会计科目）	贷方
	期初余额
本期减少额	本期增加额
本期借方发生额	本期贷方发生额
	期末余额

图 A2.4　负债、所有者权益、收入类账户的结构

这三类账户的期末余额公式为

期末余额 = 期初贷方余额 + 本期贷方发生额 − 本期借方发生额

（三）记账规则

账户的结构说明每个账户所记录的经济内容和记账方向，但将经济业务在有关账户中进行确认与计量，还必须遵循一定的记账规则。

按照复式记账原理，对发生的每一笔经济业务都以相等的金额、相反的方向，同时在两个或两个以上的相互联系的账户中进行登记，即在记入一个或几个账户借方的同时，记入另一个或几个账户的贷方，并且记入借方与记入贷方的金额必须相等。因此借贷记账法的记账规则可概括为“有借必有贷，借贷必相等”。

（四）会计分录及对应账户

1. 会计分录的含义

会计分录是对某项经济业务指出其应登记的账户名称、借贷方向和记账金额的一种记录。每笔会计分录都包括账户名称、借贷方向和记账金额三个要素。运用借贷记账法编制会计分录时，应按照以下步骤进行：①分析经济业务涉及的账户名称；②分析经济业务所涉及账户的性质；③分析经济业务的增减变动情况；④确定记入账户的方向和金额。

【例 2.1】 甲企业从银行提取现金 2 000 元备用，编制会计分录如下。

借：库存现金　　2 000

　贷：银行存款　　2 000

2. 会计分录的分类

会计分录分为简单会计分录和复合会计分录两种。简单会计分录是指只涉及两个账户的会计分录，即“一借一贷”的会计分录。复合会计分录是指涉及三个或三个以上账户的会计分录，即“一借多贷”“一贷多借”“多借多贷”的会计分录。复合分录是由若干个简单分录合并组成的。

【例 2.2】 甲企业用银行存款 5 万元购买机器设备一台。编制简单会计分录如下。

借：固定资产　　50 000

　贷：银行存款　　50 000

知识拓展

会计分录书写规范

（1）借方在上，贷方在下，借贷应分行；

（2）贷方的文字和数字比借方退后两个字符；

（3）会计分录中的金额单位省略。

【例 2.3】 甲企业购买材料，价款 10 万元，用银行存款支付 5 万元，其余暂欠。编制复合会计分录如下。

借：原材料　　　　　100 000
　　贷：银行存款　　　　50 000
　　　　应付账款　　　　50 000

3. 对应账户

在一笔会计分录中，两个或两个以上的账户形成了应借应贷的相互关系，这种关系称为账户的对应关系。存在对应关系的账户称为对应账户。如例 2.1 中“库存现金”账户和“银行存款”账户存在对应关系，这两个账户互为对应账户。

表 A2.3　总分类账户的期初余额　单位：元

账户名称	借方余额	账户名称	贷方余额
库存现金	3 000	应付账款	6 000
银行存款	150 000	实收资本	360 000
原材料	63 000		
固定资产	150 000		
合　计	366 000	合　计	366 000

（五）记账与结账

【例 2.4】 20×5 年 6 月甲企业总分类账户的期初余额如表 A2.3 所示。根据表 A2.3 中的期初余额和例 2.1～例 2.3 中发生的经济业务，开设并登记 T 形账户，计算结出本期发生额及期末余额，如图 A2.5 所示。

库存现金

借方	贷方
期初余额：3 000	
①　2 000	
本期发生额：2 000	
期末余额：5 000	

银行存款

借方	贷方
期初余额：150 000	
	①　2 000
	②　50 000
	③　50 000
	本期发生额：102 000
期末余额：48 000	

原材料

借方	贷方
期初余额：63 000	
③　100 000	
本期发生额：100 000	
期末余额：163 000	

固定资产

借方	贷方
期初余额：150 000	
②　50 000	
本期发生额：50 000	
期末余额：200 000	

应付账款

借方	贷方
	期初余额：6 000
	③　5 0000
	本期发生额：50 000
	期末余额：56 000

实收资本

借方	贷方
	期初余额：360 000

图 A2.5　甲企业 6 月份 T 形账户

导入案例解答

通过以上学习，同学们应该能够解答导入案例中提出的问题。经济业务引起的资金增减变化运用借贷记账法记入有关账户的借方和贷方，结出的各账户余额表示资金增减变动的结果。

（六）试算平衡

试算平衡是根据资产与权益的平衡关系，按照记账规则的要求，通过对本期账户的全部记录进行汇总和试算，以检验账户记录正确与否的一种专门方法。借贷记账法的试算平衡有发生额试算平衡法和余额试算平衡法两种。前者是以记账规则为直接依据，而后者是以会计等式“资产＝负债＋所有者权益”为直接依据。

1. 发生额试算平衡法

发生额试算平衡法是指将全部账户的本期借方发生额和本期贷方发生额分别加总后，利用“有借必有贷，借贷必相等”的记账规则，来检验本期发生额账户记录正确性的一种试算平衡方法，其试算平衡公式为

全部账户本期借方发生额合计＝全部账户本期贷方发生额合计

2. 余额试算平衡法

余额试算平衡法是指将全部账户的借方期末余额和贷方期末余额分别加总后，利用“资产=负债+所有者权益”的平衡原理，通过账户余额来检查、推断账户记录正确性的一种试算平衡方法，其试算平衡公式为

全部账户的借方期末余额合计＝全部账户的贷方期末余额合计

在实际工作中，通常通过编制“发生额及余额试算平衡表”同时进行两种试算平衡。

应当指出，试算平衡只是通过借贷金额是否平衡来检查账户记录是否正确。如果借贷不平衡，则可以肯定账户的记录或计算有错误，应进一步查明原因，予以更正，直到实现平衡为止。如果借贷平衡，则一般来说，记账正确，但不能肯定记账没有错误。因为有些错误并不影响借贷双方的平衡关系。例如，漏记、重记某项经济业务，应借应贷方向相反，应借应贷科目写错或借贷双方发生同等金额的错误等都难以通过试算平衡检查出来。因此，为了纠正账簿记录的错误，需要对所有的会计记录进行日常或定期的复核，以保证账户记录的正确性。

根据例 2.3 T 形账户的登记结果，编制“发生额及余额试算平衡表”，如表 A2.4 所示。

表 A2.4　发生额及余额试算平衡表　（单位：元）

账户名称	期初余额		本期发生额		期末余额	
	借方	贷方	借方	贷方	借方	贷方
库存现金	3 000		2 000		5 000	
银行存款	150 000			102 000	48 000	
原材料	63 000		100 000		163 000	
固定资产	150 000		50 000		200 000	
应付账款		6 000	50 000			56 000
实收资本		360 000				360 000
合计	366 000	366 000	152 000	152 000	416 000	416 000

视野拓展

扫二维码，在线自主学习“借贷记账法”（视频）。

教、学、做一体化训练

知识测试

一、单项选择题

1. 会计科目是（　　）。

A. 会计要素的名称　B. 会计报表的项目　C. 账簿的名称　D. 账户的名称

2. 账户发生额试算平衡是根据（　　）确定的。

A. 借贷记账法的记账规则　B. 经济业务的内容

C. "资产 = 负债 + 所有者权益"的恒等式　D. 经济业务的类型

3. 通过复式记账可以了解每一项经济业务的（　　）。

A. 合理性　B. 合法性　C. 来龙去脉　D. 经济业务类型

4. 下列错误中能够通过试算平衡查找的有（　　）。

A. 重记经济业务　B. 漏记经济业务　C. 借贷方向相反　D. 借贷金额不等

5. 会计科目是对（　　）的具体内容进行分类核算的项目。

A. 经济业务　B. 会计主体　C. 会计对象　D. 会计要素

6. 在下列项目中，与管理费用属于同一类科目的是（　　）。

A. 无形资产　B. 本年利润　C. 应交税费　D. 投资收益

7. 以下（　　）不是会计科目按其反映的经济内容分类的项目。

A. 资产类　B. 所有者权益类　C. 成本类　D. 利润类

8. 会计科目按其所（　　）不同，分为总分类科目和明细分类科目。

A. 反映的会计对象　B. 反映的经济业务

C. 归属的会计要素　D. 提供信息的详细程度及其统驭关系

9. 会计科目按其所（　　）不同，分为资产类、负债类、所有者权益类、共同类、成本类、损益类六大类。

A. 反映的会计对象　B. 反映的经济内容

C. 归属的会计要素　D. 提供信息的详细程度及其统驭关系

10. "预付账款"科目按其所归属的会计要素不同，属于（　　）类科目。

A. 资产　B. 负债　C. 所有者权益　D. 成本

二、多项选择题

1. 借贷记账法下的试算平衡公式有（　　）。

A. 借方科目金额 = 贷方科目金额

B. 借方期末余额 = 借方期初余额 + 本期借方发生额−本期贷方发生额

C. 全部账户借方发生额合计 = 全部账户贷方发生额合计

D. 全部账户借方余额合计 = 全部账户贷方余额合计

2. 每一笔会计分录都包括（　　）。

A. 会计科目　　B. 记账方向　　C. 金额　　D. 对应关系

3. 每一个账户都可以登记的金额要素为（　　）。

A. 期初余额　　B. 期末余额　　C. 本期借方发生额　　D. 本期贷方发生额

4. 会计账户的各项金额核算指标的关系可用（　　）表示。

A. 期末余额 = 期初余额 + 本期增加发生额 − 本期减少发生额

B. 期末余额 − 期初余额 = 本期增加发生额 − 本期减少发生额

C. 期末余额 − 期初余额 − 本期增加发生额 = 本期减少发生额

D. 期末余额 + 本期减少发生额 = 期初余额 + 本期增加发生额

5. 会计账户与会计科目的相互联系在于（　　）。

A. 会计账户是根据会计科目开设的

B. 会计科目是会计账户的名称

C. 会计账户不仅具有名称，而且具有一定格式和结构

D. 会计账户和会计科目的分类口径和核算内容一致

6. 下列账户，借方登记增加的有（　　）。

A. 短期借款　　B. 应收账款　　C. 预付账款　　D. 主营业务收入

7. 下列计入借方的是（　　）。

A. 资产的增加额　　B. 负债的增加额

C. 所有者权益的增加额　　D. 费用的增加额

8. 会计分录应包括的内容有（　　）。

A. 记账日期　　B. 记账方向　　C. 记账金额　　D. 应记账户的名称

9. 会计账户的结构一般包括的内容有（　　）。

A. 账户名称　　B. 日期和凭证编号

C. 摘要　　D. 增加和减少金额及余额

10. 下列账户中，期末余额在贷方的有（　　）。

A. 资产类账户　　B. 负债类账户

C. 所有者权益类账户　　D. 收入类账户

三、判断题

1. 所有账户的左边均记录增加额，右边均记录减少额。（　　）

2. 负债及所有者权益类账户的结构应与资产类账户的结构一致。（　　）

3. 通过试算平衡检查账簿记录后，若平衡就可以肯定记账没有错误。（　　）

4. 一级会计科目称为总账科目，二级会计科目称为细目，三级会计科目称为子目。（　　）

5. 会计科目的基本结构包括账户、增减金额、余额等。（　　）

6. 会计科目仅是名称而已，若要体现会计要素的增减变化及变化后的结果则要借助于账户。（　　）

7. 对任何一个账户来说，期末余额都等于期初余额+本期增加额−本期减少额。（　　）

8. 在借贷记账法下，“借”表示增加，“贷”表示减少。（　　）

9. 借贷记账法的记账规则是“有借必有贷，借贷必相等”。（　　）

10. 每笔会计分录中，应借应贷的账户之间属于对应账户。（　　）

实务操作

实训一　会计科目的分类

（一）实训目的

掌握会计科目的分类。

（二）实训资料

光明有限责任公司20×5年5月31日有关会计资料如表A2.5所示。

表A2.5　光明有限责任公司有关会计资料

项　目	会计科目	资产类	负债类	所有者权益类	成本类	损益类
1. 房屋及建筑物						
2. 机器及设备						
3. 运输汽车						
4. 库存生产用钢材						
5. 库存燃料						
6. 未完工产品						
7. 库存完工产品						
8. 存放在银行的款项						
9. 出纳人员保管的款项						
10. 应收某公司的货款						
11. 6个月期的借款						
12. 应付给某公司的货款						
13. 欠缴的税金						
14. 投资者投入的资本						
15. 支付的广告费用						

（三）实训要求

根据以上资料，说明各项目所属的会计科目，从会计要素的角度分析各会计科目的类别。

实训二　会计分录的编制

（一）实训目的

掌握会计分录的编制方法。

（二）实训资料

某企业20×5年6月份发生下列经济业务。

（1）投资者追加投资600 000元，存入银行。

（2）以银行存款200 000元偿还长期借款。

（3）购进设备120 000元，以银行存款支付。

（4）向银行借入3个月期限的借款40 000元，偿还前欠款。

（5）收回前欠的货款120 000元，存入银行。

（6）从银行提取现金4 000元。

（7）以现金 800 元支付办公费。

（8）生产甲产品领用材料 5 000 元。

（9）以银行存款 32 000 元支付水电费。

（10）以银行存款 120 000 元购买材料。

（三）实训要求

分析以上各项经济业务，说明经济业务发生后引起了哪些会计要素的变动，并编制会计分录，填入表 A2.6。

表 A2.6　会计要素的变动及会计分录

序　号	会计要素变动	会 计 分 录
（1）		
（2）		
（3）		
（4）		
（5）		
（6）		
（7）		
（8）		
（9）		
（10）		

实训三　借贷记账法的应用

（一）实训目的

能运用借贷记账法编制会计分录，登记T形账户，并进行试算平衡。

（二）实训资料

北海有限责任公司20×5年6月份期初余额及发生的经济业务如下。

1．北海有限责任公司20×5年6月份有关账户的期初余额如表A2.7所示。

表A2.7　北海有限责任公司20×0年6月份有关账户的期初余额　（单位：元）

账　户	借方余额	账　户	贷方余额
库存现金	800	应付账款	54 000
银行存款	30 000	短期借款	13 000
原材料	90 000	应交税费	8 800
生产成本	40 000	实收资本	680 000
库存商品	20 000	盈余公积	40 000
应收账款	35 000	本年利润	20 000
固定资产	600 000		
合　计	815 800	合　计	815 800

2．该公司6月份发生下列经济业务。

（1）从银行提取现金500元。

（2）收到投资者投资30 000元。

（3）生产产品领用原材料21 000元。

（4）用银行存款缴清上月欠缴税金8 800元。

（5）收回昆山厂前欠货款15 000元，存入银行。

（6）向银行借入长期借款200 000元，存入银行。

（7）用银行存款购入机器一台，计价180 000元。

（8）向东风厂购入原材料34 000元，货款尚未支付。

（9）用银行存款偿还前欠振东厂货款24 000元。

（10）本月完工产品验收入库，成本38 000元。

（三）实训要求

1．根据6月份发生的经济业务，编制会计分录，填入表A2.8。

表A2.8　经济业务的会计分录

序　号	摘　要	会计分录
（1）		
（2）		
（3）		
（4）		

续表

序　号	摘　要	会 计 分 录
（5）		
（6）		
（7）		
（8）		
（9）		
（10）		

2. 开设T形账户，登记期初余额及本期发生额，并结出期末余额，填入图A2.6。
3. 编制发生额及余额试算平衡表，填入表A2.9。

图A2.6　各项经济业务的T形账户

图 A2.6　各项经济业务的 T 形账户（续）

表 A2.9　发生额及余额试算平衡表

账户名称	期初余额		本期发生额		期末余额	
	借　方	贷　方	借　方	贷　方	借　方	贷　方
合　计						

模块三

企业基本经济业务的账务处理

【知识框架】

- 企业基本经济业务的账务处理
  - 资金筹集业务的账务处理
    - 投资者投入资金的账务处理
    - 向债权人借入资金的账务处理
  - 材料采购业务的账务处理
    - 账户设置
    - 材料采购业务的核算
  - 产品生产业务的账务处理
    - 账户设置
    - 产品生产业务的核算
  - 产品销售业务的账务处理
    - 账户设置
    - 产品销售业务的核算
  - 利润形成与分配业务的账务处理
    - 利润形成业务的账务处理
    - 利润分配业务的账务处理

【知识目标】

了解制造企业的主要生产经营过程；掌握制造企业基本经济业务的账务处理，强化借贷记账法的应用。

【能力目标】

能熟练运用借贷记账法对制造企业的基本经济业务进行账务处理。

【导入案例】

蓝天有限责任公司是一家产品制造企业，其主要的生产经营活动包括筹资、采购、生产、销售和分配。假如你要去该公司从事会计工作，你知道会计人员在这些生产经营活动中充当怎样的角色吗？你的日常工作有哪些？

知识拓展

制造业资金运动和基本经济业务的关系

以制造业为例，资金运动分为资金的投入、资金的循环和周转、资金的退出三个基本环节。

（1）资金的投入，包括所有者投入的资金和债权人投入的资金，前者属于所有者权益，后者属于负债。资金的投入是资金运动的起点，也是企业资金筹集的过程。

（2）资金的循环和周转。资金投入后，依次进入供应过程、生产过程和销售过程，资金形态依次由货币转化为储备资金、生产和产品资金，随着产品出售又转化为货币资金，这个过程称为资金循环，资金的不断循环，则称为资金周转。

（3）资金的退出是资金运动的终点，主要包括偿还债务、交纳各种税费用、分配利润等。

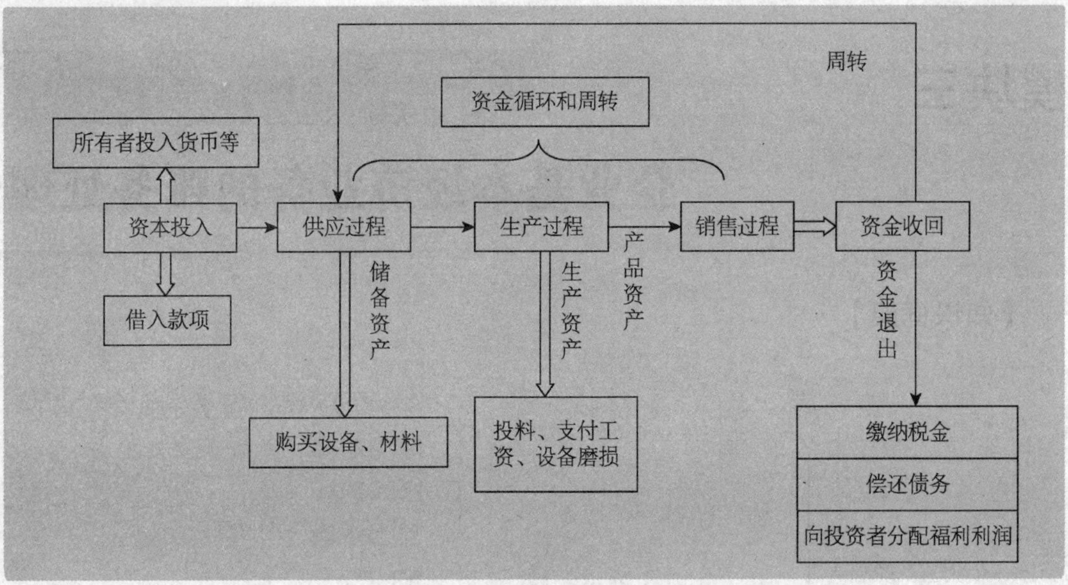

第一节 资金筹集业务的账务处理

企业作为独立核算、自负盈亏的实体，必须拥有一定数量的资金。有了资金，企业才能开展正常的生产经营活动。企业进行生产经营活动所需要的资金，其筹集渠道尽管多种多样，但无非有两类：一是投资者投入；二是向债权人借入。

一、投资者投入资金的账务处理

（一）账户设置

为了核算和监督投资人的投资，应设置两个主要账户："实收资本"（股份有限公司为"股本"）账户和"资本公积"账户。同时，在投资过程中还涉及"银行存款""固定资产""无形资产"等账户。

1. "实收资本（股本）"账户

（1）性质：所有者权益类账户。

（2）核算内容：核算和监督投资者投入资本的增减变动及结余情况。

（3）结构：贷方登记投资者投入企业的资本，以及按规定用资本公积金、盈余公积金转增资本的数额；借方登记因减资退还的资本金；余额在贷方，表示企业实际拥有的资本数额。

（4）明细设置：本账户按投资者设置明细分类账户，进行明细分类核算。

2. "资本公积"账户

（1）性质：所有者权益类账户。

（2）核算内容：核算和监督企业资本公积的增减变动及结余情况。

（3）结构：贷方登记形成的资本公积的数额，借方登记转增资本的数额；余额在贷方，表示资本公积的结存数额。

（4）明细设置：本账户按资本公积的项目设明细账，进行明细分类核算。

3. “银行存款”账户

（1）性质：资产类账户。

（2）核算内容：核算银行存款的增减变动及结余情况。

（3）结构：借方登记银行存款的增加，贷方登记银行存款的减少；余额在借方，表示银行存款的实有数额。

（4）明细设置：本账户不设明细账，但应按开户银行及银行存款的种类分别设置“银行存款日记账”。

4. “固定资产”账户

（1）性质：资产类账户。

（2）核算内容：核算和监督企业固定资产原价的增减变动及结余情况。

（3）结构：借方登记增加的固定资产原价；贷方登记减少的固定资产原价；余额在借方，表示企业现有固定资产的原价。

（4）明细设置：按固定资产类别、使用部门和每项固定资产采用卡片方式进行明细分类核算。

5. “无形资产”账户

（1）性质：资产类账户。

（2）核算内容：核算和监督企业无形资产的增减变动及结余情况。

（3）结构：借方登记无形资产的增加，贷方登记无形资产的减少；余额在借方，表示无形资产的实有数额。

知识拓展

掌握一个账户需要从以下四个方面入手：一是账户性质；二是核算内容；三是账户结构；四是明细设置。

（4）明细设置：本账户按无形资产的项目设明细账，进行明细分类核算。

（二）投资者投入资金的核算

【例 3.1】 海天有限责任公司收到甲公司投入的货币资金 400 000 元，存入银行；收到乙公司投入的固定资产，经评估确认为 200 000 元；收到丙公司投入的专利权，评估确认为 100 000 元。

这三项经济业务使企业的银行存款增加 400 000 元、固定资产增加 200 000 元、无形资产增加 100 000 元，应分别记入“银行存款”“固定资产”和“无形资产”账户的借方；同时，企业的实收资本增加 700 000 元，应记入“实收资本”账户的贷方。其账务处理如下。

借：银行存款　　400 000
　　固定资产　　200 000
　　无形资产　　100 000
　　贷：实收资本　　700 000

【例 3.2】 海天有限责任公司原由甲、乙、丙 3 个投资者组成，分别投资 400 000 元、200 000 元和 100 000 元。经营 1 年以后，丁投资者愿意加入该企业，经协商，企业将注册资本增加到 1 000 000 元，丁出资 500 000 元取得 30%的股份。

这项经济业务使企业的银行存款增加 500 000 元，应记入“银行存款”账户的借方；同时，企业的实收资本增加 300 000 元、资本公积增加 200 000 元，应分别记入“实收资本”“资本公积”账户的贷方。其账务处理如下。

> **知识回顾**
>
> 投资者投入资本超过注册资本或者股本部分的金额，即溢价部分，计入资本公积。（见模块一）

借：银行存款　　500 000

　贷：实收资本　　300 000

　　　资本公积　　200 000

> **学中做 3.1**
>
> 某公司收到国家投入的资金 500 000 元，转账支票号码 1993683，存入银行；收到 A 公司投入的生产设备 1 台，评估作价 100 000 元。假如你是该公司会计人员，应如何编写会计分录？

二、向债权人借入资金的账务处理

（一）账户设置

企业为进行生产经营活动，除了要吸收投资人的投资以外，还经常需要向银行或非银行金融机构借款。企业的借款按偿还时间的长短，分为短期借款和长期借款。短期借款主要用于企业生产经营周转对资金的需要，偿还期限在 1 年以内（含 1 年），形成流动负债；长期借款主要是为了增添大型设备、购置房地产、进行技术改造等，偿还期限在 1 年以上，形成长期负债。其设置的账户如下。

1. “短期借款”账户

（1）性质：负债类账户。

（2）核算内容：核算和监督企业短期借款的借入和归还情况。

（3）结构：贷方登记取得的借款数额，借方登记已归还的借款数额；余额在贷方，表示尚未归还的借款数额。

（4）明细设置：本账户按借款种类设置明细账户，进行明细分类核算。

2. “长期借款”账户

（1）性质：负债类账户。

（2）核算内容：核算和监督企业借入的长期借款及其应计利息和归还本息的情况。

（3）结构：贷方登记取得借款的本金和应计利息，借方登记偿还借款的本息，余额在贷方，表示尚未归还的本息。

（4）明细设置：本账户按借款单位和借款种类设置明细账户，进行明细分类核算。

3.“财务费用”账户

（1）性质：损益类账户。

（2）核算内容：核算和监督企业为筹集生产经营所需资金等而发生的费用，包括利息支出（减利息收入）、汇兑损失（减汇兑收益）以及相关的手续费等。

（3）结构：借方登记发生的利息支出、汇兑损失及相关的手续费，贷方登记利息收入、汇兑收益及期末结转数，期末，本账户余额应转入“本年利润”账户，结转后本账户无余额。

（4）明细设置：本账户按费用项目设置明细账，进行明细分类核算。

（二）向债权人借入资金的核算

【例 3.3】 海天有限责任公司向银行借入生产经营资金 100 000 元，年利率 6%，期限 6 个月，款项已存入银行。

这项经济业务使企业的银行存款增加 100 000 元，应记入“银行存款”账户的借方；同时，企业的短期借款也增加 100 000 元，应记入“短期借款”账户的贷方。其账务处理如下。

借：银行存款　　100 000
　　贷：短期借款　　100 000

【例 3.4】 海天有限责任公司向银行借入长期借款 1 000 000 元，用于改造一条生产线，期限 3 年，年利率 5%，款项已存入银行。

这项经济业务使企业的银行存款增加 1 000 000 元，应记入“银行存款”账户的借方；同时，企业的长期借款也增加 1 000 000 元，应记入“长期借款”账户的贷方。其账务处理如下。

借：银行存款　　1 000 000
　　贷：长期借款　　1 000 000

【例 3.5】 海天有限责任公司以银行存款归还到期的短期借款 100 000 元，并支付当月利息 500 元。

这项经济业务使企业的短期借款减少 100 000 元、财务费用增加 500 元，应分别记入“短期借款”和“财务费用”账户的借方；同时，企业的银行存款减少 100 500 元，应记入“银行存款”账户的贷方。其账务处理如下。

借：短期借款　　100 000
　　财务费用　　500
　　贷：银行存款　　100 500

知识拓展

若短期借款利息需要预提，预提利息时借记“财务费用”账户，贷记“应付利息”账户；支付利息时，对于已预提的利息部分，借记“应付利息”账户，对于当期负担的利息，则借记“财务费用”账户，贷记“银行存款”账户。

例 3.3 中，若按月预提利息，到期一次还本付息，作为会计人员，你准备怎样进行账务处理？

第二节　材料采购业务的账务处理

一、账户设置

制造企业的材料采购业务，主要是采购生产需要的各种材料物资，为生产经营活动的正常进行做好准备工作。为了加强对企业材料采购的管理，反映库存材料增减变动及结余情况，监督材料的保管和使用，材料采购业务的核算应设置如下账户。

1. “在途物资”账户

（1）性质：资产类账户。

（2）核算内容：核算和监督企业外购材料物资已采购但尚未到达或验收入库的买价和采购费用，并据以确定材料的采购成本。

（3）结构：借方登记外购材料的买价和采购费用，贷方登记已验收入库材料的采购成本，期末一般没有余额，如果有余额，则余额在借方，表示尚未验收入库的在途材料的采购成本。

（4）明细设置：本账户按供应单位和购入材料的类别或品种，设置明细分类账户，进行明细分类核算。

2. “原材料”账户

（1）性质：资产类账户。

（2）核算内容：核算和监督企业库存材料的收入、发出和结存情况。

（3）结构：借方登记入库材料的实际成本，贷方登记出库材料的实际成本，余额在借方，表示结存材料的实际成本。

（4）明细设置：本账户按材料的保管地点（仓库）及材料的类别、品种和规格设置明细账，进行明细分类核算。

3. “应付账款”账户

（1）性质：负债类账户。

（2）核算内容：核算和监督企业因购买材料、商品和接受劳务供应等，而应付给供应单位的款项。

（3）结构：贷方登记因购买材料、商品和接受劳务供应等，而发生的应付未付的款项；借方登记偿还的应付款项；余额在贷方，表示尚未偿还的应付款项。

（4）明细设置：本账户按供应单位设置明细账，进行明细分类核算。

4. “应付票据”账户

（1）性质：负债类账户。

（2）核算内容：核算和监督企业因购买材料、商品和接受劳务供应等，而开出、承兑的商业汇票，包括银行承兑汇票和商业承兑汇票。

（3）结构：贷方登记开出、承兑的商业汇票，借方登记到期付款或转出的商业汇票，余额在贷方，表示尚未到期的商业汇票。

（4）明细设置：企业应设置“应付票据备查簿”，详细登记每一应付票据的种类、号数、签发日期、到期日、票面金额和票面利率等相关资料。应付票据到期结清时，应当在备查簿内逐笔注销。

5. "应交税费"账户

（1）性质：负债类账户。

（2）核算内容：核算和监督企业应交纳的各种税费，如增值税、消费税、所得税、城市维护建设税、教育费附加等。企业交纳的印花税、耕地占用税以及其他不需要预计应交数的税金，不在本账户核算。

（3）结构：贷方登记应交纳的税金数，借方登记实际交纳的税金数，余额在贷方，为应交未交的税金数，如余额在借方，则表示多交或尚未抵扣的税金数。

（4）明细设置：本账户按税种设置明细账，进行明细分类核算。

本模块材料采购业务和产品销售业务涉及本账户的内容主要是有关增值税的账务处理。

增值税条例规定：应交增值税额等于销项税额减进项税额。销项税额是企业销售货物或提供加工与修理修配劳务收取的增值税，进项税额是企业购入货物或接受劳务交纳的增值税。

"应交税费——应交增值税"账户贷方登记企业销售产品时向购货单位收取的销项税额；借方登记企业采购材料时向供应单位支付的进项税额和实际交纳的增值税；期末如有贷方余额表示应交未交的增值税，如有借方余额则表示多交或尚未抵扣的增值税。

6. "预付账款"账户

（1）性质：资产类账户。

（2）核算内容：核算和监督企业因购买材料、商品或接受劳务，而按购货合同规定预付给供应单位的款项。

（3）结构：借方登记企业因购货而预付或补付给供应单位的款项，贷方登记所购材料、商品或接受劳务的金额及退回多付的款项，余额在借方，表示实际预付的款项，期末如为贷方余额，反映企业尚未补付的款项。

（4）明细设置：本账户按供应单位设置明细账，进行明细分类核算。

预付款项不多的企业，也可以将预付的款项直接记入"应付账款"账户的借方，不设本账户。

知识拓展

材料的采购成本包括买价和采购费用两部分，其中采购费用又包括途中运杂费、入库前的整理挑选费、运输途中的合理损耗以及购入材料应负担的税金、其他费用等。

二、材料采购业务的核算

企业外购材料物资的业务，由于距离采购地点远近不同、货款结算方式不同等原因，可能会导致材料的入库和货款的支付不在同一时间完成。此外，还存在预付货款购货等情况。这就需要根据具体情况，分别进行会计处理。

1. 货款已支付或已开出、承兑商业汇票，同时材料验收入库

【例 3.6】海天有限责任公司从甲公司购入 A 材料 10 吨，单价 2 000 元，增值税进项税额 3 200 元；从乙公司购入 B 材料 20 吨，单价 1 500 元，增值税进项税额 4 800 元。货款及增值税均用银行存款付清，材料验收入库。

这两项经济业务使企业的原材料实际成本增加 50 000 元，其中 A 材料增加 20 000 元、B 材料增加 30 000 元，应记入“原材料”账户的借方；购入材料支付的增值税进项税 8 000 元，应记入“应交税费——应交增值税”账户的借方；同时，企业的银行存款减少 58 000 元，应记入“银行存款”账户的贷方。其账务处理如下。

借：原材料——A 材料　　20 000
　　　　　——B 材料　　30 000
　　应交税费——应交增值税　　8 000
　　贷：银行存款　　58 000

2. 材料已验收入库，货款尚未支付

【例 3.7】 海天有限责任公司从华光股份有限责任公司购入一批 C 材料，价款 20 000 元，增值税进项税额 3 200 元，运杂费 2 000 元。款项尚未支付，材料已验收入库。

这项经济业务使企业的原材料成本增加 22 000 元，应记入“原材料”账户的借方；支付的增值税进项税 3 200 元，应记入“应交税费——应交增值税”账户的借方；同时，应付账款增加 25 200 元，应记入“应付账款”账户的贷方。其账务处理如下。

借：原材料——C 材料　　22 000
　　应交税费——应交增值税　　3 200
　　贷：应付账款　　25 200

支付货款时，其账务处理如下。

借：应付账款　　25 200
　　贷：银行存款　　25 200

3. 货款已支付或已开出、承兑商业汇票，材料尚未验收入库

【例 3.8】 海天有限责任公司从海宇有限责任公司购入 A 材料 10 吨，单价 2 000 元，增值税进项税额 3 200 元。开出承兑商业汇票 1 张，期限 3 个月。材料尚未验收入库。

这项经济业务使企业的在途材料物资增加 20 000 元，应记入“在途物资”账户的借方；支付的增值税进项税 3 200 元，应记入“应交税费——应交增值税”账户的借方；同时，应付票据增加 23 200 元，应记入“应付票据”账户的贷方。其账务处理如下。

借：在途物资——A 材料　　20 000
　　应交税费——应交增值税　　3 200
　　贷：应付票据　　23 200

该材料运达企业并验收入库时，其账务处理如下。

借：原材料——A 材料　　20 000
　　贷：在途物资——A 材料　　20 000

4. 以预付账款购货

采用预付账款购货是预先支付给供应单位一笔货款，等购货之后再进行结算，多退少补。

【例 3.9】 海天有限责任公司向 B 公司采购一批 D 材料，所需支付的价款总额 50 000 元，按照合同规定预付给供应单位 20 000 元，验收货物后补付其余款项。

（1）预付 20 000 元货款时，预付账款增加 20 000 元，应记入“预付账款”的借方；同时，银行存款减少 20 000 元，应记入“银行存款”账户的贷方。其账务处理如下。

借：预付账款　　　　　　　　20 000

　　贷：银行存款　　　　　　　　20 000

（2）收到B公司发来的D材料，经验收无误入库，增值税专用发票上注明价款50 000元，增值税进项税额8 000元。

这项经济业务使企业的原材料增加50 000元，应记入“原材料”账户的借方；支付的增值税进项税8 000元，应记入“应交税费——应交增值税”账户的借方；同时，预付账款减少58 000元，应记入“预付账款”账户的贷方。其账务处理如下。

借：原材料——D材料　　　　　50 000

　　应交税费——应交增值税　　8 000

　　贷：预付账款　　　　　　　　58 000

（3）以银行存款补付不足款项38 000元。

这项经济业务使企业的银行存款减少38 000元，应记入“银行存款”账户的贷方；同时转销“预付账款”账户的贷方余额38 000元。其账务处理如下。

借：预付账款　　　　　　　　38 000

　　贷：银行存款　　　　　　　　38 000

学中做3.2

某公司购入甲材料120吨，每吨500元，运杂费900元，增值税进项税额9 600元。材料已入库，货款尚未支付。假如你是该公司会计人员，应如何编写会计分录？

第三节　产品生产业务的账务处理

一、账户设置

制造企业的生产业务是将采购的原材料加工成产成品，在加工过程中，要消耗材料物资，要耗费工人和管理人员的劳动，要磨损机器设备等，从而形成了企业的生产费用。这些生产费用，有的是直接为生产产品而发生的，有的是间接为生产产品而发生的，它们最终应归集分配到各种产品成本中去，构成产品成本。对生产经营期间发生的为了维持一定生产经营能力的费用，如管理费用、财务费用等，应当作为期间费用直接计入当期损益，不能计入产品成本。

为正确、合理地归集和分配各项生产费用，及时计算各种产品成本，正确核算管理费用和财务费用，在生产业务核算中应设置如下账户。

1．“生产成本”账户

（1）性质：成本类账户。

（2）核算内容：核算和监督企业进行工业性生产，包括生产各种产品（产成品、自制半成品、提供劳务等）、自制材料、自制工具、自制设备等所发生的各项生产费用。

（3）结构：借方登记企业在产品生产过程中所发生的各项生产费用，贷方登记转出的完工产品实际成本，期末如有借方余额，表示尚未完工在产品的实际成本。

（4）明细设置：本账户按产品的种类设置明细账户，进行明细分类核算。

2. “制造费用”账户

（1）性质：成本类账户。

（2）核算内容：核算和监督企业生产车间（分厂）为生产产品和提供劳务而发生的各项间接费用，包括车间管理人员的薪酬、车间固定资产的折旧费、车间办公费、水电费、机物料消耗、劳动保护费、季节性和修理期间的停工损失等。

（3）结构：借方登记车间（分厂）发生的各项间接费用，贷方登记期末分配转入生产成本的金额，期末转账后一般没有余额。

（4）明细设置：本账户按不同的生产车间（分厂）及制造费用的项目设置明细账，进行明细分类核算。

3. “管理费用”账户

（1）性质：损益类账户。

（2）核算内容：核算和监督企业为组织和管理生产经营所发生的各种费用，包括企业的董事会和行政管理部门在企业的经营管理中发生的或者应由企业统一负担的公司经费（行政管理部门职工工资、修理费、物料消耗、低值易耗品摊销、办公费和差旅费等）、董事会费（董事会成员津贴、会议费和差旅费等）、聘请中介机构费、咨询费（含顾问费）、诉讼费、业务招待费、房产税、车船使用税、土地使用税、印花税、技术转让费、矿产资源补偿费、职工教育经费、排污费等。

（3）结构：借方登记发生的各项管理费用，贷方登记期末转入“本年利润”账户的数额，期末结转后本账户无余额。

（4）明细设置：本账户按管理费用的项目设置明细账，进行明细分类核算。

4. “应付职工薪酬”账户

（1）性质：负债类账户。

（2）核算内容：核算和监督企业应付给职工的薪酬总额。

（3）结构：贷方登记应付给职工的薪酬总额，借方登记实际支付的职工薪酬数额，期末贷方余额反映企业应付未付的职工薪酬。

（4）明细设置：企业应当按照工资、职工福利、社会保险费、住房公积金、工会经费、职工教育经费、非货币性福利等项目设置明细账，进行明细分类核算。

5. “累计折旧”账户

（1）性质：资产类账户。

（2）核算内容：核算和监督企业固定资产的累计折旧。

（3）结构：贷方登记固定资产因计提折旧而减少的金额，即固定资产折旧的增加金额；借方登记各种原因转出固定资产（如出售、报废、盘亏等）注销的折旧，即已提固定资产折旧的减少或转销数额；余额在贷方，表示现有固定资产已计提的累计折旧额。

（4）本账户只进行总分类核算，不进行明细分类核算。需要查明某项固定资产的已提折旧，可以根据固定资产卡片上所记载的该项固定资产原价、折旧率和实际使用年数等资料进行计算。

知识拓展

企业固定资产在使用过程中磨损的价值是通过计提折旧的方式逐步转移到产品成本或期间费用中去的。因此，计提折旧就表明生产费用或期间费用的增加。同时，由于固定资产发生了磨损，固定资产的价值也相应减少，但因固定资产使用过程中原有的实物形态基本不变，且“固定资产”账户要反映固定资产的原价，故其减少金额通过“累计折旧”账户来核算。用“固定资产”账户借方余额的原始价值减去“累计折旧”账户贷方余额的累计折旧，就是固定资产净值。

6. “库存商品”账户

（1）性质：资产类账户。

（2）核算内容：核算和监督企业库存的各种商品的实际成本。包括外购商品、自制商品等。

（3）结构：借方登记外购和自制入库的各种商品的实际成本，贷方登记出库的各种商品的实际成本，余额在借方，表示库存的各种商品的实际成本。

（4）明细设置：本账户按库存商品的种类、品种和规格设置明细账，进行明细分类核算。

知识拓展

企业发生的费用包括生产费用和期间费用两部分。其中，生产费用又分为直接费用（直接材料、直接人工等）和间接费用（制造费用），直接费用直接计入生产成本，间接费用分配计入生产成本；期间费用包括管理费用、财务费用和销售费用，不计入生产成本，直接计入当期损益。

二、存货发出的计价方法

存货发出的计价方法包括先进先出法、月末一次加权平均法、移动加权平均法和个别计价法等。

1. 先进先出法

先进先出法是指以先入库的材料先发出这种实物流转假设为前提，对发出存货进行计价的一种方法。采用先进先出法，在物价变动时，期末存货的成本比较接近现行市价，能比较真实地反映期末存货的实际价值。

【例 3.10】 天润有限责任公司采用先进先出法计算发出材料的成本，其中 A 材料明细账如图 A3.1 所示。

2. 月末一次加权平均法

月末一次加权平均法是指以存货期初结存数量和本期收入数量为权数计算平均单位成本的一种方法。其计算公式如下。

$$加权平均单位成本=\frac{月初库存存货实际成本+本月增加存货实际成本}{月初库存存货数量+本月增加存货数量}$$

原材料明细账

部类________ 产地________ 单位 千克 规格________ 品名 A材料

20×5年		凭证		摘要	收入			发出			结存		
月	日	字	号		数量	单价	金额（千百十万千百十元角分）	数量	单价	金额（千百十万千百十元角分）	数量	单价	金额（千百十万千百十元角分）
6	1			期初余额							1 000	40	4000000
	5			购入	1 000	45	4500000				1 000	40	4000000
											1 000	45	4500000
	12			发出				1 000	40	4000000			
								200	45	900000	800	45	3600000
	22			购入	1 000	43	4300000				800	45	3600000
											1 000	43	4300000
	28			发出				800	45	3600000			
								200	43	860000	800	43	3440000
	30			本月合计	2 000		8800000	2 200		9360000	800	43	3440000

图 A3.1　A 材料明细账

月末库存存货成本=月末库存存货数量×加权平均单位成本

本月发出存货成本=月初库存存货成本＋本月收入存货成本－月末库存存货成本

考虑到加权平均单位成本可能是约数，为了保证账面数字之间的平衡关系，一般采用倒挤成本法计算发出存货成本。

月末一次加权平均法的优点在于平时只登记发出数量，不登记金额，月末一次计算加权平均单价，确定本期发出存货和期末库存存货的成本，比较简单；在市场价格波动时，对存货成本的分摊比较折中。缺点是月末工作量较大，平时企业无法掌握库存存货的单价和金额，不利于加强存货管理。

【例 3.11】 接例 3.10，天润有限责任公司若采用月末一次加权平均法计算发出材料的成本，其中 A 材料明细账如图 A3.2 所示。

A 材料加权平均单位成本=（40 000+88 000）÷（1 000+2 000）=42.67（元）

月末库存材料成本=800×42.67=34 136（元）

本月发出材料成本=40 000+88 000−34 136=93 864（元）

3. 移动加权平均法

移动加权平均法是指以每次进货的成本加上原有库存存货的成本，除以每次进货数量加上原有库存存货数量，据以计算加权平均单位成本，作为在下次进货前计算各次发出存货单位成本的一种方法，其计算公式如下。

$$加权平均单位成本=\frac{原有库存存货实际成本+本次增加存货实际成本}{原有库存存货数量+本次增加存货数量}$$

本次发出存货成本=本次发出存货数量×本次发货前的加权平均单位成本

月末库存存货成本=月末库存存货数量×月末的加权平均单位成本

原材料明细账

部类________　　产地________　　单位　千克　　规格________　　品名　A材料

20×5年		凭证		摘要	收入												发出												结存											
月	日	字	号		数量	单价	金额										数量	单价	金额										数量	单价	金额									
							千	百	十	万	千	百	十	元	角	分			千	百	十	万	千	百	十	元	角	分			千	百	十	万	千	百	十	元	角	分
6	1			期初余额																									1 000	40				4	0	0	0	0	0	0
	5			购入	1 000	45				4	5	0	0	0	0	0													2 000											
	12			发出													1 200												800											
	22			购入	1 000	43				4	3	0	0	0	0	0													1 800											
	28			发出													1 000												800											
	30			本月合计	2 000					8	8	0	0	0	0	0	2 200					9	3	8	6	4	0	0	800	42.67				3	4	1	3	6	0	0

图 A3.2　A 材料明细账

移动加权平均法的优点是能随时掌握库存存货的金额和单价，便于实物管理。缺点是每购入一次存货，都要重新计算一次加权平均成本，工作量较大。

【例 3.12】 接例 3.11，天润有限责任公司若采用移动加权平均法计算发出材料的成本，其中 A 材料明细账如图 A3.3 所示。

原材料明细账

部类________　　产地________　　单位　千克　　规格________　　品名　A材料

20×5年		凭证		摘要	收入												发出												结存											
月	日	字	号		数量	单价	金额										数量	单价	金额										数量	单价	金额									
							千	百	十	万	千	百	十	元	角	分			千	百	十	万	千	百	十	元	角	分			千	百	十	万	千	百	十	元	角	分
6	1			期初余额																									1000	40				4	0	0	0	0	0	0
	5			购入	1 000	45				4	5	0	0	0	0	0													2 000	42.5				8	5	0	0	0	0	0
	12			发出													1 200	42.5				5	1	0	0	0	0	0	800	42.5				3	4	0	0	0	0	0
	22			购入	1 000	43				4	3	0	0	0	0	0													1 800	42.78				7	7	0	0	0	0	0
	28			发出													1 000	42.78				4	2	7	7	6	0	0	800	42.78				3	4	2	2	4	0	0
	30			本月合计	2 000					8	8	0	0	0	0	0	2 200					9	3	7	7	6	0	0	800	42.78				3	4	2	2	4	0	0

图 A3.3　A 材料明细账

6 月 5 日购入材料后的单位成本=（40 000+45 000）÷（1 000+1 000）=42.5（元）

6 月 12 日发出材料成本=1 200×42.5=51 000（元）

6 月 22 日购入材料后的单位成本=（34 000+43 000）÷（800+1 000）=42.78（元）

6 月 28 日发出材料后结存材料成本=800×42.78=34 224（元）

6 月 28 日发出材料成本=77 000−34 224=42 776（元）

4. 个别计价法

个别计价法是指对发出的每一特定材料的个别单价加以认定的一种计价方法。这种方法以每次收入存货的实际成本作为发出该存货的成本。

三、产品生产业务的核算

1. 归集成本费用

制造企业在生产经营过程中发生的各项费用，应按谁受益谁负担的原则进行归集，记入相关的成本费用账户。属于生产产品直接发生的材料费、人工费等，记入“生产成本”账户；属于车间间接发生的管理人员工资、一般耗用材料等，记入“制造费用”账户；属于企业管理部门发生的费用，记入“管理费用”账户。

【例3.13】 海天有限责任公司领用A材料1 000千克，单价10元。其中，用于生产甲产品500千克，用于生产乙产品100千克，车间一般耗用150千克，厂部领用250千克。

这项经济业务使企业的库存A材料减少10 000元，应记入“原材料”账户的贷方。其中，直接用于产品生产的6 000元，应记入“生产成本”账户的借方；车间一般耗用的1 500元则应记入“制造费用”账户的借方；企业管理用材料2 500元则应记入“管理费用”账户的借方。其账务处理如下。

借：生产成本——甲产品　　5 000
　　　　　　——乙产品　　1 000
　　制造费用　　1 500
　　管理费用　　2 500
　　贷：原材料——A材料　　10 000

【例3.14】 海天有限责任公司结转分配本月应付职工薪酬，其中制造甲产品的工人薪酬7 980元，制造乙产品的工人薪酬4 332元，车间管理人员薪酬1 140元，企业行政管理人员薪酬4 788元。

这项经济业务使企业的负债——应付职工薪酬增加18 240元，应记入“应付职工薪酬”账户的贷方；同时企业费用增加18 240元，其中车间生产工人的薪酬应记入“生产成本”账户的借方、车间管理人员的薪酬应记入“制造费用”账户的借方、企业行政管理人员的薪酬应记入“管理费用”账户的借方。其账务处理如下。

借：生产成本——甲产品　　7 980
　　　　　　——乙产品　　4 332
　　制造费用　　1 140
　　管理费用　　4 788
　　贷：应付职工薪酬　　18 240

【例3.15】 海天有限责任公司开出现金支票从银行提取现金18 240元，以备发放职工薪酬。

这项经济业务使企业的库存现金增加18 240元，而银行存款同时减少18 240元，应分别记入“库存现金”账户的借方和“银行存款”账户的贷方。其账务处理如下。

借：库存现金　　18 240
　　贷：银行存款　　18 240

【例3.16】 海天有限责任公司以库存现金18 240元支付企业职工薪酬。

这项经济业务使企业的负债——应付职工薪酬减少18 240元，应记入“应付职工薪酬”账户的借方；同时使现金资产减少18 240元，应记入“库存现金”账户的贷方。其账务处理如下。

借：应付职工薪酬　　18 240
　　贷：库存现金　　18 240

【例 3.17】 海天有限责任公司按规定计提固定资产折旧额。其中，车间使用固定资产应提折旧额 20 000 元，行政管理部门使用固定资产应提折旧额 10 000 元。

这项经济业务使企业的费用增加 30 000 元。其中，车间使用固定资产的折旧费 20 000 元是一种间接生产费用，应记入“制造费用”账户的借方；行政管理部门使用固定资产的折旧费 10 000 元是一种期间费用，应记入“管理费用”账户的借方。同时固定资产价值减少 30 000 元，即累计折旧增加，应记入“累计折旧”账户的贷方。其账务处理如下。

借：制造费用　　20 000
　　管理费用　　10 000
　　贷：累计折旧　　30 000

【例 3.18】 海天有限责任公司以银行存款支付固定资产的修理费 4 920 元。

这项经济业务使企业的管理费用增加 4 920 元，应记入“管理费用”账户的借方；同时银行存款减少 4 920 元，应记入“银行存款”账户的贷方。其账务处理如下。

借：管理费用　　4 920
　　贷：银行存款　　4 920

【例 3.19】 海天有限责任公司以银行存款支付企业管理部门的办公费 3 000 元。

这项经济业务使企业的管理费用增加，同时银行存款减少，应分别记入“管理费用”账户的借方和“银行存款”账户的贷方。其账务处理如下。

借：管理费用　　3 000
　　贷：银行存款　　3 000

2. 分配结转制造费用

企业当期发生的制造费用是生产车间为生产产品而发生的间接费用，在“制造费用”账户归集后，应在各受益对象之间采用适当的标准进行分配。一般按生产工人薪酬比例、生产工时比例等进行分配。

【例 3.20】 海天有限责任公司本月发生制造费用 22 640 元，只生产甲、乙两种产品，甲产品生产工人薪酬 7 980 元，乙产品生产工人薪酬 4 332 元，按生产工人薪酬比例分配结转制造费用。

分配率 = 22 640/(7 980 + 4 332) = 22 640/12312=1.838 9

甲产品分配制造费用 = 7 980 × 1.838 9 = 14 674.42（元）

乙产品分配制造费用 = 22 640 −14674.42= 7 965.58（元）

这项经济业务使企业的生产成本增加 22 640 元，其中甲产品成本增加 14 674 元、乙产品成本增加 7 966 元，应记入“生产成本”账户的借方；同时制造费用减少 22 640 元，应记入“制造费用”账户的贷方。其账务处理如下。

> **提炼总结**
>
> 计算分配率时，若除不尽，一般保留四位小数；如果分配率是约等数，为避免出现误差，最后一个计算式用减法，分配结果一般保留两位小数。

借：生产成本——甲产品　　14 674.42
　　　　　　——乙产品　　7 965.58
　　贷：制造费用　　22 640

3. 结转完工产品成本

产品生产费用通过前述的费用归集和分配后，都已归集到了生产成本账户，最后就可以将归集到某种产品的各项费用在本月完工产品和月末在产品之间进行分配，以确定完工产品成本（具体分配方法在成本会计中讲述）。

【例 3.21】海天有限责任公司结转本月完工产品成本。其中，甲产品的完工产品成本 22 000 元，乙产品的完工产品成本 11 000 元。

这项经济业务使企业的库存商品增加 33 000 元，其中甲产品 22 000 元、乙产品 11 000 元，应记入“库存商品”账户的借方；同时生产成本减少 33 000 元，其中甲产品 22 000 元、乙产品 11 000 元，应记入“生产成本”账户的贷方。其账务处理如下。

> **视野拓展**
> 推荐在线自主学习“成本与费用”（视频）。

借：库存商品——甲产品　　22 000
　　　　　　——乙产品　　11 000
　贷：生产成本——甲产品　　22 000
　　　　　　　——乙产品　　11 000

学中做 3.3

某公司分配为职工计提的社会保险费 13 384 元。其中，A 产品 4 004 元，B 产品 3 388 元，生产车间管理人员 2 492 元，行政管理人员 3 500 元。假如你是该公司会计人员，应如何编写会计分录？

第四节　产品销售业务的账务处理

一、账户设置

制造企业的销售业务主要是将生产的产品销售出去，取得销售收入，使企业的生产耗费得到补偿。另外，企业还会发生一些其他销售业务，如材料销售、无形资产使用权转让等。

为了正确核算销售收入、办理货款结算、计算结转销售成本、支付各种销售费用、计算销售税金及附加，企业应设置如下账户。

1. “主营业务收入”账户

（1）性质：损益类账户。

（2）核算内容：核算和监督企业在销售商品、提供劳务等日常活动中所产生的收入。

（3）结构：贷方登记企业实现的主营业务收入，借方登记销售退回冲销的收入及期末转入“本年利润”账户的数额，期末结转后本账户应无余额。

（4）明细设置：本账户按主营业务的种类设置明细账，主要产品销售还可按产品的种类设置明细账，进行明细分类核算。

2. “主营业务成本”账户

（1）性质：损益类账户。

（2）核算内容：核算和监督企业因销售商品、提供劳务等日常活动而发生的实际成本。

（3）结构：借方登记已销售商品、提供劳务的实际成本数，贷方登记销售退回应冲减的销售成本和期末转入“本年利润”账户的数额，期末结转后本账户无余额。

（4）明细设置：本账户按主营业务的种类设置明细账，主要产品销售还可按产品的种类设置明细账，进行明细分类核算。

3. “税金及附加”账户

（1）性质：损益类账户。

（2）核算内容：核算和监督企业应负担的税金及附加，包括消费税、资源税、城市维护建设税、教育费附加等。

（3）结构：借方登记企业按规定计算的应负担的税金及附加，贷方登记期末转入“本年利润”账户的数额，期末结转后本账户无余额。

（4）明细设置：本账户按主营业务的种类设置明细账，主要产品销售还可按产品的种类设置明细账，进行明细分类核算。

4. “其他业务收入”账户

（1）性质：损益类账户。

（2）核算内容：核算和监督企业除主营业务收入以外的其他销售或其他业务的收入，如材料销售等收入。

（3）结构：贷方登记企业取得的其他业务收入，借方登记转入“本年利润”账户的数额，期末结转后本账户无余额。

（4）明细设置：本账户按其他业务的种类设置明细账户，进行明细分类核算。

5. “其他业务成本”账户

（1）性质：损益类账户。

（2）核算内容：核算和监督企业除主营业务活动以外的其他经营活动所发生的成本，包括销售材料的成本、出租固定资产的折旧额、出租无形资产的摊销额、出租包装物的成本或摊销额。

（3）结构：借方登记发生的其他业务成本，贷方登记期末转入“本年利润”账户的数额，期末结转后本账户无余额。

（4）明细设置：本账户按其他业务的种类设置明细账户，进行明细分类核算。

6. “销售费用”账户

（1）性质：损益类账户。

（2）核算内容：核算和监督企业销售商品过程中发生的费用，包括运输费、装卸费、包装费、保险费、展览费和广告费，以及为销售本企业商品而专设的销售机构的职工薪酬、业务费等经营费用。

（3）结构：借方登记发生的销售费用，贷方登记期末转入“本年利润”账户的数额，期末结转后本账户无余额。

（4）明细设置：本账户按费用项目设置明细账，进行明细分类核算。

7. “应收账款”账户

（1）性质：资产类账户。

（2）核算内容：核算和监督企业因销售商品、产品，提供劳务等，而应向购货单位或接受劳务单位收取的款项包括应收的货款或劳务价款，应收的增值税销项税，代垫的包装费、运杂费等。

（3）结构：借方登记应收账款的增加，贷方登记应收账款的减少，余额在借方，表示尚未收回的应收账款。

（4）明细设置：本账户按不同的购货单位或接受劳务单位设置明细账，进行明细分类核算。

8. "应收票据"账户

（1）性质：资产类账户。

（2）核算内容：核算和监督企业因销售商品、产品，提供劳务等，而收到的商业汇票，包括银行承兑汇票和商业承兑汇票。

（3）结构：借方登记收到的商业汇票，贷方登记汇票到期收回货款或转销（商业汇票到期对方无力付款的要转为应收账款），余额在借方，表示尚未到期的商业汇票。

（4）明细设置：本账户的明细核算采用设置"应收票据备查簿"的方式进行，其登记方法与前面讲过的"应付票据备查簿"的登记方法相同。

9. "预收账款"账户

（1）性质：负债类账户。

（2）核算内容：核算和监督企业按照合同规定向购货单位预收的款项。

（3）结构：贷方登记企业收到的预收款项以及销售实现时购货方补付的货款，借方登记销售实现时清偿的预收款项及退回多收的款项，余额在贷方表示应付货款数，余额在借方则表示应收货款数。

（4）明细设置：本账户按购货单位设置明细账，进行明细分类核算。

预收账款不多的企业，也可以将预收的款项直接记入"应收账款"账户的贷方，不设本账户。

二、产品销售业务的核算

1. 主营业务销售的核算

主营产品销售时，其销售收入记入"主营业务收入"账户的贷方，其销售成本记入"主营业务成本"的借方。

【例3.22】 海天有限责任公司销售甲产品80件，每件2 000元，增值税税率为16%。货已发出，款项已收存银行。

这项经济业务使企业的银行存款增加185 600(2 000 × 80 + 2 000 × 80 × 16%)元，应记入"银行存款"账户的借方；甲产品销售收入增加160 000(2 000 × 80)元，应记入"主营业务收入"账户的贷方；收到的增值税销项税额 25 600(2 000 × 80 × 16%)元，应记入"应交税费——应交增值税"账户的贷方。其账务处理如下。

借：银行存款　　　　　　185 600
　　贷：主营业务收入　　　　　　160 000
　　　　应交税费——应交增值税　　25 600

【例 3.23】 海天有限责任公司销售乙产品 100 件，每件 1 500 元，增值税税率为 16%。代垫运杂费 300 元，以银行存款支付。已办妥托收手续。

这项经济业务使企业的应收账款增加 174 300（1 500 × 100 + 1 500 × 100 × 16% + 300）元，应记入“应收账款”账户的借方；乙产品销售收入增加 150 000 元，应记入“主营业务收入”账户的贷方；增值税销项税增加 24 000 元，应记入“应交税费——应交增值税”账户的贷方；支付代垫运杂费使银行存款减少 300 元，应记入“银行存款”账户的贷方。其账务处理如下。

借：应收账款 174 300
　贷：主营业务收入 150 000
　　应交税费——应交增值税 24 000
　　银行存款 300

【例 3.24】 海天有限责任公司销售乙产品 200 件，每件 1 500 元，增值税税率为 16%。购货方已预先汇来货款 300 000 元，收到产品后开来 1 张 3 个月的商业承兑汇票补付余款。

（1）企业预收购货方汇来货款 300 000 元时，银行存款和预收账款同时增加，应分别记入“银行存款”账户的借方和“预收账款”账户的贷方。其账务处理如下。

借：银行存款 300 000
　贷：预收账款 300 000

（2）销售实现时，清偿前欠的预收账款，故应记入“预收账款”账户的借方；同时销售收入和增值税销项税额增加，应分别记入“主营业务收入”和“应交税费——应交增值税”账户的贷方。其账务处理如下。

借：预收账款 348 000
　贷：主营业务收入 300 000
　　应交税费——应交增值税 48 000

（3）因原预收账款不足，“预收账款”账户出现借方余额 51 000 元，收到商业汇票补付货款时，应收票据增加，应记入“应收票据”账户的借方；同时转销“预收账款”账户的借方余额，故应记入该账户的贷方。其账务处理如下。

借：应收票据 48 000
　贷：预收账款 48 000

【例 3.25】 海天有限责任公司结转甲、乙两种产品的销售成本，销售甲产品 80 件，生产总成本 100 000 元；销售乙产品 300 件，生产总成本 400 000 元。

这项经济业务使企业的库存商品减少，应记入“库存商品”账户的贷方；同时销售成本增加，应记入“主营业务成本”账户的借方。其账务处理如下。

借：主营业务成本 500 000
　贷：库存商品——甲产品 100 000
　　　　　——乙产品 400 000

【例 3.26】 海天有限责任公司计算已销售甲产品应交纳的消费税，按销售收入的 10%计算，税金为 16 000 元。

这项经济业务使企业的税金费用增加 16 000 元，应记入“税金及附加”账户的借方；同时因税金尚未交纳形成负债，应记入“应交税费”账户的贷方。其账务处理如下。

借：税金及附加　　　　　　　　　　16 000

　　贷：应交税费——应交消费税　　　　16 000

【例3.27】 海天有限责任公司以银行存款支付销售产品的包装费用1 000元。

这项经济业务使企业的销售费用增加1 000元，应记入“销售费用”账户的借方；同时银行存款减少1 000元，应记入“银行存款”账户的贷方。其账务处理如下。

借：销售费用　　　　1 000

　　贷：银行存款　　　　1 000

2. 其他业务销售的核算

【例3.28】 海天有限责任公司销售一批A材料，价款10 000元，增值税销项税额1 600元。款已收到，存入银行。该批材料成本8 000元。

（1）确认收入。这项经济业务使企业的银行存款增加11 600元，应记入“银行存款”账户的借方；材料销售收入10 000元，应记入“其他业务收入”账户的贷方；增值税销项税额1 600元，应记入“应交税费——应交增值税”账户的贷方。其账务处理如下。

借：银行存款　　　　　　　　　　11 600

　　贷：其他业务收入　　　　　　　　10 000

　　　　应交税费——应交增值税　　　　1 600

（2）结转成本。该批材料成本应从“原材料”账户转入“其他业务成本”账户，应分别记入“其他业务成本”账户的借方和“原材料”账户的贷方。其账务处理如下。

借：其他业务成本　　　　8 000

　　贷：原材料　　　　　　8 000

学中做3.4

某公司销售A产品500件，每件售价320元，增值税销项税额25 600元，收到购货单位开出的商业汇票一张，金额187 200元。假如你是该公司会计人员，应如何编写会计分录？

第五节　利润形成与分配业务的账务处理

一、利润形成业务的账务处理

（一）利润的构成

利润是指企业在一定期间的财务成果，包括收入减去费用后的净额、直接计入当期利润的利得和损失等。

收入与费用是企业在日常活动中所形成的经济利益的总流入和总流出，如制造企业制造并销售产品取得的收入、出售材料取得的收入及发生的主营业务成本、其他业务成本、管理费用等。该项收入减去费用后的净额形成企业的营业利润。

直接计入当期利润的利得和损失是指与企业日常活动没有直接关联的经济利益的净流入或净流出，如处置固定资产、无形资产取得的净流入或净流出等。利得和损失构成企业的营业外收支。

因此，企业的利润总额由营业利润和营业外收支净额两部分组成，利润总额扣除所得税后形成企业的净利润，计算公式如下。

利润总额 = 营业利润 + 营业外收支净额

净利润 = 利润总额-所得税费用

1. 营业利润

营业利润是指企业日常生产经营活动所获得的利润，是企业利润总额的主要组成部分，其计算公式如下。

营业利润=营业收入-营业成本-税金及附加-销售费用-管理费用-财务费用-资产减值损失±公允价值变动损益±投资损益

其中，营业收入包括主营业务收入和其他业务收入，营业成本包括主营业务成本和其他业务成本。

2. 营业外收支净额

营业外收支净额是指与企业日常生产经营活动没有直接关系的各项利得减去各项损失后的净额。营业外收入包括非流动资产处置利得、非货币性资产交换利得、债务重组利得、政府补助、盘盈利得、捐赠利得等。营业外支出包括非流动资产处置损失、非货币性资产交换损失、债务重组损失、盘亏损失、公益性捐赠支出、非常损失等。

3. 所得税费用

所得税费用是指企业按税法规定计算确定的应计入当期损益的所得税费用。

（二）账户设置

利润形成业务的核算，需要将有关损益类账户的余额结转到“本年利润”账户，除销售业务中涉及的部分损益类账户外，还应设置如下账户。

1. “投资收益”账户

（1）性质：损益类账户。

（2）核算内容：核算和监督企业对外投资所取得的收益或发生的损失。

（3）结构：贷方登记企业对外投资所取得的收入，借方登记对外投资发生的损失，余额在贷方为投资净收益，余额在借方为投资净损失，期末转入“本年利润”账户后，本账户无余额。

（4）明细设置：本账户按投资收益种类设置明细账户，进行明细分类核算。

2. “营业外收入”账户

（1）性质：损益类账户。

（2）核算内容：核算和监督企业发生的与日常生产经营活动无直接关系的各项收入。

（3）结构：贷方登记企业取得的各项营业外收入，借方登记期末转入“本年利润”账户的营业外收入，期末结转后本账户无余额。

（4）明细设置：本账户按收入项目设置明细账，进行明细分类核算。

3. “营业外支出”账户

（1）性质：损益类账户。

（2）核算内容：核算和监督企业发生的与日常生产经营活动无直接关系的各项支出。

（3）结构：借方登记企业发生的各项营业外支出，贷方登记期末转入“本年利润”账户的营业外支出；期末结转后本账户无余额。

（4）明细设置：本账户按支出项目设置明细账，进行明细分类核算。

4. “所得税费用”账户

（1）性质：损益类账户。

（2）核算内容：核算和监督企业按税法规定计算确定的应计入当期损益的所得税费用。

（3）结构：借方登记企业发生的所得税费用，贷方登记期末转入“本年利润”账户的所得税费用，期末结转后本账户无余额。

（4）本账户不设明细账户。

5. “本年利润”账户

（1）性质：所有者权益类账户。

（2）核算内容：核算和监督企业实现的净利润（或发生的净亏损）。

（3）结构：贷方登记由“主营业务收入”“其他业务收入”和“营业外收入”等账户转入的余额，借方登记由“主营业务成本”“税金及附加”“销售费用”“管理费用”“财务费用”“其他业务成本”“营业外支出”“所得税费用”等账户转入的余额，余额在贷方表示企业实现的净利润，余额在借方则表示企业发生的净亏损，年终要将本账户反映的净利润或净亏损转入“利润分配——未分配利润”账户，结转后本账户无余额。

（4）本账户一般不设明细账户。

知识拓展

各损益类账户结转到“本年利润”账户时，可在年末一次结转，平时月份只通过编制利润表计算出各会计期间的利润，不进行损益类账户的结转，即“表结法”；也可每月都将损益类账户结转到“本年利润”账户，即“账结法”。选用哪种方法可由企业自主确定。

（三）利润形成业务的核算

【例3.29】 海天有限责任公司收到对外投资分得的利润5 000元，款已收存银行。

这项经济业务使企业的银行存款增加，应记入“银行存款”账户的借方；同时投资收益增加，应记入“投资收益”账户的贷方。编制会计分录如下。

借：银行存款　　　　5 000

　　贷：投资收益　　　　5 000

【例 3.30】 海天有限责任公司收到一笔罚款收入 10 000 元，存入银行。

这项经济业务使企业的银行存款增加，应记入“银行存款”账户的借方；同时营业外收入增加，应记入“营业外收入”账户的贷方。编制会计分录如下。

借：银行存款　　　　10 000

　　贷：营业外收入　　　　10 000

【例 3.31】 海天有限责任公司以银行存款 20 000 元捐赠地震灾区。

这项经济业务使企业的营业外支出增加，应记入“营业外支出”账户的借方；同时银行存款减少，应记入“银行存款”账户的贷方。编制会计分录如下。

借：营业外支出　　　　20 000

　　贷：银行存款　　　　20 000

【例 3.32】 依据例 3.1 ~ 例 3.31，海天有限责任公司各损益类账户期末余额如表 A3.1 所示。将各损益类账户期末余额结转“本年利润”账户。

表 A3.1　损益类账户期末余额　（单位：元）

账户名称	借方余额	贷方余额	账户名称	借方余额	贷方余额
主营业务收入		610 000	管理费用	25 208	
主营业务成本	500 000		财务费用	500	
税金及附加	16 000		投资收益		5 000
其他业务收入		10 000	营业外收入		10 000
其他业务成本	8 000		营业外支出	20 000	
销售费用	1 000		合　计	570 708	635 000

将各损益类账户余额结转“本年利润”账户，其账务处理如下。

（1）结转收入类账户。

借：主营业务收入　　　　610 000

　　其他业务收入　　　　10 000

　　投资收益　　　　5 000

　　营业外收入　　　　10 000

　　贷：本年利润　　　　635 000

（2）结转费用类账户。

借：本年利润　　　　570 708

　　贷：主营业务成本　　　　500 000

　　　　税金及附加　　　　16 000

　　　　其他业务成本　　　　8 000

　　　　销售费用　　　　1 000

　　　　管理费用　　　　25 208

　　　　财务费用　　　　500

　　　　营业外支出　　　　20 000

【例 3.33】 接例 3.32，海天有限责任公司依据本期利润总额 64 292（635 000−570 708）元，计算并结转本期所得税费用。（所得税税率为 25%，应税所得额与会计利润相等）

所得税费用= 64 292 × 25% = 16 073（元）

这项经济业务使企业的所得税费用和应交税费都增加，应分别记入“所得税费用”账户的借方和“应交税费”账户的贷方。其账务处理如下。

借：所得税费用　　　　　　　　　16 073

　　贷：应交税费——应交所得税　　　　　16 073

将“所得税费用”账户余额结转“本年利润”账户，其账务处理如下。

借：本年利润　　　　16 073

　　贷：所得税费用　　　　16 073

综上所述，该企业本期实现利润总额为64 292元，减去所得税费用16 073元，剩余48 219元为本期实现的净利润。

二、利润分配业务的账务处理

（一）账户设置

企业当期实现的净利润要按照法定程序进行分配。首先按一定比例提取法定盈余公积金，然后向投资者分配利润，余额为未分配利润。未分配利润可留待以后年度进行分配。企业如发生亏损，可以按规定由以后年度实现的利润进行弥补。利润分配的核算应设置如下账户。

1. “利润分配”账户

（1）性质：所有者权益类账户。

（2）核算内容：核算和监督企业利润的分配（或亏损的弥补）和历年分配（或亏损弥补）后的积存余额。

（3）结构：借方登记利润分配的去向和从“本年利润”账户转入的亏损数，贷方登记从“本年利润”账户转入的全年实现的净利润和亏损的弥补情况，年末贷方余额为企业历年积存的未分配利润，借方余额为未弥补亏损。

（4）明细设置：本账户按利润分配的去向设置明细账，进行明细分类核算。

2. “盈余公积”账户

（1）性质：所有者权益类账户。

（2）核算内容：核算和监督企业从净利润中提取的盈余公积金。

（3）结构：贷方登记盈余公积金的提取数，借方登记用盈余公积弥补亏损或转增资本数，余额在贷方，表示盈余公积金的实际结存数。

（4）明细设置：本账户按盈余公积的种类设置明细账，进行明细分类核算。

3. “应付股利”账户

（1）性质：负债类账户。

（2）核算内容：核算和监督企业经董事会或股东大会，或类似机构决议确定分配的现金股利或利润（不包括股票股利）。

（3）结构：贷方登记应支付的现金股利或利润，借方登记实际支付的现金股利或利润，余额在贷方，反映企业尚未支付的现金股利或利润。

（4）明细设置：本账户按投资者设置明细账，进行明细分类核算。

（二）利润分配业务的核算

【例 3.34】 海天有限责任公司全年实现净利润 48 219 元，年初未分配利润 15 000 元。假定按当年净利润的 10%提取法定盈余公积，按当年净利润的 50%向股东分配现金股利。

提取法定盈余公积和向投资者分配利润均属于利润分配去向，应分别记入“利润分配”账户各相关明细账户的借方；提取盈余公积金使盈余公积增加，应记入“盈余公积”账户的贷方；向股东分配现金股利尚未实际支付，形成负债，应记入“应付股利”账户的贷方。其账务处理如下。

借：利润分配——提取法定盈余公积　　4 821.9
　　　　　　——应付普通股股利　　24 109.5
　贷：盈余公积——法定盈余公积　　4 821.9
　　　应付股利　　24 109.5

【例 3.35】 接例 3.34，海天有限责任公司年末进行本年净利润的结转。

年末，应将净利润从“本年利润”账户转入“利润分配——未分配利润”账户，结转后“本年利润”账户应无余额。其账务处理如下。

借：本年利润　　48 219
　贷：利润分配——未分配利润　　48 219

【例 3.36】 接例 3.34，海天有限责任公司年末进行利润分配各明细账户的结转。

年末，应将“利润分配”账户下反映利润分配去向的各明细账户余额转入“利润分配——未分配利润”账户。其账务处理如下。

借：利润分配——未分配利润　　28 931.4
　贷：利润分配——提取法定盈余公积　　4 821.9
　　　　　　　——应付普通股股利　　24 109.5

至此，“利润分配”账户仅有“未分配利润”明细账户有贷方余额 34 287.6（15 000＋48 219－28 931.4）元，即为海天有限责任公司的年末未分配利润，留待下年使用。

> **视野拓展**
> 扫二维码，在线自主学习“结转”（视频）。

学中做 3.5

某公司年末主营业务收入 269 600 元，其他业务收入 5 400 元，营业外收入 40 000 元，主营业务成本 180 218.4 元，其他业务成本 5 100 元，税金及附加 2 000 元，销售费用 3 000 元，管理费用 38 540 元，财务费用 1 800 元，营业外支出 5 000 元。所得税税率为 25%，无纳税调整因素。假如你是该公司会计人员，应如何进行账务处理？

导入案例解答

通过以上学习，同学们应该清楚了会计人员在企业生产经营活动中充当的角色，即运用会计核算方法对企业的资金运动过程进行核算和监督。会计人员的日常工作就是对企业资金运动过程中的各项经济业务进行账务处理。

教、学、做一体化训练

知识测试

一、单项选择题

1. 企业计提生产用固定资产折旧，应借记（　　）账户。

A. 累计折旧　　B. 生产成本　　C. 制造费用　　D. 固定资产

2. 工业企业领用材料直接生产产品，应记入（　　）账户。

A. 制造费用　　B. 生产成本　　C. 营业费用　　D. 管理费用

3. 工业企业销售产品时支付的运输费，应记入（　　）账户。

A. 生产成本　　B. 管理费用　　C. 销售费用　　D. 材料采购

4. 企业购入一批原材料 46 800 元，其中含增值税进项税额 6 800 元。发生材料运输费 2 000 元，装卸费 300 元。该批材料的采购成本应为（　　）元。

A. 49 100　　B. 48 800　　C. 46 800　　D. 42 300

5. 企业计提本月生产车间使用的固定资产折旧费 40 000 元，应编制的会计分录为（　　）。

A. 借：固定资产　40 000
　　贷：累计折旧　40 000

B. 借：累计折旧　40 000
　　贷：固定资产　40 000

C. 借：管理费用　40 000
　　贷：累计折旧　40 000

D. 借：制造费用　40 000
　　贷：累计折旧　40 000

二、多项选择题

1. 下列各项中，应计入材料采购成本的有（　　）。

A. 买价　　B. 采购费用

C. 运输途中责任人丢失　　D. 厂部采购人员工资

2. 下列各项目属于制造费用核算范围的有（　　）。

A. 车间用房的折旧费　　B. 厂部办公楼的折旧费

C. 车间机器设备的维修费　　D. 车间管理人员的工资

3. 下列项目可以作为营业收入的是（　　）。

A. 出售产品取得的收入　　B. 购买债券取得的利息收入

C. 对外单位罚款所取得的收入　　D. 出售材料取得的收入

4. 关于“本年利润”账户，在账结法下下列说法正确的是（　　）。

A. 各月末余额反映自年初开始至当月末为止累计实现的净利润或净亏损

B. 年终结转后无余额

C. 平时月份期末余额可能在借方，也可能在贷方

D. 各月末余额反映在当月实现的净利润或净亏损

5. 下列（　　）属于营业外支出的核算内容。

A. 购买固定资产的支出　　B. 非常损失

C. 罚款支出　　D. 借入短期借款的利息支出

三、判断题

1. “应付账款”账户和“预付账款”账户同属负债类账户。(　　)

2. 企业销售产品时，若产品已发出，只要货款尚未收到，就不能作为营业收入实现处理。(　　)

3. 企业预付生产车间机器设备的修理费时，会使制造费用增加，应记入“制造费用”账户的借方，同时，贷记“银行存款”账户。(　　)

4. 企业应当在收到以前月份销售货款的时候确认营业收入。(　　)

5. 如果某产品月初月末均无在产品，则本月为生产该产品发生的全部生产费用就是该产品本月完工产品总成本。(　　)

实务操作

实训一　资金筹集业务的账务处理

（一）实训目的

掌握资金筹集业务的账务处理。

（二）实训资料

某企业 20×5 年 8 月份发生资金筹集的各项经济业务如下。

（1）3 日，国家投入资金 100 000 元，收到转账支票一张，号码 1993683，存入银行。

（2）5 日，收到 A 公司投入生产设备一台，评估作价 200 000 元。

（3）6 日，向银行借入临时借款 150 000 元，期限 3 个月，存入银行。

（4）8 日，因建造厂房向银行借入 500 000 元，期限 3 年，存入银行。

（5）10 日，收到 B 公司投入专利权一项，评估作价 300 000 元。

（6）15 日，以银行存款归还到期的短期借款 100 000 元，并支付当月利息 450 元（前期月份利息已支付），开出转账支票一张，号码 2834560。

（7）17 日，企业原由甲、乙、丙三个投资者组成，分别投资 500 000 元。现有丁投资者愿意加入该企业，经协商，企业将注册资本增加到 2 000 000 元，丁出资 700 000 元取得 25%的股份。收到转账支票一张，号码 2993693，存入银行。

（三）实训要求

根据上述经济业务编制会计分录，填入表 A3.2。

表 A3.2　经济业务的会计分录

序号	摘　要	会 计 分 录
（1）		

续表

序号	摘　要	会计分录
（2）		
（3）		
（4）		
（5）		
（6）		
（7）		

实训二　材料采购业务的账务处理

（一）实训目的

掌握材料采购业务的账务处理。

（二）实训资料

某企业20×5年8月份发生以下有关材料采购的经济业务。

（1）3日，从M企业购进甲材料1 000千克，单价20元，计20 000元，增值税进项税额3 200元，对方代垫运费600元（不考虑抵扣增值税），均以银行存款支付，开出转账支票一张，号码2914560。材料尚未到达。

（2）5日，甲材料到货，验收无误，入库。

（3）7日，从M企业购进甲材料1 000千克，单价20元，计20 000元，增值税进项税额3 200元；从N企业购进甲材料2 000千克，单价19.50元，计39 000元，增值税进项税额6 240元。材料入库，货款均未支付。

（4）8日，从M企业购进甲材料1 000千克，单价20元，计20 000元，增值税进项税额3 200元；购进乙材料2 000千克，单价15元，计30 000元，增值税进项税额4 800元。货款以银行存款支付，开出转账支票一张，号码2944557。材料尚未到达。

（5）10 日，上述甲、乙材料到达，验收无误，入库。

（6）13 日，以银行存款归还 M 企业货款 23 200 元、N 企业货款 45 240 元。开出转账支票一张，号码 2944559。

（7）15 日，从 N 企业购进甲材料 3 000 千克，单价 19.50 元，计 58 500 元，增值税进项税额 9 360 元，对方代垫运费 855 元。开出并承兑商业汇票一张。材料验收入库。

（8）17 日，从 M 企业购进甲材料 2 000 千克，单价 20 元，计 40 000 元，增值税进项税额 6 400 元。上月已预付货款 50 000 元，余款退回。收到转账支票一张，号码 0944557。材料尚未到达。

（三）实训要求

1. 根据上述经济业务编制会计分录，填入表 A3.3。

表 A3.3 经济业务的会计分录

序号	摘 要	会 计 分 录
（1）		
（2）		
（3）		
（4）		
（5）		
（6）		
（7）		
（8）		

2. 根据会计分录登记“在途物资”和“原材料”T形总账，填入图A3.4。

图A3.4 “在途物资”和“原材料”T形总账

实训三 产品生产业务的账务处理

（一）实训目的

掌握产品生产业务的账务处理。

（二）实训资料

某企业20×5年8月份发生以下经济业务。

（1）3日，仓库发出甲材料100 000元，其中80 000元用于A产品的生产、20 000元用于B产品的生产；发出乙材料80 000元，其中75 000元用于B产品的生产、3 000元用于车间一般耗用、2 000元用于行政管理部门维修耗用。

（2）6日，以现金支付车间机器维修费300元。

（3）8日，以现金购买办公用品600元，其中车间领用100元、行政管理部门领用500元。

（4）11日，以银行存款支付本月水电费5 000元，其中车间耗用4 000元、行政管理部门耗用1 000元。开出转账支票一张，号码2854561。

（5）31日，分配本月职工薪酬：生产工人薪酬25 000元，其中A产品10 000元、B产品15 000元；车间管理人员薪酬3 000元；行政管理人员薪酬8 000元。

（6）31日，从银行提取现金36 000元，开出现金支票一张，号码2009231，准备发放职工薪酬。

（7）31日，发放本月职工薪酬。

（8）31日，以银行存款支付本月电话费3 900元，其中车间1 300元、管理部门2 600元。开出转账支票一张，号码2854566。

（9）31日，计提本月固定资产折旧15 000元，其中车间10 000元、行政管理部门5 000元。

（10）31日，根据本月“制造费用”账户发生额，按A、B产品生产工时比例，计算分配A、B产品成本应负担的制造费用并转账。（设A产品生产工时3 000个，B产品生产工时2 000个）

（11）31日，假设A、B产品月初均无在产品，月末全部完工，计算结转本月完工产品成本。

（三）实训要求

1. 根据上述经济业务编制会计分录，填入表A3.4。

表 A3.4　经济业务的会计分录

序　号	摘　　要	会 计 分 录
(1)		
(2)		
(3)		
(4)		
(5)		
(6)		
(7)		
(8)		
(9)		

续表

序 号	摘 要	会 计 分 录
（10）		
（11）		

2. 根据会计分录登记“生产成本”“制造费用”和“管理费用”T形总账，填入图A3.5。

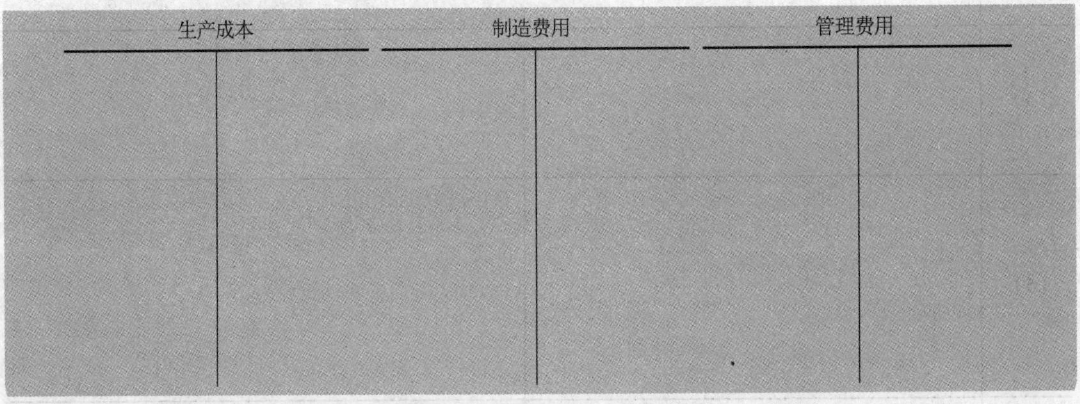

图A3.5 “生产成本”“制造费用”“管理费用”T形总账

3. 根据会计分录登记“生产成本”明细账，填入图A3.6。

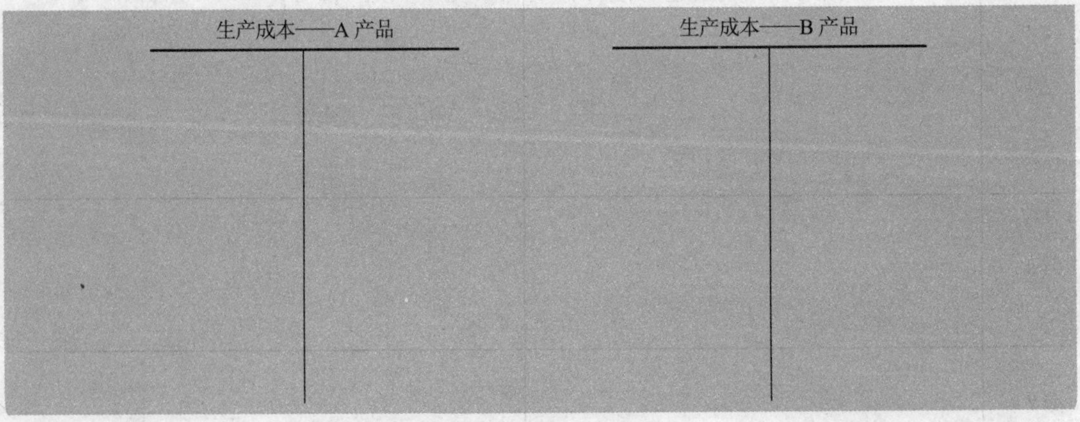

图A3.6 “生产成本”明细账

实训四　产品销售业务的账务处理

（一）实训目的

掌握产品销售业务的账务处理。

（二）实训资料

某企业 20×5 年 8 月份发生以下有关销售的经济业务。

（1）3 日，销售给甲企业 A 产品 100 件，单价 500 元，计 50 000 元；B 产品 200 件，单价 500 元，计 100 000 元。增值税销项税额共计 24 000 元。收到转账支票 1 张，号码 0834560，存入银行。

（2）5 日，销售给乙企业 A 产品 200 件，单价 500 元，计 100 000 元，增值税销项税额 16 000 元。货款尚未收到。

（3）8 日，销售给甲企业 B 产品 300 件，单价 500 元，计 150 000 元，增值税销项税额 24 000 元。收到银行承兑汇票 1 张，号码 IC0453。

（4）11 日，支付广告费 100 000 元，开出转账支票 1 张，号码 2844562。

（5）13 日，以现金支付销售产品运费 500 元。

（6）16 日，销售给乙企业 B 产品 200 件，单价 500 元，计 100 000 元，增值税销项税额 16 000 元。购货方已预先汇来货款 100 000 元，收到产品后开来 1 张 3 个月的商业承兑汇票补付余款，号码 IC0873。

（7）19 日，结转 A、B 两种产品的销售成本，A 产品单位成本 400 元，B 产品单位成本 350 元。

（8）21 日，A 产品是应纳消费税产品，按其销售收入的 10%计算应交纳的消费税。

（9）23 日，出售多余材料 100 千克，销售单价 30 元，计 3 000 元，增值税销项税额 480 元。收到转账支票 1 张，号码 1894560，存入银行。

（10）25 日，计算结转上述材料的成本（其单位成本为 20 元）。

（三）实训要求

根据上述经济业务编制会计分录，填入表 A3.5。

表 A3.5　经济业务的会计分录

序号	摘　要	会 计 分 录
（1）		

续表

序号	摘 要	会 计 分 录
(2)		
(3)		
(4)		
(5)		
(6)		
(7)		
(8)		
(9)		
(10)		

实训五　利润形成与分配业务的账务处理

（一）实训目的

掌握利润形成与分配业务的账务处理。

（二）实训资料

某企业本年利润采用账结法，其相关资料如下。

1. 该企业 20×5 年 1～11 月份的本年净利润为 5 000 000 元，“利润分配——未分配利润”账户的年初余额为 150 000 元。

2. 20×5 年 12 月 30 日有关损益类账户的发生额如表 A3.6 所示。

表 A3.6　损益类账户的发生额　（单位：元）

账户名称	借方发生额	贷方发生额	账户名称	借方发生额	贷方发生额
主营业务收入		500 000	销售费用	20 000	
主营业务成本	300 000		管理费用	5 000	
税金及附加	35 000		财务费用	3 000	
其他业务收入		10 000	营业外收入		8 000
其他业务成本	6 000		营业外支出	2 000	

3. 20×5 年 12 月 31 日，企业发生下列经济业务。

（1）销售产品一批，售价 50 000 元，增值税税率为 16%，货款收到，存入银行。

（2）结转本月已销产品的成本 30 000 元。

（3）按 10%的税率计算销售产品应交纳的消费税 5 000 元。

（4）以银行存款支付第四季度短期借款利息 15 000 元，其中，前两个月已计提 10 000 元。

（5）以银行存款支付报刊广告费 6 000 元。

（6）以现金支付产品销售过程中的运杂费 1 000 元。

（7）以银行存款支付违约罚款 2 000 元。

（8）将本月损益类账户发生额转入“本年利润”账户。

（9）按本月利润总额的 25%计算并结转所得税（不考虑调整因素）。

（10）按全年净利润的 10%和 50%分别计提法定盈余公积和向投资者分配利润。

（11）年终将净利润和利润分配各明细账户余额结转到“利润分配——未分配利润”账户。

（三）实训要求

1. 根据上述经济业务编制会计分录，填入表 A3.7。

表 A3.7　经济业务的会计分录

序　号	摘　　要	会 计 分 录
（1）		

续表

序　号	摘　　要	会 计 分 录
（2）		
（3）		
（4）		
（5）		
（6）		
（7）		
（8）		
（9）		
（10）		
（11）		

2. 登记“本年利润”总账和“利润分配”各明细账，填入图 A3.7。

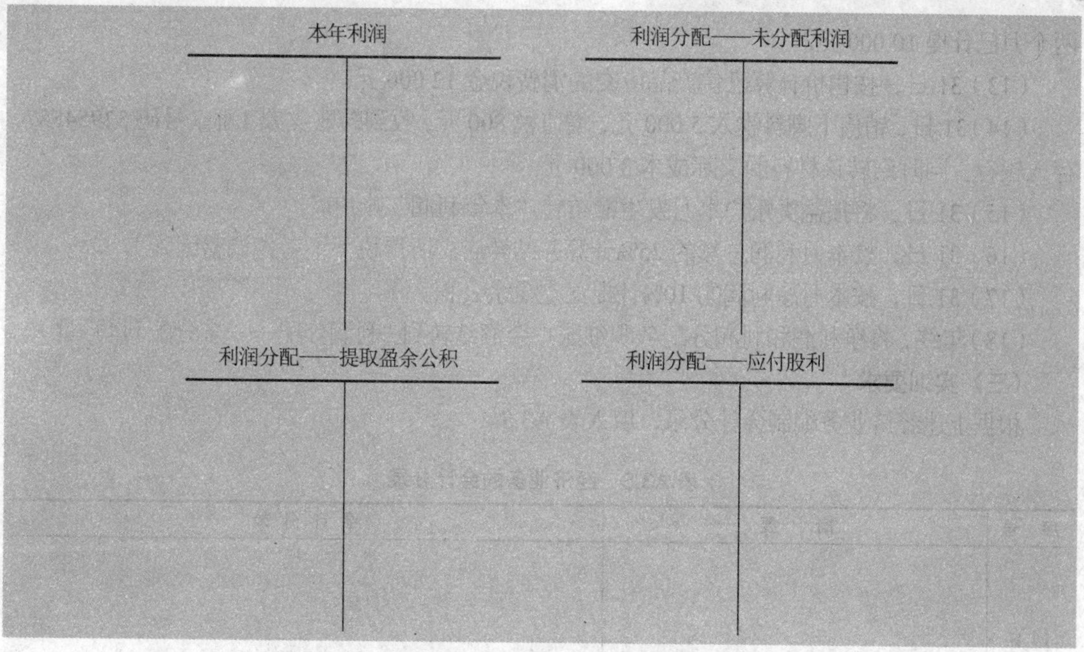

图 A3.7 “本年利润”总账和“利润分配”各明细账

实训六　企业基本经济业务的账务处理

（一）实训目的

掌握企业基本经济业务的账务处理。

（二）实训资料

某企业 20×5 年 12 月份发生经济业务如下。

（1）3 日，仓库发出材料 85 000 元，用于生产甲产品 45 000 元、乙产品 35 000 元，用于车间一般耗用 5 000 元。

（2）7 日，发放职工薪酬 68 000 元，通过银行转入职工个人储蓄账户。

（3）10 日，购入 A 材料 32 480 元（含增值税 16%），运杂费 2 000 元。货款以银行存款支付，开出转账支票 1 张，号码 2954546。材料验收入库，按其实际成本转账。

（4）16 日，红光有限责任公司交来转账支票一张，号码 4354546，归还前欠货款 60 000 元，当即送存银行。

（5）31 日，本月份职工薪酬分配如下：甲产品生产工人薪酬 30 000 元，乙产品生产工人薪酬 30 000 元，车间管理人员薪酬 6 000 元，行政管理人员薪酬 2 000 元。

（6）31 日，计提固定资产折旧 30 000 元，其中车间 16 000 元、厂部 14 000 元。

（7）31 日，将制造费用转入甲、乙两种产品成本中去，甲、乙两种产品各负担制造费用的 50%。

（8）31 日，本月甲产品投产 900 件，乙产品投产 500 件，月末全部完工，结转完工产品成本。

（9）31 日，销售甲产品 1 000 件，单价 150 元，计 150 000 元；乙产品 2 000 件，单价 200 元，计 400 000 元。增值税共计 88 000 元。已办妥委托银行收款手续。

（10）31 日，结转本月已销产品成本。甲产品单位成本 100 元，乙产品单位成本 150 元。

（11）31 日，以银行存款支付电视广告费 12 000 元。

（12）31 日，开出转账支票 1 张，号码 2954557，支付短期借款利息 12 000 元。其中，前两个月已计提 10 000 元。

（13）31 日，按售价计算已售产品应交的消费税金 12 000 元。

（14）31 日，销售下脚料收入 5 000 元，增值税 800 元，收到转账支票 1 张，号码 32954557，存入银行。同时结转该材料的实际成本 3 000 元。

（15）31 日，将损益类账户本月发生额结转“本年利润”账户。

（16）31 日，按本月利润总额的 25%计算并结转应交所得税（不考虑调整因素）。

（17）31 日，按本月净利润的 10%计提法定盈余公积。

（18）年终，将净利润和利润分配各明细账户余额结转到“利润分配——未分配利润”账户。

（三）实训要求

根据上述经济业务编制会计分录，填入表 A3.8。

表 A3.8　经济业务的会计分录

序　号	摘　　要	会 计 分 录
（1）		
（2）		
（3）		
（4）		
（5）		
（6）		
（7）		

续表

序号	摘要	会计分录
（8）		
（9）		
（10）		
（11）		
（12）		
（13）		
（14）		
（15）		
（16）		

续表

序　号	摘　要	会计分录
（17）		
（18）		

第二部分　会计工作流程

本部分主要内容

项目一　期初建账
项目二　日常填制和审核会计凭证
项目三　日常登记会计账簿
项目四　期末对账和结账
项目五　期末编制财务报表
项目六　最终整理与保管会计档案

本部分以滨海有限公司一个会计期间全部经济业务的账务处理为工作背景，以会计工作流程为主线，分六个工作项目介绍会计核算的期初、日常、期末和最终工作。每个工作项目分解为若干个工作任务，在完成工作任务过程中引入和阐述相关知识，实现教、学、做一体化。

项目一

期初建账

【职业活动】

会计工作的起点是建账。无论是新企业设立时，还是老企业在每个会计年度开始时，都会面临一个主要问题——如何建账。确定一个企业要建哪几本账，采用何种格式的账页，如何完成具体的账簿设置工作，是会计人员在建账过程中要解决的主要问题和要完成的主要任务。

【职业能力】

能根据企业的具体情况正确选择账页或账簿，并完成具体的建账工作。

【相关知识】

- 期初建账
  - 建总账
    - 会计账簿的种类
    - 总账账簿的设置方法
  - 建日记账：日记账的设置方法
  - 建明细账：明细账的设置方法

任务一　建　总　账

提出任务

作为企业的会计人员，期初要为企业建立总账、日记账和各种明细账。其中，建总账工作的主要任务是选择合适的总账账簿，并按建账步骤规范完成总账账簿的设置。

分析任务

要完成总账的建账工作，必须熟悉会计账簿的种类、格式及用途，掌握总账账簿的设置方法。

相关知识

一、会计账簿的种类

会计账簿是由具有一定格式、相互联系的账页所组成的，以会计凭证为依据，用来序时、分类地全面记录一个企事业单位经济业务事项的会计簿籍。

（一）按用途分类

会计账簿按其用途分类，分为序时账簿、分类账簿和备查账簿。

1. 序时账簿

序时账簿又称日记账，是按照经济业务发生的时间先后顺序，逐日逐笔登记经济业务的账簿。

序时账簿按其记录的内容不同，可以分为普通日记账和特种日记账。

（1）普通日记账。普通日记账是用来登记各单位全部经济业务的日记账。

（2）特种日记账。特种日记账是用来登记某一类经济业务发生情况的日记账。在会计实践中，通常只对库存现金、银行存款设置日记账进行序时核算。库存现金日记账如图 B1.1 所示，银行存款日记账如图 B1.2 所示。

库存现金日记账

币种：人民币　　　　第 10 页

20×5年		凭证		摘要	对应科目	借方											贷方											余额										
月	日	字	号			亿	千	百	十	万	千	百	十	元	角	分	亿	千	百	十	万	千	百	十	元	角	分	亿	千	百	十	万	千	百	十	元	角	分
10	1			期初余额																													3	0	0	0	0	0
	2	收	1	收到罚款	管理费用							5	0	0	0	0																	3	5	0	0	0	0
	3	付	1	借差旅费	其他应收款																	1	0	0	0	0	0						2	5	0	0	0	0
	4	付	2	付办公费	管理费用																		3	5	0	0	0						2	1	5	0	0	0
	5	付	3	提取现金	银行存款						2	0	0	0	0	0																	4	1	5	0	0	0
				…																																		

图 B1.1　库存现金日记账

银行存款日记账

开户银行：工商银行　　　　第 12 页

20×5年		凭证		摘要	结算方式		对应科目	借方										贷方										余额									
月	日	字	号		种类	号数		千	百	十	万	千	百	十	元	角	分	千	百	十	万	千	百	十	元	角	分	千	百	十	万	千	百	十	元	角	分
10	1			期初余额																												8	0	0	0	0	0
	2	收	1	收回欠款	转支	4012	应收账款				1	2	0	0	0	0	0														2	0	0	0	0	0	0
	3	付	1	购材料	转支	4013	材料采购															5	0	0	0	0	0				1	5	0	0	0	0	0
	4	付	2	提取现金	现支	2015	库存现金															2	0	0	0	0	0				1	3	0	0	0	0	0
				…																																	

图 B1.2　银行存款日记账

2. 分类账簿

分类账簿是对全部经济业务进行分类登记的账簿。按其提供核算指标的详细程度不同，分类账簿又分为总分类账和明细分类账。

（1）总分类账。总分类账又称总账，是根据总分类科目开设账户，用来登记全部经济业务，以进行总分类核算，提供总括核算资料的分类账簿。总分类账如图 B1.3 所示。

（2）明细分类账。明细分类账又称明细账，是根据明细分类科目开设账户，用来登记某一类经济业务，进行明细分类核算，提供明细核算资料的分类账簿。其格式有三栏式、数量金额式、多栏式等，分别如图 B1.4、图 B1.5 和图 B1.6 所示。

总分类账

账户名称：银行存款

20×5年 月	日	凭证 字	号	摘要	借方（亿千百十万千百十元角分）	贷方（亿千百十万千百十元角分）	借或贷	余额（亿千百十万千百十元角分）
12	1			期初余额			借	53094000
	1	收	1	接受投资	20000000			
	2	收	2	借入借款	30000000			
	3	付	1	购入材料		7020000		
	5	付	2	付广告费		600000		
	6	付	3	提取现金		200000		
	7	付	4	公益捐赠		10000000		
	8	收	3	收回欠款	3000000			
	9	付	6	购入材料		9349800		
	10	付	7	提取现金		4378000		

图 B1.3　银行存款总账

明细分类账　　第 2 页　连续第　页

明细科目　宏光有限责任公司　　总账科目　应收账款

20×5年 月	日	凭证 字	号	摘要	借方（千百十万千百十元角分）	√	贷方（千百十万千百十元角分）	√	借或贷	余额（千百十万千百十元角分）
12	1			期初余额					借	3000000
	8	收	3	收回欠款			3000000		平	0

图 B1.4　三栏式明细账

原材料明细账　　总第　页 分第 1 页

部类____　产地____　单位 千克　规格____　品名 甲材料

20×5年 月	日	凭证 字	号	摘要	收入 数量	单价	金额（千百十万千百十元角分）	发出 数量	单价	金额（千百十万千百十元角分）	结存 数量	单价	金额（千百十万千百十元角分）	√
12	1			期初余额							25200	20	50400000	
	4	付	1	购甲材料	3000	20	6000000				28200	20	56400000	
	9	付	6	购甲材料	2000	20	4000000				30200	20	60400000	
	10	转	3	领用材料				6000	20	12000000	24200	20	48400000	

图 B1.5　数量金额式明细账

生产成本明细账

产品名称 A产品

20×5年		凭证		摘要	直接材料										直接人工										制造费用										合计									
月	日	字	号		千	百	十	万	千	百	十	元	角	分	千	百	十	万	千	百	十	元	角	分	千	百	十	万	千	百	十	元	角	分	千	百	十	万	千	百	十	元	角	分
12	10			领用材料			1	2	0	0	0	0	0	0																							1	2	0	0	0	0	0	0

图 B1.6 多栏式明细账

3. 备查账簿

备查账簿又称辅助账簿，是对某些在日记账簿和分类账簿中未能记载或记载不全的经济业务进行补充登记的账簿。

（二）按外表形式分类

会计账簿按其外表形式分类，分为订本式账簿、活页式账簿和卡片式账簿。

（1）订本式账簿，又称订本账，是在启用前将编有顺序页码的一定数量账页装订成册的账簿，适用于总分类账、库存现金日记账和银行存款日记账。

（2）活页式账簿，又称活页账，是将一定数量的账页置于活页夹内，可根据记账内容的变化而随时增加或减少部分账页的账簿，适用于明细分类账。

（3）卡片式账簿，又称卡片账，是将一定数量的卡片式账页存放于专设的卡片箱中，账页可以根据需要随时增添的账簿，适用于低值易耗品、固定资产等的明细核算。

（三）按账页格式分类

会计账簿按账页格式分类，分为三栏式账簿、数量金额式账簿和多栏式账簿。

（1）三栏式账簿，是由具有“借方”“贷方”和“余额”三个基本栏目的账页所组成的账簿，主要用于总账、日记账和不需要进行数量核算的明细账，如图 B1.4 所示。

（2）数量金额式账簿，是在“借方”“贷方”和“余额”三个栏次内分别设有“数量”“单价”和“金额”三个小栏次的账簿，主要用于既要进行金额核算又要进行数量核算的各种实物资产明细账，如图 B1.5 所示。

（3）多栏式账簿，是由在“借方”“贷方”或借、贷双方均设若干专栏的账页所组成的账簿，主要用于有关成本、费用和收入等账户的明细核算，如图 B1.6 所示。

二、总账账簿的设置方法

设置和登记账簿是会计核算的一种专门方法，是会计核算工作的重要环节，它能提供系统、完整的会计核算资料，为编制会计报表提供依据。

总分类账必须采用三栏式账页的订本账。其账簿由封面、扉页和账页等组成。账簿名称一般已印制在封面上，无需手工填写。总分类账的具体设置过程如下。

1. 启用账簿

启用账簿时，首先填写扉页，扉页上有“账簿启用及交接表”。主要填写两方面内容：一是要详细填写单位名称、账簿名称、账簿号码、账簿页数和启用日期等；二是要填写单位主管、财务主管和记账人员等并加盖姓名章和单位公章。

记账人员调动工作时，应由会计机构负责人监交，由交接双方填写交接日期并签名盖章，以明确双方的经济责任。

启用总分类账时，还应缴纳并粘贴印花税票。企业将购置的印花税票粘贴在“印花粘贴处”，并画几条平行横线注销。若企业使用缴款书缴纳印花税，只需在“印花粘贴处”注明印花税已缴以及缴款金额即可。“账簿启用及交接表”如图 B1.7 所示。

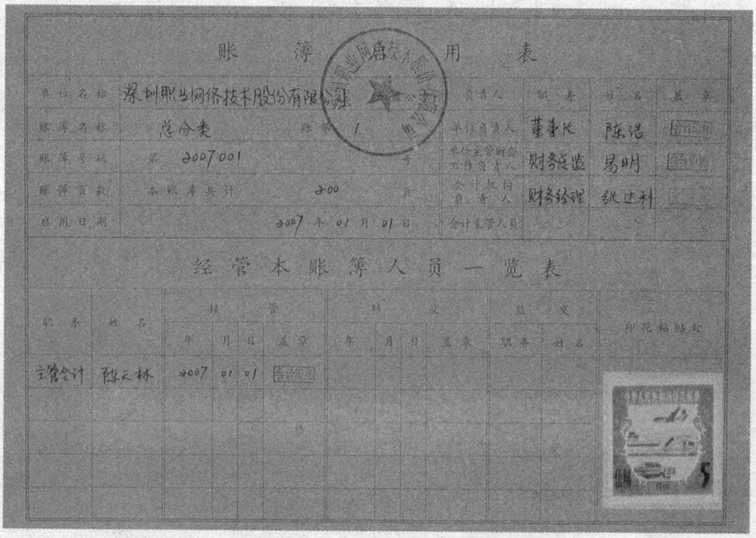

图 B1.7　账簿启用及交接表

2. 开设总分类账户

本单位会计核算涉及的总账账户，不论期初是否有余额，都需在总账中设置出相应账户，并根据实际需要预留账页。即在总账账簿中相应账页的“科目名称及编号”处填上会计科目的名称及编号，如“(1001) 库存现金”等，如图 B1.8 所示。

总分类账　　第 1 页

会计科目及编号　1001　库存现金

年		凭证		摘要	借方											√	贷方											√	借或贷	余额										
月	日	字	号		亿	千	百	十	万	千	百	十	元	角	分		亿	千	百	十	万	千	百	十	元	角	分			亿	千	百	十	万	千	百	十	元	角	分

图 B1.8　开设的库存现金总账

3. 登记期初余额

对于上年年末有余额的总账账户，应将上年年末余额作为本年度期初余额登记在第一行。具体方法是：日期栏填入期初日期，摘要栏填入“上年结转”（非年初建账的填入“期初余额”），借或贷方向栏填入“借”或“贷”，余额栏填入余额。对于没有余额的账户，无需登记。具体如图 B1.9 所示。

<table>
<tr><td colspan="41">总 分 类 账　　　　第 1 页</td></tr>
<tr><td colspan="41">会计科目及编号　1001　库存现金</td></tr>
<tr><td colspan="2">20×5年</td><td colspan="2">凭证</td><td rowspan="2">摘　要</td><td colspan="11">借　方</td><td rowspan="2">√</td><td colspan="11">贷　方</td><td rowspan="2">√</td><td rowspan="2">借或贷</td><td colspan="11">余　额</td></tr>
<tr><td>月</td><td>日</td><td>字</td><td>号</td><td>亿</td><td>千</td><td>百</td><td>十</td><td>万</td><td>千</td><td>百</td><td>十</td><td>元</td><td>角</td><td>分</td><td>亿</td><td>千</td><td>百</td><td>十</td><td>万</td><td>千</td><td>百</td><td>十</td><td>元</td><td>角</td><td>分</td><td>亿</td><td>千</td><td>百</td><td>十</td><td>万</td><td>千</td><td>百</td><td>十</td><td>元</td><td>角</td><td>分</td></tr>
<tr><td>1</td><td>1</td><td></td><td></td><td>上年结转</td><td></td><td></td><td></td><td></td><td></td><td></td><td></td><td></td><td></td><td></td><td></td><td></td><td></td><td></td><td></td><td></td><td></td><td></td><td></td><td></td><td></td><td></td><td></td><td></td><td>借</td><td></td><td></td><td></td><td></td><td></td><td>3</td><td>0</td><td>0</td><td>0</td><td>0</td><td>0</td></tr>
</table>

图 B1.9　库存现金总账

4. 填写账户目录

所有总分类账户设置完毕后，应在账簿启用页后的“账户目录”中填入各账户的编号、名称和页数，以便查找。具体如图 B1.10 所示。

账　户　目　录

顺序	编号	名称	页号	顺序	编号	名称	页号	顺序	编号	名称	页号	顺序	编号	名称	页号
1	1001	库存现金	1	26	2202	应付账款	51	51	6602	管理费用	101	76			
2	1002	银行存款	3	27	2203	预收账款	53	52	6603	财务费用	103	77			
3	1012	其他货币资金	5	28	2211	应付职工薪酬	55	53	6711	营业外支出	105	78			
4	1101	交易性金融资产	7	29	2221	应交税费	57	54	6801	所得税费用	107	79			
5	1121	应收票据	9	30	2231	应付利息	59	55				80			
6	1122	应收账款	11	31	2232	应付股利	61	56				81			
7	1123	预付账款	13	32	2241	其他应付款	63	57				82			
8	1131	应收股利	15	33	2501	长期借款	65	58				83			
9	1132	应收利息	17	34	2502	应付债券	67	59				84			
10	1221	其他应收款	19	35	4001	实收资本	69	60				85			
11	1231	坏账准备	21	36	4002	资本公积	71	61				86			
12	1401	材料采购	23	37	4101	盈余公积	73	62				87			
13	1403	原材料	25	38	4103	本年利润	75	63				88			
14	1405	库存商品	27	39	4104	利润分配	77	64				89			
15	1411	周转材料	29	40	5001	生产成本	79	65				90			
16	1501	持有至到期投资	31	41	5002	劳务成本	81	66				91			
17	1511	长期股权投资	33	42	5101	制造费用	83	67				92			
18	1601	固定资产	35	43	6001	主营业务收入	85	68				93			
19	1602	累计折旧	37	44	6051	其他业务收入	87	69				94			
20	1701	无形资产	39	45	6111	投资收益	89	70				95			
21	1702	累计摊销	41	46	6301	营业外收入	91	71				96			
22	1801	长期待摊费用	43	47	6401	主营业务成本	93	72				97			
23	1901	待处理财产损溢	45	48	6402	其他业务成本	95	73				98			
24	2001	短期借款	47	49	6403	营业税金及附加	97	74				99			
25	2201	应付票据	49	50	6601	销售费用	99	75				100			

图 B1.10　账户目录

补充知识

账簿书写规范

（1）使用蓝黑墨水或者碳素墨水书写，不得使用圆珠笔（银行的复写账簿除外）或者铅笔书写。

（2）账簿中书写的文字和数字上面要留有适当空格，不要写满格，一般应占格距的 1/2。

（3）账簿的阿拉伯数字要紧贴底线书写，并有 60°左右的倾斜度。书写“6”时上端要比其他数字高出 1/4，书写“7”和“9”时下端要比其他数字伸出 1/4。

在线自主学习“小写数字书写规范”教学视频：

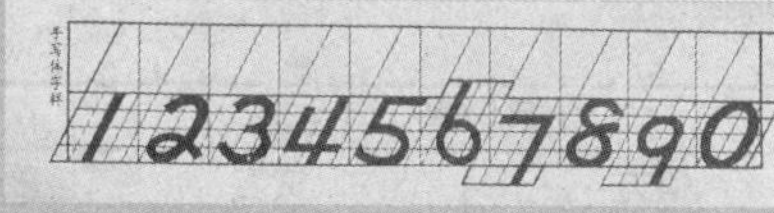

（4）账簿中的小写金额前不用加上币别符号。

实施任务

一、案例案情

滨海有限责任公司是一家股份制企业，为增值税一般纳税人，纳税人登记号为150201000130047，公司地址为山东省北海市滨海路 27 号，电话号码为 3758659；设有一个基本生产车间，生产 A、B 两种产品；库存现金只有人民币一个币种，银行存款只有中国工商银行新兴路支行一家开户银行，账号为 86476532；存货发出时按先进先出法；采用科目汇总表账务处理程序。其他相关业务资料如下。

（1）20×5 年公司总分类账户 1～11 月份累计发生额及 11 月末余额如表 B1.1 所示。

（2）20×5 年公司部分明细分类账户 1～11 月份累计发生额及 11 月末余额如表 B1.2～表 B1.6 所示。

表 B1.1　总分类账户余额　（单位：元）

账　户	1～11 月份累计发生额		11 月末余额	
	借方	贷方	借方	贷方
库存现金	16 678	18 800	3 400	
银行存款	281 238	271 200	530 940	
交易性金融资产	249 212	25 300	120 000	
应收账款	876 200	963 200	230 000	
原材料	1 734 550	1 645 000	1 370 000	
周转材料	489 500	405 600	483 100	
库存商品	3 156 200	3 465 000	1 543 600	
持有至到期投资			100 000	
长期股权投资		3 000 000	356 000	
固定资产	5 200 000	3 000 000	6 400 000	
累计折旧	150 000	260 000		2 618 000
无形资产	2 600 000	100 000	500 000	
短期借款				200 000
应付账款	808 000	860 000		237 000
应付票据	309 000	309 000		160 000
应付职工薪酬	1 180 000	1 180 000		55 620
应交税费	1 015 000	1 202 200		187 200
长期借款	2 400 000	2 400 000		480 000
实收资本				5 070 000
资本公积		5 958		315 000
盈余公积				616 720
本年利润	8 338 780	9 693 100		1 354 320
利润分配				343 180
生产成本	3 150 000	3 150 000		
制造费用	650 000	650 000		
主营业务收入	9 625 000	9 625 000		
主营业务成本	6 665 000	6 665 000		

续表

账户	1～11 月份累计发生额		11 月末余额	
	借方	贷方	借方	贷方
税金及附加	603 170	603 170		
管理费用	247 020	247 020		
销售费用	68 200	68 200		
财务费用	67 400	67 400		
投资收益	32 500	32 500		
其他业务收入	24 200	24 200		
其他业务成本	16 400	16 400		
营业外收入	11 400	11 400		
营业外支出	9 610	9 610		
所得税费用	661 980	661 980		
合计	50 636 238	50 636 238	11 637 040	11 637 040

表 B1.2 应收账款明细账 （单位：元）

明细账户	1～11 月份累计发生额		11 月末余额	
	借方	贷方	借方	贷方
南方经贸有限责任公司	600 000	500 000	200 000	
宏光有限责任公司	276 200	463 200	30 000	
合计	876 200	963 200	230 000	

表 B1.3 原材料明细账

明细账户	单位	收入	发出	结存		
				数量	单价	金额
甲材料	千克	650 000	600 000	25 200	20	504 000
乙材料	千克	700 000	630 000	56 000	10	560 000
丙材料	件	393 550	415 000	20 400	15	306 000
合计		1 743 550	1 645 000			1 370 000

表 B1.4 库存商品明细账

明细账户	单位	收入	发出	结存		
				数量	单位成本	金额（元）
A 产品	件	850 000	1 050 000	6 556	100	655 600
B 产品	辆	906 200	1 015 000	400	2 220	888 000
合计		1 756 200	2 065 000			1 543 600

表 B1.5 应付账款明细账 （单位：元）

明细账户	1～11 月份累计发生额		11 月末余额	
	借方	贷方	借方	贷方
新兴有限责任公司	408 000	450 000		230 000
海明有限责任公司	400 000	410 000		7 000
合计	808 000	860 000		237 000

表 B1.6 生产成本明细账 （单位：元）

明细账户	成本项目（1～11 月份累计发生额）		
	直接材料	直接人工	制造费用
A 产品	600 000	500 000	300 000
B 产品	1 000 000	400 000	350 000
合计	1 600 000	900 000	650 000

请根据以上模拟案例资料，为滨海有限责任公司建立总账。

其他客户关系公司资料如下。

（1）宏光有限责任公司：开户行为中国工商银行文化路支行；账号为 83856303。

（2）东风有限责任公司：纳税人识别号为 150201012219727；地址、电话为山东省东平市文化路 57 号，8107893；开户行及账号为中国工商银行复兴路支行，83857241。

二、示范操作

（1）根据表 B1.1 建“库存现金”总账，如图 B1.11 所示。

（2）根据表 B1.1 建“主营业务收入”总账，如图 B1.12 所示。

表 B1.1 中其他总账账户的建账方法同上。

总 分 类 账

会计科目：库存现金

20×5年		凭证		摘要	借方											贷方											借或贷	余额										
月	日	字	号		亿	千	百	十	万	千	百	十	元	角	分	亿	千	百	十	万	千	百	十	元	角	分		亿	千	百	十	万	千	百	十	元	角	分
11	30			1～11月累计发生额及余额					1	6	6	7	8	0	0					1	8	8	0	0	0	0	借						3	4	0	0	0	0

图 B1.11　库存现金总账

总 分 类 账

会计科目：主营业务收入

20×5年		凭证		摘要	借方											贷方											借或贷	余额										
月	日	字	号		亿	千	百	十	万	千	百	十	元	角	分	亿	千	百	十	万	千	百	十	元	角	分		亿	千	百	十	万	千	百	十	元	角	分
11	30			1～11月累计发生额及余额			9	6	2	5	0	0	0	0	0			9	6	2	5	0	0	0	0	0	平									0		

图 B1.12　主营业务收入总账

三、自己动手

仿照以上操作，自己动手，根据模拟案例中表 B1.1 的相关资料，为滨海有限责任公司建好总账账簿。（使用真实的账簿）。

任务二　建日记账

提出任务

作为企业的会计人员，期初要为企业建立总账、日记账和各种明细账。其中，建日记账工作的主要任务是选择合适的日记账账簿，并按建账步骤规范完成日记账账簿的设置。

分析任务

要完成日记账的建账工作，必须掌握日记账账簿的设置方法。

相关知识

为加强货币资金的管理，企业应设置库存现金和银行存款日记账各 1 本，一般均采用订本式账簿、三栏式格式账页，其账簿均由封面、扉页和账页等组成。账簿名称一般已印制在封面上，无需手工填写。日记账的具体设置过程如下。

日记账启用方法、登记方法和填写方法同总分类账，不再重述。

库存现金日记账按现金币种开设账户，每个账户均需要预留一定数量的账页；银行存款日记账按单位在银行开立的账户和币种开设账户，每个账户均需要预留一定数量的账页。开设方法同总分类账。

实施任务

一、案例案情

承接任务一案例案情，根据相关资料，为滨海有限责任公司建立库存现金日记账和银行存款日记账。

二、示范操作

建库存现金日记账，如图 B1.13 所示。

库存现金日记账

20×5年		凭证		摘 要	对应科目	借 方											贷 方											余 额											√
月	日	字	号			亿	千	百	十	万	千	百	十	元	角	分	亿	千	百	十	万	千	百	十	元	角	分	亿	千	百	十	万	千	百	十	元	角	分	
11	30			1～11 月累计发生额及余额						1	6	6	7	8	0	0					1	8	8	0	0	0	0						3	4	0	0	0	0	

图 B1.13 库存现金日记账

三、自己动手

仿照以上操作，自己动手，根据模拟案例中表 B1.1 的相关资料，为滨海有限责任公司建好库存现金日记账和银行存款日记账。（使用真实账簿。）

任务三　建明细账

提出任务

作为企业的会计人员，期初要为企业建立总账、日记账和各种明细账。其中，建明细账工作的主要任务是为各种明细账选择合适的账簿或账页，并按建账步骤规范完成明细账账簿的设置。

分析任务

要完成明细账的建账工作，必须掌握明细账账簿的设置方法。

相关知识

明细分类账一般采用活页式账簿，其账页格式有三栏式、数量金额式和多栏式三种。

设置明细分类账时，不用给每一明细账户预留账页，只需在相关账簿中设置出有期初余额的明细账户。对期初无余额的明细账户可暂不开设，待日常账务处理用到时再设置。

1. 启用账簿

启用方法同总分类账，不再重述。

2. 开设明细账账户

开设明细账账户时，在选定的明细账页上方填写该明细账户所属的总分类账户名称、明细分类账户名称、科目编码及该明细账户当前的页码。

活页式明细账簿每一页均有两个编码："第　页"（"分第　页"），是指按明细分类账户对账页所进行的编码；"连续　页"（"总第　页"），是指不区分明细分类账户，对账簿中包含的账页按排列顺序进行的编码。

3. 登记期初余额

登记方法与总分类账户基本一致，只是数量金额式明细账除登记金额外，还需登记数量和单价；多栏式明细账不仅在合计栏登记余额，还需在各分栏登记余额，图 B1.6 所示为生产成本明细账。

实施任务

一、案例案情

承接任务一案例案情，根据相关资料，为滨海有限责任公司建立"应收账款""应付账款"

“原材料”“库存商品”和“生产成本”明细账。

二、示范操作

（1）根据表B1.2建“应收账款”明细账，如图B1.14和图B1.15所示。

（2）根据表B1.3建“原材料”明细账，如图B1.16～图B1.18所示。

明细分类账 第 1 页 连续第 页

明细科目 南方经贸有限责任公司 总账科目 应收账款

20×5年		凭证		摘要	借方											贷方											借或贷	余额										
月	日	字	号		亿	千	百	十	万	千	百	十	元	角	分	亿	千	百	十	万	千	百	十	元	角	分		亿	千	百	十	万	千	百	十	元	角	分
11	30			1～11月累计发生额及余额				6	0	0	0	0	0	0	0				5	0	0	0	0	0	0	0	借				2	0	0	0	0	0	0	0

图B1.14 应收账款明细账

明细分类账 第 2 页 连续第 页

明细科目 宏光有限责任公司 总账科目 应收账款

20×5年		凭证		摘要	借方											贷方											借或贷	余额										
月	日	字	号		亿	千	百	十	万	千	百	十	元	角	分	亿	千	百	十	万	千	百	十	元	角	分		亿	千	百	十	万	千	百	十	元	角	分
11	30			1～11月累计发生额及余额				2	7	6	2	0	0	0	0				4	6	3	2	0	0	0	0	借					3	0	0	0	0	0	0

图B1.15 应收账款明细账

原材料明细账 总第 页 分第 1 页

部类____ 产地____ 单位 千克 规格____ 品名 甲材料

20×5年		凭证		摘要	收入												发出												结存												√
月	日	字	号		数量	单价	金额										数量	单价	金额										数量	单价	金额										
							千	百	十	万	千	百	十	元	角	分			千	百	十	万	千	百	十	元	角	分			千	百	十	万	千	百	十	元	角	分	
11	30			1～11月累计发生额及余额					6	5	0	0	0	0	0	0					6	0	0	0	0	0	0	0	25200	20			5	0	4	0	0	0	0	0	

图B1.16 原材料明细账（一）

原材料明细账 总第 页 分第 2 页

部类_____ 产地_____ 单位 千克 规格_____ 品名 乙材料

20×5年		凭证		摘要	收入												发出												结存												√
月	日	字	号		数量	单价	金额										数量	单价	金额										数量	单价	金额										
							千	百	十	万	千	百	十	元	角	分			千	百	十	万	千	百	十	元	角	分			千	百	十	万	千	百	十	元	角	分	
11	30			1～11 月累计发生额及余额					7	0	0	0	0	0	0	0					6	3	0	0	0	0	0	0	56000	10			5	6	0	0	0	0	0	0	

图 B1.17 原材料明细账（二）

原材料明细账 总第 页 分第 3 页

部类_____ 产地_____ 单位 件 规格_____ 品名 丙材料

20×5年		凭证		摘要	收入												发出												结存												√
月	日	字	号		数量	单价	金额										数量	单价	金额										数量	单价	金额										
							千	百	十	万	千	百	十	元	角	分			千	百	十	万	千	百	十	元	角	分			千	百	十	万	千	百	十	元	角	分	
11	30			1～11 月累计发生额及余额					3	9	3	5	5	0	0	0					4	1	5	0	0	0	0	0	20400	15			3	0	6	0	0	0	0	0	

图 B1.18 原材料明细账（三）

三、自己动手

仿照以上操作，自己动手，根据模拟案例中表 B1.2 ~ 表 B1.5 的相关资料，为滨海有限责任公司建好"应收账款""应付账款""原材料""库存商品"和"生产成本"明细账，完成明细账的设置工作。（使用真实账簿。）

教、学、做一体化训练

知识测试

一、单项选择题

1. 在我国，总分类账要选用（ ）。

A. 活页式账簿　　B. 自己认为合适的账簿
C. 卡片式账簿　　D. 订本式账簿

2. “应收账款”“应付账款”明细账的账页格式一般是（　　）。
A. 三栏式　　B. 多栏式　　C. 定表格式　　D. 数量金额式

3. 下列账户适合采用多栏式明细账格式核算的是（　　）。
A. 原材料　　B. 制造费用　　C. 应付账款　　D. 库存商品

4. 下列账户的明细账采用三栏式账页的是（　　）。
A. 管理费用　　B. 销售费用　　C. 库存商品　　D. 应收账款

5. 原材料等财产物资明细账一般采用（　　）明细账。
A. 数量金额式　　B. 三栏式　　C. 多栏式　　D. 任意格式

二、多项选择题

1. 会计账簿按用途不同，可分为（　　）。
A. 序时账　　B. 订本账　　C. 分类账　　D. 备查账

2. 下列采用订本式账簿的有（　　）。
A. 库存现金日记账　　B. 银行存款日记账　　C. 原材料明细账　　D. 总分类账

3. 下列采用数量金额式明细账的账户有（　　）。
A. 生产成本　　B. 库存商品　　C. 原材料　　D. 固定资产

4. 下列属于序时账的有（　　）。
A. 普通日记账　　B. 银行存款日记账　　C. 明细分类账　　D. 库存现金日记账

5. 账簿按其外表形式不同，可分为（　　）。
A. 三栏式账簿　　B. 活页式账簿　　C. 订本式账簿　　D. 卡片式账簿

三、判断题

1. 库存现金日记账和银行存款日记账都必须采用订本式账簿。（　　）

2. 活页式账簿便于账页的重新排列和记账人员的分工，但账页容易散失和被随意抽换。（　　）

3. 多栏式账簿主要适用于既需要记录金额，又需要记录实物数量的财产物资明细账户。（　　）

4. 备查账可以为某些经济业务的内容提供必要的补充资料，它没有统一的格式，各单位可根据实际工作的需要来设置。（　　）

5. 登记账簿使用蓝黑墨水或者碳素墨水书写，不得使用圆珠笔（银行的复写账簿除外）或者铅笔书写。（　　）

项目二 日常填制和审核会计凭证

【职业活动】

企业在日常生产经营活动中会发生许多经济业务，如采购材料、领用材料和结算货款等。这些经济业务发生及完成时，有关人员会取得或填制相应的书面凭证，以证明经济业务的发生及完成情况，如发票、领料单和转账支票等。这些形式各异的书面凭证在会计上称为原始凭证，记账前必须根据原始凭证编制格式规范统一的记账凭证，以便于记账。另外，为保证会计凭证的合法性与正确性，记账凭证填制完成后要加以审核。随着经济业务的发生，填制与审核原始凭证和记账凭证，是会计日常工作中一项主要的职业活动。

【职业能力】

能熟练填制与审核原始凭证和记账凭证，为下一步登记账簿做好准备。

【相关知识】

- 日常填制和审核会计凭证
  - 填制和审核原始凭证
    - 会计凭证的种类
    - 原始凭证的填制与审核
  - 填制和审核记账凭证
    - 记账凭证的填制与审核
    - 会计凭证的传递和保管

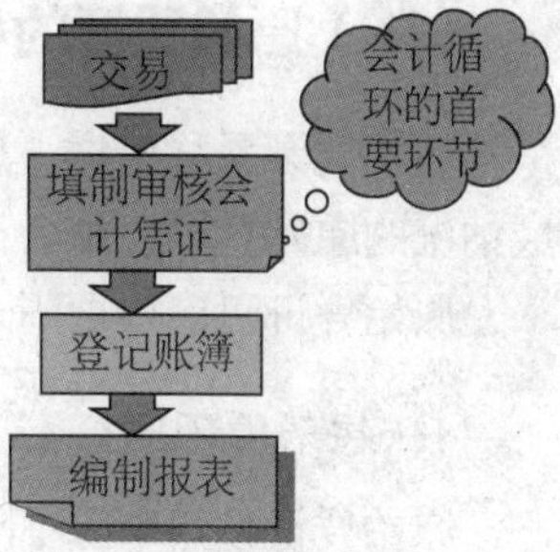

任务一 填制和审核原始凭证

提出任务

作为企业的会计人员，日常填制和审核原始凭证工作的主要任务是随着经济业务的发生，填制有关原始凭证，并对填制好的原始凭证进行审核，以保证会计信息的真实性和正确性。

分析任务

要完成原始凭证的填制与审核工作，必须了解原始凭证的种类、熟悉原始凭证的内容、掌握原始凭证的填制与审核方法。

相关知识

一、会计凭证的种类

会计凭证是记录经济业务、明确经济责任、作为记账依据的书面证明，是会计资料的重要组成部分。

任何单位发生经济业务时，都必须由执行和完成该项经济业务的有关人员取得或填制会计凭证，以证明经济业务的发生及完成情况。任何会计凭证都必须经过审核无误后才能作为记账依据。填制与审核会计凭证是会计核算的首要环节。会计凭证是否真实、完整，对会计信息质量有十分重要的影响。

会计凭证按填制的程序和用途不同，可分为原始凭证和记账凭证两类。

二、原始凭证的填制与审核

（一）原始凭证的种类

原始凭证又称单据，是在经济业务事项发生时取得或填制的，用以证明经济业务发生和完成情况的原始凭据，是会计核算的原始依据。

原始凭证可以根据不同的标准进行分类。

1. 按来源不同分类

原始凭证按其来源不同，可以分为自制原始凭证和外来原始凭证。

（1）自制原始凭证。自制原始凭证是由本单位内部经办业务时所填的凭证。如材料验收入库时由仓库保管人员填制的“收料单”、职工出差预借差旅费时填制的“借款单”等。部分自制原始凭证的格式如图B2.1、图B2.2所示。

收 料 单

供货单位：　　　　　　　　　　　　　　　　　　　　　　　　材料类别：

发票号码：　　　　　　　　　年　　月　　日　　　　　　　　材料仓库：

材料名称（规格）	计量单位	数量		实际成本											
		应收	实收	单价	发票价格	运杂费	合计								
							百	十	万	千	百	十	元	角	分
合计															
备注：															

核算：（印）　　主管：（印）　　保管：（印）　　检验：（印）　　交库：（印）

图B2.1　收料单格式

借款单

年　月　日　　　　　　　　号

借款人		借款原因	
借款金额	人民币（大写）：		
领导审批		归还方式	

第三联　财务记账

财务负责人：　　　　　　　　　　　　　　借款人签字：

图 B2.2　借款单格式

（2）外来原始凭证。外来原始凭证是指在同外单位发生经济往来时从外单位取得的原始凭证。如企业购买材料时从购买单位取得的增值税专用发票、银行收款时开出的进账单（收账通知）、出差时取得的车船票等。部分外来原始凭证的格式如图 B2.3、图 B2.4 所示。

山东增值税专用发票

（印章：全国统一发票监制章　山东省　国家税务局监制）

发票联

3700082140　　　　　　　　　　№00186598

开票日期：　20×5 年 12 月 5 日

购货单位	名　　称：滨海有限责任公司 纳税人识别号：№150201000130047 地址、电　话：山东省北海市滨海路 27 号　3758659 开户行及账号：中国工商银行新兴路支行 86476532					密码区	略
货物或应税劳务名称	规格型号	计量单位	数量	单价	金额	税率	税额
设备		台	1	30000	¥30 000.00	16%	4 800.00
价税合计（大写）		叁万肆仟捌佰元整				（小写）¥3 4800.00	
销货单位	名　　称：大华有限责任公司 纳税人识别号：№123098250167359 地址、电　话：山东省北海市文化路 7 号　5724068 开户行及账号：中国工商银行金水支行 90289445				备注	（印章：大华有限责任公司　123098250167359　发票专用章）	

第三联　发票联　购货方记账凭证

收款人：吴江　　复核：李一　　开票人：刘表　　　　销货单位：（章）

图 B2.3　增值税专用发票格式

补充知识

增值税专用发票的联次

根据《国家税务总局关于修订〈增值税专用发票使用规定〉的通知》（国税发[2006]156 号）第四条规定："专用发票由基本联次或者基本联次附加其他联次构成，基本联次为三联：发票联、抵扣联和记账联。发票联，作为购买方核算采购成本和增值税进项税额的记账凭证；抵扣联，作为购买方报送主管税务机关认证和留存备查的凭证；记账联，作为销售方核算销售收入和增值税销项税额的记账凭证。其他联次用途，由一般纳税人自行确定。"

中国工商银行进账单（收账通知）

20×5年12月8日　　　　　　　　　　　　第42号

收款人	全　称	滨海有限责任公司	付款人	全　称	宏光有限责任公司
	账　号	86476532		账　号	83856303
	开户银行	中国工商银行新兴路支行		开户银行	中国工商银行文化路支行

人民币（大写）：叁万元整	百	十	万	千	百	十	元	角	分
		¥	3	0	0	0	0	0	0

票据种类	转账支票	工行潍坊支行 20×5.12.08 收讫
票据张数	1张	收款人开户行盖章
单位主管	复核	
会计	记账	

图B2.4　银行进账单（收账通知）格式

2. 按填制方法不同分类

原始凭证按其填制方法不同，可分为一次原始凭证、累计原始凭证和汇总原始凭证。

（1）一次原始凭证。一次原始凭证是指在经济业务发生时，一次性填制完成的原始凭证。外来原始凭证都是一次凭证。大部分自制原始凭证，如“收料单”“领料单”等也是一次凭证。

（2）累计原始凭证。累计原始凭证是指在一定时期内用来连续反映不断重复发生的若干项同类经济业务的原始凭证。这种凭证在规定日期内可以多次、连续地加以使用，等到规定的时期届满以后才根据它所计算的累计数作为编制记账凭证的依据。“限额领料单”是典型的累计原始凭证，如图B2.5所示。

（3）汇总原始凭证。汇总原始凭证是根据一定时间内若干同类经济业务的一次凭证或累计凭证汇总编制的原始凭证，如根据一定时间内的“领料单”和“限额领料单”编制的“发料汇总表”等。发料汇总表的格式如图B2.6所示。

限额领料单

领料单位：生产车间　　　　　　　　　　　　编　　号：0024004

用　　途：A产品生产　　　20×5年 12 月　　　发料仓库：总仓库

材料类别	材料编号	材料名称及规格	计量单位	领用限额	实际领用	计划单价	金额	备注
	CD01	甲材料	千克	2 000		100		
日期	领　料				退　回			限额结余
	请领数量	实发数量	发料人	领料人	退料数量	收料人	退料人	
1	100	100	王林	李明				1900
2	500	500	王林	王丽				1400
6	800	800	王林	张明				600
8	20	20	王林	李山				580

生产计划部门负责人：　　　　供应部门负责人：　　　　仓库负责人：

图B2.5　限额领料单的格式

发料汇总表

年　月　日　　　　单位：元

应借科目 / 应贷科目		生产成本		制造费用	合计
		甲产品	乙产品		
原材料	甲材料	350 000	20 000	5 000	375 000
	乙材料	150 000	12 000	3 000	16 5000
	丙材料	10 000	15 000	2 000	27 000
周转材料		1 000	2 000	1 000	4 000
合　计		511 000	49 000	11 000	571 000

图 B2.6　发料汇总表的格式

（二）原始凭证的基本内容

由于经济业务的种类和内容不同，原始凭证的格式和内容也千差万别。但无论何种原始凭证，作为记录和证明经济业务的发生或完成情况、明确经办单位和人员的经济责任的原始证据，都必须具备以下基本内容。

（1）原始凭证的名称。原始凭证的名称标明原始凭证所记录业务内容的种类，反映原始凭证的作用，如“收款收据”“入库单”等。

（2）原始凭证的编号。原始凭证应连续编号，以利于查对核实。

（3）填制原始凭证的日期。填制原始凭证的日期一般是业务发生或完成的日期。如果在业务发生或完成时，因各种原因未能及时填制原始凭证的，则应以实际填制日期为准。

（4）接受原始凭证的单位名称。接受原始凭证的单位名称即原始凭证的“抬头”，是指发生经济业务的对方单位。“抬头”将接受凭证单位与填制凭证单位或填制人相联系，标明经济业务的来龙去脉。

（5）经济业务的内容。经济业务的内容主要包括经济业务的项目、名称、规格及有关的数量、计量单位、单价和金额等，这是原始凭证的核心。

（6）填制单位和经办人员的签名盖章。填制单位和经办人员的签名盖章，可以明确经济责任。

视野拓展

原始凭证（发票）样本（图片）：

（三）原始凭证的填制要求

填制原始凭证必须符合下列要求。

（1）记录要真实。原始凭证上填列的内容、数字，必须真实可靠，符合有关经济业务的实际情况，不得弄虚作假，更不得伪造凭证。

（2）内容要完整。原始凭证所要求填列的项目必须逐项填列齐全，不得遗漏和省略。

（3）手续要完备。无论是自制凭证还是外来凭证，都必须有经办单位和经办人员的签章。例如，自制原始凭证必须有经办部门和经办人员的签章；对外开出的原始凭证必须有本单位公章和经办人员的签章；从外部取得的原始凭证，必须有填制单位的公章和填制人员的签章；从个人取得的原始凭证，必须有填制人员的签章。

（4）书写要清楚、规范。原始凭证要按规定填写，使用规范的简化字，文字要简要，字迹要清楚，易于辨认。大小写金额必须相符且填写规范：小写金额用阿拉伯数字逐个书写，不得写连笔字。在小写金额前要填写人民币符号“ ”，人民币符号“ ”与阿拉伯数字之间不得留有空白。小写金额数字一律填写到角分，无角分的，写“00”或符号“–”；有角无分的，分位写“0”，不得用符号“–”。大写金额用汉字壹、贰、叁、肆、伍、陆、柒、捌、玖、拾、佰、仟、万、亿、元、角、分、零和整，一律用正楷或行书字书写。大写金额前未印有“人民币”字样的，应加写“人民币”三个字，“人民币”字样和大写金额之间不得留有空白。大写金额到元或角为止的，后面要写“整”或“正”字；有分的，不写“整”或“正”字。如小写金额为1 008.00，大写金额应写成“壹仟零捌元整”。

（5）编号要连续。如果原始凭证已预先印定编号，在写坏作废时，则应加盖“作废”戳记，妥善保管，不得撕毁。

（6）不得涂改、刮擦、挖补。原始凭证有错误的，应当由出具单位重开或更正，更正处应当加盖出具单位印章。其中如果是原始凭证金额有错误，必须由出具单位重开，不得在原始凭证上更正。

（7）填制要及时。各种原始凭证一定要及时填写，并按规定的程序及时送交会计机构或会计人员进行审核。

（四）原始凭证的审核

在会计核算工作中，原始凭证只有经过审核无误后，才能作为填制记账凭证和记账的依据。审核的主要内容包括如下六个方面。

（1）原始凭证的真实性。真实性的审核包括凭证日期、业务内容、数据是否真实等内容的审查。

（2）原始凭证的合法性。审核原始凭证所记录经济业务是否有违反国家法律法规的情况，是否符合规定的审核权限，是否履行了规定的凭证传递和审核程序，是否有贪污腐化等行为。

（3）原始凭证的合理性。审核原始凭证所记录经济业务是否符合企业生产经营活动的需要、是否符合有关的计划和预算等。

（4）原始凭证的完整性。审核原始凭证各项基本要素是否齐全、是否有漏项情况、日期是否完整、数字是否清晰、文字是否工整、有关人员签章是否齐全、凭证联次是否正确等。

（5）原始凭证的正确性。审核原始凭证各项金额的计算及填写是否正确。

（6）原始凭证的及时性。审核原始凭证的填制日期是否及时。

经审核的原始凭证应根据不同情况分别进行处理。

（1）对于完全符合要求的原始凭证，应及时据以编制记账凭证入账。

（2）对于真实、合法、合理但内容不够完整、填写有错误的原始凭证，应退回给有关经办人员，由其负责将有关凭证补充完整、更正错误或重开后，再办理正式会计手续。

（3）对于不真实、不合法的原始凭证，会计机构和会计人员有权不予接受，并向单位负责人报告。

实施任务

一、案例案情

接项目一案例案情，滨海有限责任公司20×5年12月份发生如下经济业务事项。

（1）12 月 1 日，接受宏利有限责任公司货币资金投资 200 000 元，存入银行。原始凭证№1-1、№1-2 如图 B2.7 和图 B2.8 所示。（图 B2.7 ~ 图 B2.74 的原始凭证见本书附册。）

（2）12 月 2 日，企业为扩大业务经营向银行申请取得 3 年期借款 300 000 元，存入银行。原始凭证№2 如图 B2.9 所示。

（3）12 月 3 日，接受外商捐赠机器设备 1 套，评估确认价值 180 000 元。原始凭证 No3 如图 B2.10 所示。

（4）12 月 4 日，向北海有限责任公司购入甲材料 3 000 千克，每千克 20 元，计货款 60 000 元，增值税 9 600 元。材料已验收入库，款项以银行存款支付。原始凭证№4-1 ~ №4-4 如图 B2.11～图 B2.14 所示。

（5）12 月 5 日，以银行存款支付产品广告费 6 000 元。原始凭证№5-1、№5-2 如图 B2.15、图 B2.16 所示。

（6）12 月 5 日，销售给南方经贸有限责任公司 A 产品 1 000 件，每件售价 380 元，计货款 380 000 元，增值税 60 800 元。产品已发出，货款尚未收到。原始凭证№6 如图 B2.17 所示。

（7）12 月 6 日，出纳员签发现金支票提取现金 2 000 元备用。原始凭证№7 如图 B2.18 所示。

（8）12 月 7 日，向地震灾区捐款 100 000 元，用银行存款支付。原始凭证№8-1、№8-2 如图 B2.19、图 B2.20 所示。

（9）12 月 7 日，王林出差预借差旅费 600 元。原始凭证№9 如图 B2.21 所示。

（10）12 月 8 日，收到宏光有限责任公司转账支票 1 张，归还上月欠的购货款 30 000 元，存入银行。原始凭证№10 如图 B2.22 所示。

（11）12 月 9 日，从海明有限责任公司购进甲材料 2 000 千克，单价 19.9 元，计 39 800 元；乙材料 4 000 千克，单价 9.9 元，计 39 600 元。材料验收入库，以银行存款支付材料款 79 400 元，增值税 12 704 元，运杂费 600 元（按材料重量比例分配）。原始凭证№11-1 ~ №11-6 如图 B2.23～图 B2.28 所示。（抵扣联略。）

（12）12 月 10 日，向银行提取现金 43 780 元，准备发放工资。原始凭证№12 如图 B2.29 所示。

（13）12 月 10 日，以现金支付本月份职工工资 43 780 元。原始凭证№13 如图 B2.30 所示。

（14）12 月 10 日，为生产 A 产品领用甲材料 6 000 千克，单位成本 20 元；为生产 B 产品领用乙材料 20 000 千克，单位成本 10 元；车间一般耗用丙材料 4 000 件，单位成本 15 元。原始凭证№14-1 ~ №14-3 如图 B2.31～图 B2.33 所示。

（15）12 月 11 日，王林出差归来，报销差旅费 540 元，交回现金 60 元，结清本月预借的差旅费 600 元。原始凭证№15-1、№15-2 如图 B2.34、图 B2.35 所示。

（16）12 月 12 日，以现金支付办公用品费 440 元。原始凭证№16 如图 B2.36 所示。

（17）12 月 12 日，以银行存款偿付到期的商业汇票款 160 000 元。原始凭证№17 如图 B2.37 所示。

（18）12 月 13 日，向银行申请取得借款 200 000 元，期限 6 个月，年利率 6%，存入银行。原始凭证№18 如图 B2.38 所示。

（19）12 月 14 日，以银行存款交纳上月应交税费 187 200 元，其中增值税 151 200 元，所得税 36 000 元。原始凭证№19-1、№19-2 如图 B2.39、图 B2.40 所示。

（20）12 月 15 日，销售给东风有限责任公司 B 产品 120 辆，每辆售价 3 300 元，计货款 396 000 元，增值税 63 360 元。产品已发出。货款收到，存入银行。原始凭证№20-1、№20-2 如图 B2.41、图 B2.42 所示。

（21）12 月 16 日，以银行存款偿还前欠新兴有限责任公司的货款 100 000 元，开出转账支票 1 张。原始凭证№21 如图 B2.43 所示。

（22）12 月 17 日，以银行存款支付生产车间机器设备维修费 1 000 元。原始凭证№22-1、№22-2 如图 B2.44、图 B2.45 所示。

（23）12 月 18 日，销售给东风有限责任公司 A 产品 500 件，每件售价 380 元；B 产品 80 辆，每辆售价 3 300 元。增值税总计 72 640 元。产品已发出，收到东风有限责任公司开出为期 3 个月的商业汇票 1 张。原始凭证№23-1、№23-2 如图 B2.46、图 B2.47 所示。

（24）12 月 20 日，从海明有限责任公司购进乙材料 8 000 千克，单价 10 元，计 80 000 元；丙材料 5 000 件，每件 15 元，计 75 000 元。增值税总计 24 800 元。材料运到验收入库，开出 3 个月期限的商业汇票。原始凭证№24-1 ~ №24-4 如图 B2.48～图 B2.51 所示。（抵扣联略。）

（25）12 月 22 日，以银行存款支付电费 5 800 元，其中生产车间负担电费 4 000 元，行政管理部门负担电费 1 000 元，增值税进项税额 800 元。原始凭证№25-1、№25-2 如图 B2.52、图 B2.53 所示。（抵扣联略。）

（26）12 月 22 日，以银行存款支付水费 3 960 元，其中生产车间负担水费 3 000 元，行政管理部门水费 600 元，增值税进项税额 360 元。原始凭证№26-1、№26-2 如图 B2.54、图 B2.55 所示。（抵扣联略。）

（27）12 月 26 日，以现金报销办公用品费 2 000 元。原始凭证№27 如图 B2.56 所示。

（28）12 月 28 日，向东风有限责任公司销售甲材料 1 000 千克，单价 30 元，货款 30 000 元，增值税 4 800 元，款项已收存银行。原始凭证№28-1、№28-2 如图 B2.57、图 B2.58 所示。

（29）12 月 30 日，月末财产清查发现甲材料盘盈 30 千克，计 600 元；B 产品盘亏 1 辆，计 2 220 元，待批准处理。原始凭证№29 如图 B2.59 所示。

（30）12 月 30 日，经批准盘盈甲材料由本企业转销，盘亏 B 产品作本企业损失。原始凭证№30 如图 B2.60 所示。

（31）12 月 31 日，按规定计提本月固定资产折旧 35 000 元。其中，生产用固定资产折旧 26 400 元，非生产用固定资产折旧 8 600 元。原始凭证№31 如图 B2.61 所示。

（32）12 月 31 日，结转本月职工工资 43 780 元。其中，生产 A 产品工人工资 17 700 元，生产 B 产品工人工资 14 880 元，车间管理人员工资 5 500 元，行政管理人员工资 5 700 元。原始凭证№32 如图 B2.62 所示。

（33）12 月 31 日，分别按工资总额的 9%和 7%计提本月职工养老保险和医疗保险费。原始凭证№33 如图 B2.63 所示。

（34）12 月 31 日，将本月发生的制造费用按生产工时比例分配转入 A、B 产品制造成本（A 产品生产工时 8 000、B 产品生产工时 12 000）。原始凭证№34 如图 B2.64 所示。

（35）12 月 31 日，计算结转本月完工入库 A 产品 2 000 件、B 产品 160 辆的制造成本（本月 A、B 产品全部完工）。原始凭证№35-1、№35-2 如图 B2.65、图 B2.66 所示。

（36）12 月 31 日，结转本月已售 A、B 产品的销售成本。原始凭证№36 如图 B2.67 所示。

（37）12 月 31 日，结转本月销售甲材料的成本。原始凭证№37 如图 B2.68 所示。

（38）12 月 31 日，计算本月应交的城市维护建设税（税率为 7%）及教育费附加（征收率为 3%）。原始凭证№38-1、№38-2 如图 B2.69、图 B2.70 所示。

（39）12 月 31 日，将各损益类账户余额转入“本年利润”账户。原始凭证№39 如图 B2.71 所示。

（40）12 月 31 日，计算并结转本月所得税费用（税率为 25%）。原始凭证№40 如图 B2.72 所示。

（41）12 月 31 日，按全年税后利润的 10%提取法定盈余公积。原始凭证№41 如图 B2.73 所示。

（42）12 月 31 日，按全年税后利润的 40%向投资者分配利润。原始凭证№42 如图 B2.74 所示。

（43）12 月 31 日，将“本年利润”和“利润分配”各明细账户结转至“利润分配——未分配利润”账户。

请根据以上模拟案例资料，为滨海有限责任公司填制 12 月份经济业务中的空白原始凭证（常用原始凭证），并对所有原始凭证（见本书附册）进行审核。

二、示范操作

（1）第（5）笔经济业务的原始凭证№5-2 填制如图 B2.75 所示。

（2）第（7）笔经济业务的原始凭证№7 填制如图 B2.76 所示。

中国工商银行现金支票存根（鲁）

支票号码 2265869

科　　目＿＿＿＿＿＿＿＿

对方科目＿＿＿＿＿＿＿＿

签发日期 20×5 年 12 月 5 日

收款人：潍坊电视台
金　额：6 000.00
用　途：电视广告费
备　注：

单位主管　　　　会计

复　　核　　　　记账

图 B2.75　原始凭证№5-2

中国工商银行现金支票存根（鲁）

支票号码 1226586

科　　目＿＿＿＿＿＿＿＿

对方科目＿＿＿＿＿＿＿＿

签发日期 20×5 年 12 月 6 日

收款人：滨海有限责任公司
金　额：2 000.00
用　途：备用金
备　注：

单位主管　　　　会计

复　　核　　　　记账

图 B2.76　原始凭证№7

（3）第（10）笔经济业务的原始凭证№10 填制如图 B2.77 所示。

（4）第（11）笔经济业务的原始凭证№11-5 填制如图 B2.78 所示。

（5）第（14）笔经济业务的原始凭证№14-3 填制如图 B2.79 所示。

中国工商银行进账单（收账通知）

20×5年12月8日　　　　第42号

收款人	全　称	滨海有限责任公司	付款人	全　称	宏光有限责任公司
	账　号	86476532		账　号	83856303
	开户银行	中国工商银行新兴路支行		开户银行	中国工商银行文化路支行

人民币（大写）：叁万元整	百	十	万	千	百	十	元	角	分
		¥	3	0	0	0	0	0	0

票据种类	转账支票	收款人开户行盖章
票据张数	1张	
单位主管　　　复核		
会计　　　记账		

图B2.77　原始凭证№10

收　料　单

供货单位：海明有限责任公司　　　　材料类别：原材料

发票号码：　　　　20×5年12月9日　　　　材料仓库：2

材料名称（规格）	计量单位	数量		实际成本											
		应收	实收	单价	价格	运杂费	合计								
							百	十	万	千	百	十	元	角	分
乙材料	千克	4 000	4 000	9.9	39 600	400		¥	4	0	0	0	0	0	0
合　计								¥	4	0	0	0	0	0	0
备　注：															

核算：（印）　主管：（印）　保管：（印）　检验：（印）　交库：（印）

图B2.78　原始凭证№11-5

领　料　单

领用单位：生产车间　　　20×5年12月10日　　　3号仓库　　　编号：055

用途	车间一般耗用			产品批量			订单号	
材料类别	材料编号	材料名称	规格	计量单位	数量		单价	金额
					请领	实发		
		丙材料		件	4 000	4 000	15	60 000
合　计			陆万元整					60 000
备注								

二　财务存

核算：（印）　主管：（印）　发料：（印）　主管：（印）　领料：（印）

图B2.79　原始凭证№14-3

（6）第（15）笔经济业务的原始凭证№15-1填制如图B2.80所示。

（7）第（18）笔经济业务的原始凭证№18填制如图B2.81所示。

（8）第（23）笔经济业务的原始凭证№23-1填制如图B2.82所示。

收款收据（三联单）

20×5 年 12 月 11 日　　　　№6703520

交款单位或交款人	王林	收款方式	现金
事　由 报销差旅费、交回余款 人民币（大写）陆拾元整　　¥60.00		备注： 核销 540 元 现金 60 元	

收款单位（章）　　　　收款人（签章）

第三联　记账依据

图 B2.80　原始凭证№15-1

借款借据（收账通知）

20×5 年 12 月 13 日　　　　借款编号：37689

借款单位名称	滨海有限责任公司	借款单位账号	86476532									
借 款 金 额	人民币（大写）：贰拾万元整		百	十	万	千	百	十	元	角	分	
			¥	2	0	0	0	0	0	0	0	
借款用途	生产周转借款		期限	6 个月								
还款期限	20×6 年 6 月 13 日		利率	6%								
上列贷款已批准发放，转入你单位存款账户 此致 借款单位 （银行签章）		单位分录： （借） （贷） 主管　会计　复核　记账 年　月　日										

图 B2.81　原始凭证№18

山东增值税专用发票

3700082140　　发票联　　№00286253

（印章：全国统一发票监制章　山东省　国家税务局监制）

开票日期：　20×5 年 12 月 18 日

购货单位	名　　称：东风有限责任公司 纳税人识别号：№150201012219727 地址、电　话：山东省东平市文化路 57 号　8107893 开户行及账号：中国工商银行复兴路支行 83857241				密码区	略	
货物或应税劳务名称	规格型号	单位	数量	单价	金　额	税率	税　额
A 产品		件	500	380	190 000.00	16%	30 400.00
B 产品		辆	80	3 300	264 000.00	16%	42 240.00
合　计					¥454 000.00		¥72 640.00
价税合计（大写）	伍拾贰万陆仟陆佰肆拾元整						（小写）¥526 640.00
销货单位	名　　称：滨海有限责任公司 纳税人识别号：№150201000130047 地址、电　话：山东省北海市滨海路 27 号　3758659 开户行及账号：中国工商银行新兴路支行 86476532				备注	（印章：滨海有限责任公司　150201000130047　发票专用章）	

收款人：李红　　复核：李天　　开票人：刘明　　销货单位：（章）

第一联　记账联　销货方记账凭证

图 B2.82　原始凭证№23-1

三、自己动手

仿照以上操作，自己动手，请同学们自行填制模拟案例中的空白原始凭证№5-2、№7、№10、№11-5、№14-3、№15-1、№18、№23-1、№33、№34、№35-1、№35-2、№36、№37、№38-1、№38-2、№39、№40、№41、№42，并对所有原始凭证进行审核。（在附册中填制。）

任务二　填制和审核记账凭证

提出任务

作为企业的会计人员，日常填制和审核记账凭证工作的主要任务是根据审核无误的原始凭证编制记账凭证，并对填制好的记账凭证进行审核，以保证记账凭证填制的规范性和正确性。

分析任务

要完成记账凭证的填制与审核工作，必须了解记账凭证的种类、熟悉记账凭证的内容、掌握记账凭证的填制与审核方法。

相关知识

一、记账凭证的填制与审核

记账凭证又称记账凭单，是会计人员根据审核无误的原始凭证，按照经济业务事项的内容加以归类，并据以确定会计分录后所填制的会计凭证。它是登记账簿的直接依据。记账凭证可以根据每一张原始凭证编制，也可以根据同类原始凭证汇总编制或根据原始凭证汇总表编制。

（一）记账凭证的种类

1. 按所反映的经济内容不同分类

记账凭证按其所反映的经济内容不同，分为专用记账凭证和通用记账凭证。

专用记账凭证是用来专门记录某一类经济业务的记账凭证。专用记账凭证按其所记录的经济业务与现金和银行存款的收付有无关系，又分为收款凭证、付款凭证和转账凭证三种。

（1）收款凭证，是指用以记录库存现金或银行存款增加业务的记账凭证，其格式如图 B2.83 所示。

（2）付款凭证，是指用以记录库存现金或银行存款减少业务的记账凭证，其格式如图 B2.84 所示。

（3）转账凭证，是指用以记录库存现金和银行存款以外业务的会计凭证，其格式如图 B2.85 所示。

收款凭证

总字第____号

借方科目：　　　　　　年　　月　　日　　　　　　收字第____号

摘　要	贷方科目		金　额										记账√
	总账科目	明细科目	千	百	十	万	千	百	十	元	角	分	
附件　　张	合　计												

会计主管　　记账　　出纳　　审核　　制证

图 B2.83 收款凭证

付款凭证

总字第____号

贷方科目：　　　　　　年　　月　　日　　　　　　付字第____号

摘　要	借方科目		金　额										记账√
	总账科目	明细科目	千	百	十	万	千	百	十	元	角	分	
附件　　张	合　计												

会计主管　　记账　　出纳　　审核　　制证

图 B2.84 付款凭证

通用记账凭证是用来记录所有经济业务（不分收款、付款和转账业务）的记账凭证。对于经济业务较简单、规模较小、收付业务较少的单位，为了简化核算，可采用通用记账凭证来记录所有经济业务。通用记账凭证的格式与转账凭证基本相同，如图 B2.86 所示。

<table>
<tr><td colspan="24">转 账 凭 证</td></tr>
<tr><td colspan="8">年 月 日</td><td colspan="8">转字第______号</td><td colspan="8">总字第______号</td></tr>
<tr><td rowspan="2">摘要</td><td rowspan="2">总账科目</td><td rowspan="2">明细科目</td><td rowspan="2">记账√</td><td colspan="10">借 方 金 额</td><td colspan="10">贷 方 金 额</td></tr>
<tr><td>千</td><td>百</td><td>十</td><td>万</td><td>千</td><td>百</td><td>十</td><td>元</td><td>角</td><td>分</td><td>千</td><td>百</td><td>十</td><td>万</td><td>千</td><td>百</td><td>十</td><td>元</td><td>角</td><td>分</td></tr>
<tr><td></td><td></td><td></td><td></td><td></td><td></td><td></td><td></td><td></td><td></td><td></td><td></td><td></td><td></td><td></td><td></td><td></td><td></td><td></td><td></td><td></td><td></td><td></td><td></td></tr>
<tr><td></td><td></td><td></td><td></td><td></td><td></td><td></td><td></td><td></td><td></td><td></td><td></td><td></td><td></td><td></td><td></td><td></td><td></td><td></td><td></td><td></td><td></td><td></td><td></td></tr>
<tr><td></td><td></td><td></td><td></td><td></td><td></td><td></td><td></td><td></td><td></td><td></td><td></td><td></td><td></td><td></td><td></td><td></td><td></td><td></td><td></td><td></td><td></td><td></td><td></td></tr>
<tr><td></td><td></td><td></td><td></td><td></td><td></td><td></td><td></td><td></td><td></td><td></td><td></td><td></td><td></td><td></td><td></td><td></td><td></td><td></td><td></td><td></td><td></td><td></td><td></td></tr>
<tr><td></td><td></td><td></td><td></td><td></td><td></td><td></td><td></td><td></td><td></td><td></td><td></td><td></td><td></td><td></td><td></td><td></td><td></td><td></td><td></td><td></td><td></td><td></td><td></td></tr>
<tr><td>附件 张</td><td colspan="2">合 计</td><td></td><td></td><td></td><td></td><td></td><td></td><td></td><td></td><td></td><td></td><td></td><td></td><td></td><td></td><td></td><td></td><td></td><td></td><td></td><td></td><td></td></tr>
<tr><td colspan="6">会计主管</td><td colspan="6">记账</td><td colspan="6">审核</td><td colspan="6">制证</td></tr>
</table>

图 B2.85 转账凭证

<table>
<tr><td colspan="24">记 账 凭 证</td></tr>
<tr><td colspan="16">年 月 日</td><td colspan="8">字第______号</td></tr>
<tr><td rowspan="2">摘要</td><td rowspan="2">总账科目</td><td rowspan="2">明细科目</td><td rowspan="2">记账√</td><td colspan="10">借 方 金 额</td><td colspan="10">贷 方 金 额</td></tr>
<tr><td>千</td><td>百</td><td>十</td><td>万</td><td>千</td><td>百</td><td>十</td><td>元</td><td>角</td><td>分</td><td>千</td><td>百</td><td>十</td><td>万</td><td>千</td><td>百</td><td>十</td><td>元</td><td>角</td><td>分</td></tr>
<tr><td></td><td></td><td></td><td></td><td></td><td></td><td></td><td></td><td></td><td></td><td></td><td></td><td></td><td></td><td></td><td></td><td></td><td></td><td></td><td></td><td></td><td></td><td></td><td></td></tr>
<tr><td></td><td></td><td></td><td></td><td></td><td></td><td></td><td></td><td></td><td></td><td></td><td></td><td></td><td></td><td></td><td></td><td></td><td></td><td></td><td></td><td></td><td></td><td></td><td></td></tr>
<tr><td></td><td></td><td></td><td></td><td></td><td></td><td></td><td></td><td></td><td></td><td></td><td></td><td></td><td></td><td></td><td></td><td></td><td></td><td></td><td></td><td></td><td></td><td></td><td></td></tr>
<tr><td></td><td></td><td></td><td></td><td></td><td></td><td></td><td></td><td></td><td></td><td></td><td></td><td></td><td></td><td></td><td></td><td></td><td></td><td></td><td></td><td></td><td></td><td></td><td></td></tr>
<tr><td></td><td></td><td></td><td></td><td></td><td></td><td></td><td></td><td></td><td></td><td></td><td></td><td></td><td></td><td></td><td></td><td></td><td></td><td></td><td></td><td></td><td></td><td></td><td></td></tr>
<tr><td>附件 张</td><td colspan="2">合 计</td><td></td><td></td><td></td><td></td><td></td><td></td><td></td><td></td><td></td><td></td><td></td><td></td><td></td><td></td><td></td><td></td><td></td><td></td><td></td><td></td><td></td></tr>
<tr><td colspan="6">会计主管</td><td colspan="6">记账</td><td colspan="6">审核</td><td colspan="6">制证</td></tr>
</table>

图 B2.86 通用记账凭证

2. 按填制方式不同分类

记账凭证按其填制方式不同，分为复式记账凭证和单式记账凭证。

复式记账凭证是指将每一笔经济业务事项所涉及的全部会计科目及其发生额，均在同一张记账凭证中反映的一种凭证。前述收款凭证、付款凭证、转账凭证和通用记账凭证都是复式记账凭证。它是实际工作中应用最普遍的记账凭证。复式记账凭证可集中反映一项经济业务的科目对应关系，便于分析对照，有助于了解有关经济业务的全貌，但不利于会计人员分工记账。

单式记账凭证是指每一张记账凭证只填列经济业务事项所涉及的一个会计科目及其金额的记账凭证。填列借方科目的称为借项记账凭证，填列贷方科目的称为贷项记账凭证。单式记账凭证反映内容单一，便于分工记账，但一张凭证不能反映每一笔经济业务的全貌，其格式如图 B2.87、图 B2.88 所示。

借项记账凭证

对方科目： 年 月 日 第_____号

摘 要	总账科目	明细科目	金额										记账√
			千	百	十	万	千	百	十	元	角	分	
附件 张	合 计												

会计主管 记账 出纳 审核 制证

图 B2.87 借项记账凭证

贷项记账凭证

对方科目： 年 月 日 第_____号

摘 要	总账科目	明细科目	金额										记账√
			千	百	十	万	千	百	十	元	角	分	
附件 张	合 计												

会计主管 记账 出纳 审核 制证

图 B2.88 贷项记账凭证

（二）记账凭证的基本内容

记账凭证作为登记账簿的直接依据，必须具备以下基本内容。

（1）记账凭证的名称。记账凭证的名称即收款凭证、付款凭证、转账凭证或记账凭证。

（2）填制记账凭证的日期。记账凭证的填制日期与原始凭证的填制日期可能相同，也可能不同。记账凭证应及时填制，但一般稍后于原始凭证的填制。

（3）记账凭证的编号。记账凭证的编号可以采用统一编号法，也可采用分类编号法。如果一笔经济业务需要填列多张记账凭证，则可采用“分数编号法”。

（4）经济业务事项的内容摘要。

（5）经济业务事项所涉及的会计科目、记账方向及金额。

（6）记账标记。

（7）所附原始凭证张数。

（8）会计主管、记账、审核、出纳、制单等有关人员签章。

（三）记账凭证的填制要求

各种记账凭证必须按规定及时、准确、完整地填制。其基本要素填写要求如下。

（1）日期的填写。记账凭证的日期一般是会计人员填制记账凭证的当天日期，也可根据管理需要填写经济业务发生日期或月末日期。

（2）摘要栏的填写。摘要是对经济业务的简要说明，填写时要求真实准确、简明扼要，并书写工整。

（3）会计科目的填写。会计科目应填写会计科目的全称，不得简写。需填明细科目的，应在“明细科目”栏填写明细科目的名称。

（4）金额的填写。记账凭证的金额必须与原始凭证的金额相符。在记账凭证的“合计”行填列合计金额，在合计金额前应填写货币符号，不是合计金额前不应填写货币符号。一笔经济业务因涉及会计科目较多，故需填写多张记账凭证的，只在最末一张记账凭证的“合计”行填写合计金额。

（5）附件张数的填写。除结账和更正错误的记账凭证可以不附原始凭证之外，其他记账凭证必须附有原始凭证，必须注明所附原始凭证的张数。所附原始凭证张数的计算，一般以原始凭证的自然张数为准。附件张数应用阿拉伯数字填写。

（6）记账凭证的编号。记账凭证的编号每月从“第 1 号”开始按经济业务的先后顺序编号，不得跳号、重号。使用通用记账凭证的，可按经济业务发生的顺序编号。采用收款凭证、付款凭证和转账凭证的，可采用“字号编号法”，即按凭证类别顺序编号，如收字第 × 号、付字第 × 号、转字第 × 号（或现收字第 × 号、银收字第 × 号、现付字第 × 号、银付字第 × 号、转字第 × 号）；也可采用“双重编号法”，即按总字顺序编号与按类别顺序编号相结合，如某收款凭证为“总字第 × 号，收字第 × 号”。一笔经济业务需要编制多张记账凭证时，应按顺序采用“分数编号法”。如第 3 笔业务需要填制两张记账凭证，则这两张记账凭证的编号分别为 $3\frac{1}{2}$ 和 $3\frac{2}{2}$。在每月最后一张记账凭证的编号旁边可加注“全”字，以防凭证散失。

（7）签名或盖章。记账凭证上规定有关人员的签名或盖章，应全部签章齐全，以明确经济责任。

（8）对空行的要求。记账凭证不准跳行或留有余行。填制完毕的记账凭证如有空行的，应在金额栏画一斜线或“S”形线注销。线应从金额栏最后一笔金额数字下面的空行画到合计数行的上面一行，注意斜线或“S”形线两端都不能画到有金额数字的行次上。

（9）记账标记的填写。记账凭证的内容登记入账后，应在凭证上的“记账”栏内注明账户页码或做“√”标记，以避免重复记账。

知识拓展

（1）出纳人员根据收款凭证收款或根据付款凭证付款时，要在凭证上加盖“收讫”或“付讫”的戳记，以免重收重付。

（2）涉及现金和银行存款之间的划转业务，按规定只填制付款凭证，以免重复记账。

（3）记账凭证填制出现错误时，应重新填制，不得在凭证上更正。如果该凭证已登记入账，则按规定的错账更正方法进行更正。

视野拓展

在线自主学习“记账凭证的使用”（视频）：

（四）记账凭证的审核

记账凭证填制后，必须经过审核，无误后才能据以登记账簿。记账凭证审核的主要内容包括以下两个方面。

（1）内容是否真实。审核记账凭证是否附有原始凭证，所附原始凭证是否齐全，所附原始凭证的内容与记账凭证的内容是否一致等。

（2）填制项目是否齐全、正确。记账凭证上的各个项目是否填写完整、清楚，应借应贷的账户是否正确，金额计算是否正确。

★提炼点睛★

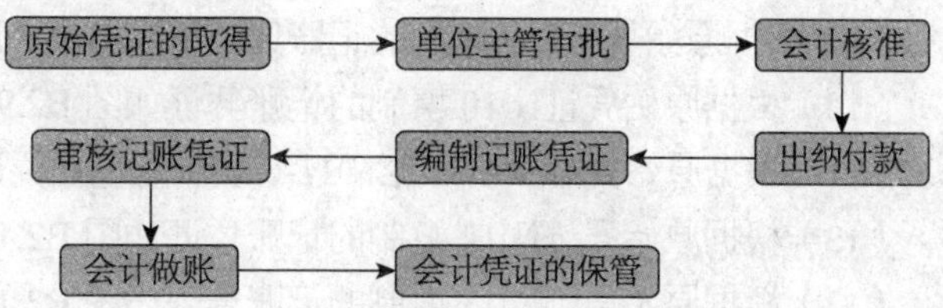

会计凭证传递的流程

二、会计凭证的传递与保管

1. 会计凭证的传递

会计凭证的传递是指会计凭证从取得或填制到归档保管的整个过程中，在本单位内部各有关部门和人员之间的传送、交接程序。

会计凭证的传递要能够满足内部控制制度的要求，传递程序应合理、有效，同时尽量节约传递时间，减少传递的工作量。单位应根据具体情况制定每一种凭证的传递程序和方法。

2. 会计凭证的保管

会计凭证的保管是指会计凭证记账后的整理、装订、归档和存查工作。

会计凭证是重要的会计档案和经济资料，每个单位都要建立保管制度，妥善保管。对各种会计凭证要分门别类、按照编号顺序整理，装订成册。封面上要注明会计凭证的名称、起讫号、时间以及有关人员的签章。要妥善保管好会计凭证，在保管期间会计凭证不得外借，如有特殊原因需要调阅会计凭证时，必须办理相关的审批调阅手续。对超过规定期限（一般是 30 年）的会计凭证，要严格依照有关程序销毁。需永久保留的有关会计凭证，不能销毁。

实施任务

一、案例案情

接本项目任务一案例案情，根据模拟案例中滨海有限责任公司 12 月份经济业务的原始凭证，填制与审核记账凭证。

二、示范操作

（1）根据原始凭证№1-1、№1-2 填制的记账凭证如图 B2.89 所示。

（2）根据原始凭证№2 填制的记账凭证如图 B2.90 所示。

（3）根据原始凭证№3 填制的记账凭证如图 B2.91 所示。

（4）根据原始凭证№4-2～№4-4填制的记账凭证如图B2.92所示。

（5）根据原始凭证№5-1、№5-2填制的记账凭证如图B2.93所示。

（6）根据原始凭证№6填制的记账凭证如图B2.94所示。

（7）根据原始凭证№7填制的记账凭证如图B2.95所示。

（8）根据原始凭证№8-1、№8-2填制的记账凭证如图B2.96所示。

（9）根据原始凭证№9填制的记账凭证如图B2.97所示。

（10）根据原始凭证№10填制的记账凭证如图B2.98所示。

（11）根据原始凭证№11-2至№11-6填制的记账凭证如图B2.99所示。

（12）根据原始凭证№12填制的记账凭证如图B2.100所示。

（13）根据原始凭证№13填制的记账凭证如图B2.101所示。

（14）根据原始凭证№14-1～№14-3填制的记账凭证如图B2.102所示。

收款凭证

总字第 1 号

借方科目：银行存款　　20×5年12月1日　　收字第 1 号

摘要	贷方科目		金额										记账√
	总账科目	明细科目	千	百	十	万	千	百	十	元	角	分	
接受投资	实收资本	宏利有限责任公司			2	0	0	0	0	0	0	0	
附件 2 张	合计			¥	2	0	0	0	0	0	0	0	

会计主管　　记账　　出纳（签章）　　审核　　制证（签章）

图B2.89　根据原始凭证№1-1、№1-2填制的记账凭证

收款凭证

总字第 2 号

借方科目：银行存款　　20×5年12月2日　　收字第 2 号

摘要	贷方科目		金额										记账√
	总账科目	明细科目	千	百	十	万	千	百	十	元	角	分	
借入长期借款	长期借款	生产经营借款			3	0	0	0	0	0	0	0	
附件 1 张	合计			¥	3	0	0	0	0	0	0	0	

会计主管　　记账　　出纳（签章）　　审核　　制证（签章）

图B2.90　根据原始凭证№2填制的记账凭证

转 账 凭 证

20×5 年 12 月 3 日　　转字第 1 号　总字第 3 号

摘要	总账科目	明细科目	记账√	借方金额 千	百	十	万	千	百	十	元	角	分	贷方金额 千	百	十	万	千	百	十	元	角	分
接受捐赠	固定资产					1	8	0	0	0	0	0	0										
	营业外收入															1	8	0	0	0	0	0	0
附件 1 张	合　计				¥	1	8	0	0	0	0	0	0		¥	1	8	0	0	0	0	0	0

会计主管　　记账　　审核　　制证（签章）

图 B2.91 根据原始凭证№3 填制的记账凭证

付 款 凭 证

总字第 4 号

贷方科目：银行存款　　20×5 年 12 月 4 日　　付字第 1 号

摘　要	借方科目 总账科目	明细科目	金额 千	百	十	万	千	百	十	元	角	分	记账√
购入材料	原材料	甲材料				6	0	0	0	0	0	0	
	应交税费	应交增值税（进项税额）					9	6	0	0	0	0	
附件 3 张	合　计				¥	6	9	6	0	0	0	0	

会计主管　　记账　　出纳（签章）　　审核　　制证（签章）

图 B2.92 根据原始凭证№4-2、№4-3、№4-4 填制的记账凭证

付 款 凭 证

总字第 5 号

贷方科目：银行存款　　20×5 年 12 月 5 日　　付字第 2 号

摘　要	借方科目 总账科目	明细科目	金额 千	百	十	万	千	百	十	元	角	分	记账√
支付广告费	销售费用	广告费					6	0	0	0	0	0	
附件 2 张	合　计					¥	6	0	0	0	0	0	

会计主管　　记账　　出纳（签章）　　审核　　制证（签章）

图 B2.93 根据原始凭证№5-1、№5-2 填制的记账凭证

转 账 凭 证

20×5年12月5日　　转字第 2 号　　总字第 6 号

摘要	总账科目	明细科目	记账√	借方金额										贷方金额									
				千	百	十	万	千	百	十	元	角	分	千	百	十	万	千	百	十	元	角	分
销售产品	应收账款	南方经贸有限责任公司				4	4	0	8	0	0	0	0										
	主营业务收入	A产品														3	8	0	0	0	0	0	0
	应交税费	应交增值税															6	0	8	0	0	0	0
附件1张	合计				¥	4	4	0	8	0	0	0	0		¥	4	4	0	8	0	0	0	0

会计主管　　记账　　审核　　制证（签章）

图B2.94　根据原始凭证№6填制的记账凭证

付 款 凭 证

总字第 7 号

贷方科目：银行存款　　20×5年12月6日　　付字第 3 号

摘要	借方科目		金额										记账√
	总账科目	明细科目	千	百	十	万	千	百	十	元	角	分	
提取现金备用	库存现金						2	0	0	0	0	0	
附件 1 张	合计					¥	2	0	0	0	0	0	

会计主管　　记账　　出纳（签章）　　审核　　制证（签章）

图B2.95　根据原始凭证№7填制的记账凭证

付 款 凭 证

总字第 8 号

贷方科目：银行存款　　20×5年12月7日　　付字第 4 号

摘要	借方科目		金额										记账√
	总账科目	明细科目	千	百	十	万	千	百	十	元	角	分	
公益性捐赠	营业外支出	公益性捐赠			1	0	0	0	0	0	0	0	
附件 2 张	合计			¥	1	0	0	0	0	0	0	0	

会计主管　　记账　　出纳（签章）　　审核　　制证（签章）

图B2.96　根据原始凭证№8-1、№8-2填制的记账凭证

付款凭证

总字第 9 号

贷方科目：库存现金　　20×5 年 12 月 7 日　　付字第 5 号

摘　要	借方科目		金　额										记账√
	总账科目	明细科目	千	百	十	万	千	百	十	元	角	分	
预借差旅费	其他应收款	王林						6	0	0	0	0	
附件 1 张	合　计						¥	6	0	0	0	0	

会计主管　　记账　　出纳（签章）　　审核　　制证（签章）

图 B2.97　根据原始凭证№9 填制的记账凭证

收款凭证

总字第 10 号

借方科目：银行存款　　20×5 年 12 月 8 日　　收字第 3 号

摘　要	贷方科目		金　额										记账√
	总账科目	明细科目	千	百	十	万	千	百	十	元	角	分	
收回欠款	应收账款	宏光有限责任公司				3	0	0	0	0	0	0	
附件 1 张	合　计				¥	3	0	0	0	0	0	0	

会计主管　　记账　　出纳（签章）　　审核　　制证（签章）

图 B2.98　根据原始凭证№10 填制的记账凭证

付款凭证

总字第 11 号

贷方科目：银行存款　　20×5 年 12 月 9 日　　付字第 6 号

摘　要	借方科目		金　额										记账√
	总账科目	明细科目	千	百	十	万	千	百	十	元	角	分	
购入材料	原材料	甲材料				4	0	0	0	0	0	0	
		乙材料				4	0	0	0	0	0	0	
	应交税费	应交增值税（进项税）				1	2	7	0	4	0	0	
附件 6 张	合　计				¥	9	2	7	0	4	0	0	

会计主管　　记账　　出纳（签章）　　审核　　制证（签章）

图 B2.99　根据原始凭证№11-2 至№11-6 填制的记账凭证

付款凭证

总字第 12 号

贷方科目：银行存款　　　　20×5年12月10日　　　　付字第 7 号

摘要	借方科目		金额										记账√
	总账科目	明细科目	千	百	十	万	千	百	十	元	角	分	
提取现金	库存现金					4	3	7	8	0	0	0	
附件 1 张	合计				¥	4	3	7	8	0	0	0	

会计主管　　记账　　出纳（签章）　　审核　　制证（签章）

图 B2.100　根据原始凭证№12 填制的记账凭证

付款凭证

总字第 13 号

贷方科目：库存现金　　　　20×5年12月10日　　　　付字第 8 号

摘要	借方科目		金额										记账√
	总账科目	明细科目	千	百	十	万	千	百	十	元	角	分	
发放职工薪酬	应付职工薪酬					4	3	7	8	0	0	0	
附件 1 张	合计				¥	4	3	7	8	0	0	0	

会计主管　　记账　　出纳（签章）　　审核　　制证（签章）

图 B2.101　根据原始凭证№13 填制的记账凭证

转账凭证

总字第 14 号

20×5年12月10日　　　　转字第 3 号

摘要	总账科目	明细科目	记账√	借方金额										贷方金额									
				千	百	十	万	千	百	十	元	角	分	千	百	十	万	千	百	十	元	角	分
领用材料	生产成本	A产品				1	2	0	0	0	0	0	0										
	生产成本	B产品				2	0	0	0	0	0	0	0										
	制造费用	材料费					6	0	0	0	0	0	0										
	原材料	甲材料														1	2	0	0	0	0	0	0
	原材料	乙材料														2	0	0	0	0	0	0	0
	原材料	丙材料															6	0	0	0	0	0	0
附件3张	合计				¥	3	8	0	0	0	0	0	0		¥	3	8	0	0	0	0	0	0

会计主管　　记账　　审核　　制证（签章）

图 B2.102　根据原始凭证№14-1～№14-3 填制的记账凭证

三、自己动手

仿照以上操作，自己动手，请同学们根据模拟案例中滨海有限公司 12 月份经济业务的全部原始凭证，自行填制记账凭证，并将本书附册中的原始凭证裁剪后附在相应的记账凭证后面。记账凭证填制完毕后进行审核。(使用真实的记账凭证。)

教、学、做一体化训练

知识测试

一、单项选择题

1. 会计凭证是（　　）的依据。

A. 编制报表　B. 记账凭证　C. 登记账簿　D. 原始凭证

2. 以下经济业务中，应填制转账凭证的是（　　）。

A. 职工借支差旅费 5 000 元　B. 以现金 2 000 元购买办公用品

C. 销售甲产品收入现金 3 000 元　D. 购入设备一台，价款 60 000 元未付

3. 原始凭证是由（　　）取得或填制的。

A. 总账会计　B. 业务经办单位或人员

C. 会计主管　D. 出纳人员

4. 货币资金之间的划转业务只编制（　　）。

A. 付款凭证　B. 收款凭证　C. 转账凭证　D. 记账凭证

5. 按填制的程序和用途不同，会计凭证分为（　　）。

A. 收款凭证、付款凭证和转账凭证　B. 一次凭证和累计凭证

C. 原始凭证和记账凭证　D. 外来凭证和自制凭证

6. 下列表示方法正确的是（　　）。

A. ¥　508.00　B. ¥86.00

C. 人民币伍拾陆元捌角伍分整　D. 人民币　柒拾陆元整

7. 在实际工作中，规模小、业务简单的单位，为了简化会计核算工作，可以使用一种统一格式的（　　）。

A. 转账凭证　B. 收款凭证　C. 付款凭证　D. 通用记账凭证

二、多项选择题

1. 属于记账凭证的基本内容的有（　　）。

A. 填制记账凭证的日期

B. 记账凭证的名称

C. 记账标记

D. 经济业务事项所涉及的会计科目及其记账方向

2. 原始凭证的审核内容有（　　）。

A. 合法性　B. 完整性　C. 正确性　D. 合理性

3. 现金和银行存款之间的划转应编制（　　）。

A. 现金收账凭证　　B. 银行存款付款凭证

C. 现金付款凭证　　D. 银行存款收款凭证

4. 下列属于外来原始凭证的有（　　）。

A. 购货发票　　B. 出差人员车船票　　C. 银行结算凭证　　D. 领料单

5. 下列记账凭证中可以不附原始凭证的有（　　）。

A. 收款凭证　　B. 付款凭证

C. 结账的记账凭证　　D. 更正错账的记账凭证

三、判断题

1. 对于真实、合法、合理但内容不够完善、填写有错误的原始凭证，会计机构和会计人员不予以接受。（　　）

2. 所有的记账凭证都必须附有原始凭证，否则，不能作为记账的依据。（　　）

3. 把多项经济业务合并登记在一起的记账凭证，称为复式记账凭证。（　　）

4. 记账凭证是登记账簿的间接依据，原始凭证是登记账簿的直接依据。（　　）

5. 会计凭证应定期装订成册，加具封面，归档保管。（　　）

6. 原始凭证金额有错误的，应当由出具单位重开或更正，更正处应当加盖出具单位印章。（　　）

7. 出纳人员在办理收款或付款业务后，应在收款或付款凭证上加盖“收讫”或“付讫”的戳记。（　　）

实务操作

实训一　原始凭证的审核

（一）实训目的

掌握原始凭证的审核方法，能根据会计法规和原始凭证填制要求，审核原始凭证的合法性、正确性。

（二）实训资料

蓝天股份有限责任公司20×5年4月发生下列经济业务。

（1）3日，采购员王五赴北京采购材料，填写借款单一份，并经主管领导批准。所填制的借款单如图B2.103所示。

借　款　单

20×5年4月3日

部　　门		供应科		借款事由：参加订货会
借款金额（人民币大写）贰仟元				¥：2 000.00
批准金额（人民币大写）贰仟元				¥：2 000.00
领导	贺伟	财务主管	王林	借款人：

图B2.103　借款单

（2）8日，加工车间张三领用材料生产A产品。其中，领用圆钢4 000千克，计划单价10元；领用角钢3 000千克，计划单价5元。所填制的领料单如图B2.104所示。

领　料　单

领料单位：基本生产车间　　　　　　　　　　　　　　编号：18

用　　途：　　　　　　　20×5 年 4 月 8 日　　　　　　　　仓库：1 库

材料类别	材料编号	材料名称及规格	计量单位	数量		单价	金额
				请领	实领		
主要材料		圆钢	千克	4 000	4 000	10.00	4 000.00
		角钢	千克	3 000	3 000	5.00	15 000.00
合　计							19 000.00

第二联　记账联

记账：　　　　发料：王立　　　　领料部门负责人：　　　　领料：

图 B2.104　领料单

（3）9 日，销售甲产品 500 件，单价 200 元；乙产品 500 件，单价 100 元。开出增值税专用发票一张，并将有关联交与东方有限责任公司，同时收到东方有限责任公司签发的转账支票一张，尚未送存银行。开出的增值税专用发票及收取的转账支票如图 B2.105、图 B2.106 所示。

XX 省增值税专用发票

发票联

开票日期：　20×5 年 4 月 9 日　　　　　　　　　　№200839887

购货单位	名称	东方有限责任公司	纳税人登记号	370216912563012
	地址、电话	幸福路 16 号 6230355	开户银行及账号	中国工商银行幸福路支行 8040-4129

商品或劳务名称	规格型号	计量单位	数量	单价	金额										税率	税额									
					千	百	十	万	千	百	十	元	角	分	(%)	千	百	十	万	千	百	十	元	角	分
甲产品		件	500	200			1	0	0	0	0	0	0	0	16				1	6	0	0	0	0	0
乙产品		件	500	100				5	0	0	0	0	0	0	16					8	0	0	0	0	0
合　计							1	5	0	0	0	0	0	0					2	4	0	0	0	0	0

价税合计（大写）	⊗拾柒万伍仟伍佰零拾零元零角零分　　¥：75 500.00			
销货单位	名称	蓝天股份有限责任公司	纳税人登记号	5 0 0 2 3 4 5 6 7 9 2 4 3 2 9
	地址、电话	曹妃路 10 号	开户银行及账号	中国工商银行滨海路支行 56010118321
备注				

第一联　销货方记账凭证

销货单位（章）　　　　收款人：车千　　　　复核：魏东　　　　开票人：蒋民

图 B2.105　增值税专用发票

中国工商银行转账支票　　　　　　No. 33889890

签发日期（大写）贰零××年 肆 月 玖 日　付款行名称：中国工商银行幸福路支行

收款人：蓝天股份有限责任公司　　　　　　　出票人账号：8040-4129

人民币（大写）	百	十	万	千	百	十	元	角	分
拾柒万伍仟伍佰元	¥	1	7	5	5	0	0	0	0

本支票付款期限十天

用途 购货款

上列款项请从

我账户内支付

出票人签章（公章）（章）　　　　复核　　　　记账

图 B2.106　转账支票

（4）10 日，签发现金支票一张，金额 38 000 元，从银行提取现金以备发工资。转账支票如图 B2.107 所示。

中国工商银行转账支票存根

支票号码 33872090

科　　目__________

对方科目__________

签发日期 20×5 年 4 月 10 日

收款人：
金　额：¥38 000.00
用　途：发工资
备　注：

单位主管　　会计

复　　核　　记账

中国工商银行转账支票　　No. 33872090

签发日期（大写）贰零零玖年肆月壹拾日　付款行名称：中国工商银行滨海路支行

收款人：蓝天股份有限责任公司　　出票人账号：56010118321

本支票付款期限十天

人民币（大写）	百	十	万	千	百	十	元	角	分
叁万捌仟伍佰陆拾陆元叁角		¥	3	8	0	0	0	0	0

用途　发工资

上列款项请从

我账户内支付

出票人签章　　复核　　记账

图 B2.107　转账支票

（5）18 日，办公室职员张明拿来发票一张，报销购买笔记本、钢笔等办公用品费用。发票如图 B2.108 所示。

商品销售统一发票

客户名称：蓝天股份有限责任公司　　20×5 年 4 月 18 日

品名规格	单　位	数　量	单　价	金额 万	千	百	十	元	角	分
笔记本	本	20	6.00			1	2	0	0	0
钢　笔	支	12	14.80			1	6	5	6	0
合　计					¥	2	8	5	6	0
合计金额（大写）贰佰捌拾伍元陆角零分										

第二联发票

填票人：李静　　收款人：王鹃　　单位名称（章）

图 B2.108　商品销售统一发票

（三）实训要求

根据所给资料审核原始凭证，指出其中存在的问题并提出修改意见。

实训二　记账凭证的审核

（一）实训目的

掌握记账凭证的审核方法，能根据记账凭证填制要求，审核记账凭证填制的正确性。

（二）实训要求

根据记账凭证填制要求和审核方法，对以下记账凭证进行审核，指出存在的问题，并填制正确的记账凭证。

（三）实训资料

华丰有限责任公司 20×5 年 5 月根据相关经济业务填制部分记账凭证如下。

（1）2日，收到本地达利有限责任公司偿还前欠货款的转账支票一张，金额 42 653.20 元，当即填制进账单将支票送存银行，收到进账单回单。填制记账凭证如图 B2.109 所示，指出其中的问题在图 B2.110 中填制正确的凭证。

付款凭证

总字号____号

贷方科目：银行存款　　　　20×5年5月2日　　　　付字第 6 号

摘　要	借方科目		金　额									记账√
	总账科目	明细科目	百	十	万	千	百	十	元	角	分	
收回货款	应收账款	达利有限责任公司			4	2	5	6	3	2	0	
附件3张	合　计			¥	4	2	5	6	3	2	0	

会计主管　季鑫　　记账　陈宇　　出纳　赵华　　审核　杨金　　制证　刘华

图 B2.109　付款凭证

收款凭证

总字第____号

借方科目：　　　　年　月　日　　　　收字第____号

摘　要	贷方科目		金　额									记账√
	总账科目	明细科目	百	十	万	千	百	十	元	角	分	
附件　张	合　计											

会计主管　　记账　　出纳　　审核　　制证

图 B2.110　收款凭证

（2）5日，开出现金支票1张，向银行提取现金 26 000 元，以备发放工资。填制记账凭证如图 B2.111 所示，指出其中的问题，在图 B2.112 中填制正确的凭证。

（3）6日，采购员林峰出差归来，报销差旅费 950 元。原预借款 1 000 元，余款 50 元交回现金，由出纳员开出收据。填制记账凭证如图 B2.113、图 B2.114 所示，指出其中的问题，在图 B2.115、图 B2.116 中填制正确的凭证。

付 款 凭 证

总字第______号

贷方科目：银行存款　　　　20×5年5月5日　　　　付字第__12__号

摘　要	借方科目		金　额									记账√
	总账科目	明细科目	百	十	万	千	百	十	元	角	分	
提取现金发放工资	应付职工薪酬	工资			2	6	0	0	0	0	0	
附件1张	合　计			¥	2	6	0	0	0	0	0	

附件1张

会计主管　季鑫　　记账　陈宇　　出纳　赵华　　审核　杨金　　制证　刘华

图 B2.111　付款凭证

付 款 凭 证

总字第____号

贷方科目：　　　　年　月　日　　　　付字第____号

摘　要	借方科目		金　额									记账√
	总账科目	明细科目	百	十	万	千	百	十	元	角	分	
附件　张	合　计											

附件张

会计主管　　　　记账　　出纳　　审核　　制证

图 B2.112　付款凭证

收 款 凭 证

总字第_____号

借方科目：库存现金　　　　20×5年5月6日　　　　收字第__3__号

摘　要	贷方科目		金　额									记账√
	总账科目	明细科目	百	十	万	千	百	十	元	角	分	
收回借款	其他应收款	林峰						5	0	0	0	
附件4张	合　计						¥	5	0	0	0	

会计主管　季鑫　　记账　陈宇　　出纳　赵华　　审核　杨金　　制证　刘华

图 B2.113　收款凭证

转账凭证

总字第____号

20×5年5月6日　　　　转字第<u>7</u>号

摘要	总账科目	明细科目	记账√	借方金额									贷方金额								
				百	十	万	千	百	十	元	角	分	百	十	万	千	百	十	元	角	分
差旅费	管理费用	差旅费															9	5	0	0	0
	其他应收款	林峰						9	5	0	0	0									
附件6张	合计						¥	9	5	0	0	0				¥	9	5	0	0	0

会计主管　季鑫　　记账　陈宇　　审核　杨金　　制证　刘华

图B2.114　转账凭证

收款凭证

总字第_____号

借方科目：　　　　年　月　日　　　　收字第_____号

摘要	贷方科目		金额									记账√
	总账科目	明细科目	百	十	万	千	百	十	元	角	分	
附件　张	合计											

会计主管　　记账　　出纳　　审核　　制证

图B2.115　收款凭证

转账凭证

年　月　日　　　　字第　号

摘要	总账科目	明细科目	记账√	借方金额									贷方金额								
				百	十	万	千	百	十	元	角	分	百	十	万	千	百	十	元	角	分
附件　张	合计																				

会计主管　　记账　　出纳　　审核　　制证

图B2.116　转账凭证

（4）10日，办公室职员孙娜凭普通发票1张报销购买办公用品费用165元，已经领导签字批准。填制记账凭证如图B2.117所示，指出其中的问题，在图B2.118中填制正确的凭证。

付款凭证

总字第____号

贷方科目：库存现金　　20×5年5月10日　　付字第 15 号

摘要	借方科目		金额									记账√
	总账科目	明细科目	百	十	万	千	百	十	元	角	分	
购买办公用品	制造费用	办公费					1	6	5	0	0	
附件1张	合计					¥	1	6	5	0	0	

会计主管　季鑫　　记账　陈宇　　出纳　赵华　　审核　杨金　　制证　刘华

图B2.117　付款凭证

付款凭证

总字第____号

贷方科目：　　年　月　日　　付字第____号

摘要	借方科目		金额									记账√
	总账科目	明细科目	百	十	万	千	百	十	元	角	分	
附件　张	合计											

会计主管　　记账　　出纳　　审核　　制证

图B2.118　付款凭证

项目三

日常登记会计账簿

【职业活动】

当记载经济业务事项的原始凭证和记账凭证填制且审核完毕后，下一个工作环节是根据审核无误的原始凭证和记账凭证登记日记账、总账和明细账。通过登记账簿，将分散在会计凭证上的数据和资料进行分类记录并加以汇总，形成系统的会计信息，为编制会计报表提供依据。根据审核无误的会计凭证正确登记各种账簿，并用规范的错账更正方法更正错账，是会计日常工作中又一项主要的职业活动。

【职业能力】

能正确登记各种会计账簿，并能用规范的错账更正方法更正记账过程中产生的错账。

【相关知识】

- 日常登记会计账簿
  - 登记日记账
    - 登记会计账簿的基本要求
    - 日记账的登记方法
  - 登记明细账
    - 三栏式明细分类账的登记
    - 数量金额式明细分类账的登记
    - 多栏式明细分类账的登记
  - 登记总账
    - 总分类账的登记方法
    - 总分类账和明细分类账的平行登
  - 更正错账
    - 划线更正法
    - 红字更正法
    - 补充登记法

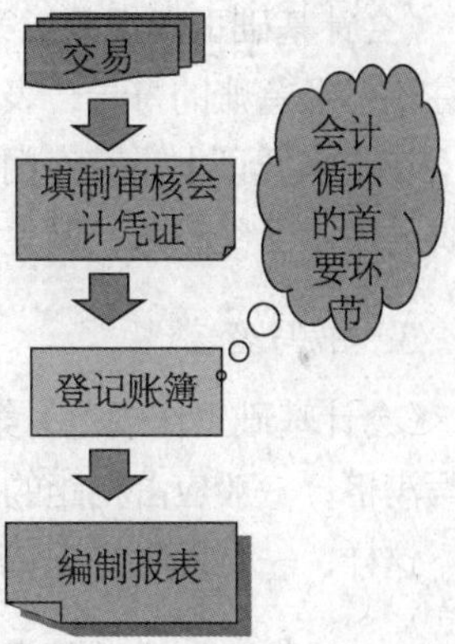

任务一　登记日记账

提出任务

日常登记日记账工作的主要任务是根据审核无误的与库存现金、银行存款收付有关的记账凭证，由出纳员登记库存现金日记账和银行存款日记账，并保证账簿登记的规范性和正确性。

分析任务

要完成日记账的登记工作，必须掌握登记会计账簿的基本要求和日记账的登记方法。

相关知识

一、登记会计账簿的基本要求

财政部颁布的《会计基础工作规范》第六十条对登记会计账簿应遵循的基本要求作了具体的规定。(《会计基础工作规范》见附录5）

1. 准确完整

《会计基础工作规范》第六十条规定："登记会计账簿时，应当将会计凭证日期、编号、业务内容摘要、金额和其他有关资料逐项记入账内，做到数字准确、摘要清楚、登记及时、字迹工整。"

每一项会计事项，一方面要记入有关的总账，另一方面要记入该总账所属的明细账。账簿记录中的日期，应该填写记账凭证上的日期；以自制的原始凭证（如收料单、领料单等）作为记账依据的，账簿记录中的日期应按有关自制凭证上的日期填列。

登记账簿要及时，但对各种账簿的登记间隔应该多长，《会计基础工作规范》未作统一规定。一般来说，由单位所采用的具体会计核算形式而定。

2. 注明记账符号

《会计基础工作规范》第六十条规定："账簿登记完毕后，要在记账凭证上签名或者盖章，并注明已经登账的符号，表示已经记账。"

在记账凭证上设有专门的栏目供注明记账的符号，一般在专门的栏目中画"√"或注明记账页码表示已经记账，以免发生重记或漏记。

3. 书写留空

《会计基础工作规范》第六十条规定："账簿中书写的文字和数字上面要留有适当空格，不要写满格，一般应占格距的1/2。"

这样，一旦发生登记错误时，能比较容易地进行更正，同时也方便查账工作。

4. 正常记账使用蓝黑墨水

《会计基础工作规范》第六十条规定："登记账簿要用蓝黑墨水或者碳素墨水书写，不得使用圆珠笔（银行的复写账簿除外）或者铅笔书写。"

在会计上，数字的颜色是重要的语素之一，它同数字和文字一起传达出会计信息。如同数字和文字错误可能导致信息错误，书写墨水的颜色用错了，也可能导致信息错误，而且其导致的概念混乱不亚于数字和文字错误。

5. 特殊记账使用红墨水

《会计基础工作规范》第六十条规定下列情况可以用红色墨水记账。

（1）按照红字冲账的记账凭证，冲销错误记录。

（2）在不设借贷等栏的多栏式账页中，登记减少数。

（3）在三栏式账户的余额栏前，如未印明余额方向的，在余额栏内登记负数余额。

（4）根据国家统一会计制度的规定可以用红字登记的其他会计记录。

在以上几种情况中使用红色墨水记账是会计工作中的惯例。

6. 顺序连续登记

《会计基础工作规范》第六十条规定："各种账簿按页次顺序连续登记，不得跳行、隔页。如果发生跳行、隔页，应当将空行、空页划线注销，或者注明'此行空白'、'此页空白'字样，并由记账人员签名或者盖章。"具体如图 B3.1 所示。这对防止在账簿登记中可能出现的漏洞，是十分必要的防范措施。

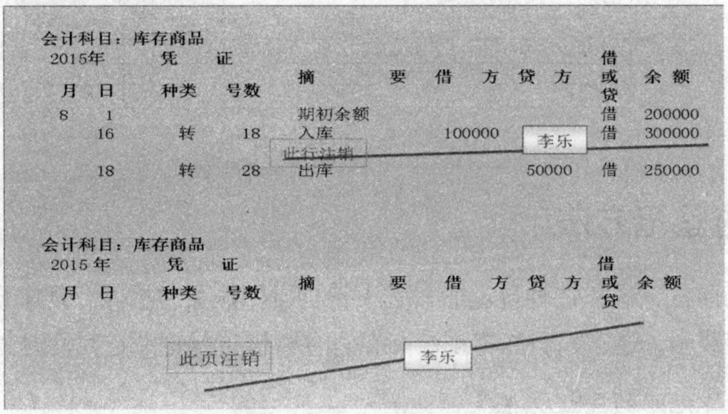

图 B3.1　空行空页的注销

7. 结出余额

《会计基础工作规范》第六十条规定："凡需要结出余额的账户，结出余额后，应当在'借或贷'等栏内写明'借'或者'贷'等字样。没有余额的账户，应当在'借或贷'等栏内写'平'字，并在余额栏内用'θ'表示。现金日记账和银行存款日记账必须逐日结出余额。"

一般来说，对于没有余额的账户，在余额栏内标注的"θ"应当放在"元"位。

8. 过次页、承前页

《会计基础工作规范》第六十条规定："每一账页登记完毕结转下页时，应当结出本页合计数及余额，写在本页最后一行和下页第一行有关栏内，并在摘要栏内注明'过次页'和'承前页'字样；也可以将本页合计数及金额只写在下页第一行有关栏内，并在摘要栏内注明'承前页'字样。"

也就是说，"过次页"和"承前页"的方法有两种：一是在本页最后一行内结出发生额合计数及余额，然后过次页并在次页第一行承前页；二是只在次页第一行承前页写出发生额合计数及余额，不在上页最后一行结出发生额合计数及余额后过次页。方法一如图 B3.2 所示。

《会计基础工作规范》第六十条还对"过次页"的本页合计数的结计方法，根据不同需要作了规定。

（1）"对需要结计本月发生额的账户，结计'过次页'的本页合计数应当为自本月初起至本页末止的发生额合计数。"这样做，便于根据"过次页"的合计数，随时了解本月初到本页末止的发生额；也便于月末结账时，加计"本月合计"数。

（2）"对需要结计本年累计发生额的账户，结计'过次页'的本页合计数应当为自年初起至本页末止的累计数。"这样做，便于根据"过次页"的合计数，随时了解本年初到本页末止的累计发生额；也便于年终结账时，加计"本年累计"数。

（3）"对既不需要结计本月发生额也不需要结计本年累计发生额的账户，可以只将每页末的余额结转次页。"如某些材料明细账户就没有必要将每页的发生额结转次页。

会计科目：原材料

20××年		凭证		摘要	借方	贷方	借或贷	余额
月	日	种类	号数					
2	6			承前页	200000	10000		100000
	15	转	35	入库	100000		借	300000
	17	转	36	出库		50000		
				过次页	300000	60000	借	150000

每一页登记完毕，应“过次页”

下一页的第一行应登记“承前页”的内容，以保证账簿登记的连续性

会计科目：原材料

20××年		凭证		摘要	借方	贷方	借或贷	余额
月	日	种类	号数					
2	17			承前页	300000	60000	借	150000
	18	转	39	入库	100000			

图 B3.2　过次页与承前页

二、日记账的登记方法

日记账分为普通日记账和特种日记账，其中特种日记账又包括库存现金日记账和银行存款日记账。在会计实践中，通常只对库存现金和银行存款设置日记账进行序时核算。

1. 库存现金日记账的登记方法

库存现金日记账是用来逐日反映库存现金的收入、付出及结余情况的特种日记账。它是由单位出纳人员根据审核无误的现金收、付款凭证和银行存款付款凭证（记录从银行提取现金的业务），逐日逐笔顺序登记的。每日终了，应结出当日现金收入、现金支出合计数及结余数，并将账面结存数与库存现金实存数相核对，做到账实相符。

为了确保账簿的安全、完整，库存现金日记账必须采用订本式账簿。其账页格式一般采用三栏式，也可以采用多栏式，在实际工作中大多采用的是三栏式账页格式。

登记库存现金日记账，除了遵循登记账簿的基本要求外，各栏目的具体填写方法如下。

（1）“日期”栏。“日期”栏中填入的是据以登记账簿的会计凭证上的日期。库存现金日记账一般根据记账凭证登记，因此，此处的日期是记账凭证的编制日期。

（2）“凭证字号”栏。“凭证字号”栏中填入的是据以登记账簿的会计凭证类型及编号，如“收×号”“付×号”等。

（3）“摘要”栏。“摘要”栏要说明登记入账的经济业务的内容，力求简明扼要。一般与记账凭证的摘要相同。

（4）“对应科目”栏。“对应科目”栏应填写会计分录中“库存现金”账户的对应账户。填写对应科目时，应注意以下几点。

> 一是对应科目只填总账科目，不需填明细科目。
>
> 二是当对应科目有多个时，应填入主要对应科目。
>
> 三是当对应科目有多个且不能从科目上划分出主次时，可在对应科目栏中填入其中金额较大的科目，并在其后加上“等”字。

（5）“借方金额”栏、“贷方金额”栏。“借方金额”栏、“贷方金额”栏应根据相关凭证中记录的“库存现金”科目的借贷方向及金额记入。

（6）“余额”栏。“余额”栏应根据“本日余额=上日余额+本日收入合计-本日支出合计”逐日结出余额后，每日终了时填入。（也可逐笔结出余额后逐行填入）

库存现金日记账余额栏前未印有借贷方向，其余额方向默认为借方，因为正常情况下库存现金日记账是不会出现贷方余额的。若由于某种原因出现了贷方余额，则在余额栏用红字登记，表示贷方余额。

库存现金日记账的登记样本如图 B3.3 所示。

库存现金日记账

币种：人民币　　　　第 10 页

20×5年		凭证		摘　要	对应科目	借　方											贷　方											余　额										
月	日	字	号			亿	千	百	十	万	千	百	十	元	角	分	亿	千	百	十	万	千	百	十	元	角	分	亿	千	百	十	万	千	百	十	元	角	分
10	1			期初余额																													3	0	0	0	0	0
	2	收	1	收到罚款	管理费用							5	0	0	0	0																	3	5	0	0	0	0
	3	付	1	借差旅费	其他应收款																	1	0	0	0	0	0						2	5	0	0	0	0
	4	付	2	付办公费	管理费用																		3	5	0	0	0						2	1	5	0	0	0
	5	付	3	提取现金	银行存款						2	0	0	0	0	0																	4	1	5	0	0	0
				…																																		

图 B3.3　库存现金日记账

2. 银行存款日记账的登记方法

银行存款日记账是专门用来记录银行存款收支业务的一种特种日记账。它也是由单位出纳人员根据审核无误的银行存款收、付款凭证和现金付款凭证（记录将现金存入银行的业务），逐日逐笔顺序登记的。每日终了，应分别计算银行存款收入、支出的合计数并结出当日余额，以便于检查监督各项收支款项。银行存款日记账还应定期与银行送来的“银行对账单”逐笔核对，至少每月核对一次，并按月编制“银行存款余额调节表”。

银行存款日记账和库存现金日记账一样，也必须采用订本式账簿。其账页格式一般采用三栏式，也可以采用多栏式，在实际工作中大多采用的是三栏式账页格式。

银行存款日记账的登记方法与库存现金日记账的登记方法基本相同。需要说明的是“结算凭证的种类和号数”栏，该栏根据每笔银行存款收、付业务所依据的结算方式的种类和号数填写，结算方式的种类有转账支票、现金支票、信汇、电汇、银行汇票和银行本票等，号数则根据结算方式后四位数字填写。银行存款日记账其余栏目的填写方法同库存现金日记账，不再重述。

银行存款日记账的登记样本如图 B3.4 所示。

银行存款日记账

开户银行：中国工商银行　　　　第 12 页

20×5年		凭证		摘　要	结算方式		对应科目	借　方										贷　方										余　额									
月	日	字	号		种类	号数		千	百	十	万	千	百	十	元	角	分	千	百	十	万	千	百	十	元	角	分	千	百	十	万	千	百	十	元	角	分
10	1			期初余额																												8	0	0	0	0	0
	2	收	1	收回欠款	转支	4012	应收账款				1	2	0	0	0	0	0														2	0	0	0	0	0	0
	3	付	1	购材料	转支	4013	材料采购															5	0	0	0	0	0				1	5	0	0	0	0	0
	4	付	2	提取现金	现支	2015	库存现金															2	0	0	0	0	0				1	3	0	0	0	0	0
				…																																	

图 B3.4　银行存款日记账

实施任务

一、案例案情

承接项目二模拟案例，根据滨海有限责任公司20×5年12月份填制的收款凭证和付款凭证，登记库存现金日记账和银行存款日记账。

二、示范操作

（1）根据12月1～10日经济业务的收款凭证（收字1-3号）和付款凭证（付字1-8号）登记库存现金日记账，如图B3.5所示。

库存现金日记账

币种：人民币　　　　　　　　　　　　　　　　　　　　　　　　第12页

20×5年 月	日	凭证 字	号	摘要	对应科目	借方（千百十万千百十元角分）	贷方（千百十万千百十元角分）	余额（千百十万千百十元角分）
11	30			1～11月份累计发生额及余额		1667800	1880000	340000
12	6	付	3	提取现金	银行存款	200000		540000
12	7	付	5	预借差旅费	其他应收款		60000	480000
12	10	付	7	提取现金	银行存款	4378000		
12	10	付	8	发放工薪	应付职工薪酬		4378000	480000

图B3.5　库存现金日记账

（2）根据12月1～10日经济业务的收款凭证（收字1-3号）和付款凭证（付字1-8号）登记银行存款日记账，如图B3.6所示。

银行存款日记账

开户银行：工商银行　　　　　　　　　　　　　　　　　　　　　第15页

20×5年 月	日	凭证 字	号	摘要	结算方式 种类	号数	对应科目	借方（千百十万千百十元角分）	贷方（千百十万千百十元角分）	余额（千百十万千百十元角分）
11	30			1～11月份累计发生额及余额				28123800	27120000	53094000
12	1	收	1	接受投资	转支		实收资本	20000000		73094000
12	2	收	2	借入借款			长期借款	30000000		103094000
12	4	付	1	购入材料	转支	5868	原材料等		7020000	96074000
12	5	付	2	付广告费	转支	5869	销售费用		600000	95474000
12	6	付	3	提取现金	现支	6586	库存现金		200000	95274000
12	7	付	4	公益捐赠	转支	5879	营业外支出		10000000	85274000
12	8	收	3	收回欠款	转支		应收账款	3000000		88274000
12	9	付	6	购入材料	转支	5873	原材料等		9349800	78924200
12	10	付	7	提取现金	现支	6587	库存现金		4378000	74546200

图B3.6　银行存款日记账

三、自己动手

仿照以上操作，自己动手，根据滨海有限责任公司 20×5 年 12 月份经济业务的全部收款凭证和付款凭证，登记项目一中已建好的库存现金日记账和银行存款日记账。

任务二　登记明细账

提出任务

日常登记明细账工作的主要任务是：根据审核无误的原始凭证和记账凭证，由会计人员登记各种明细账，并保证账簿登记的规范性和正确性。

分析任务

要完成明细账的登记工作，必须掌握登记会计账簿的基本要求和各种明细账的登记方法。

相关知识

前面已介绍登记会计账簿的基本要求，下面主要介绍明细账的登记方法。

不同类型经济业务的明细分类账，可根据管理需要，依据记账凭证、原始凭证或汇总原始凭证逐日逐笔或定期汇总登记。固定资产、债权、债务等明细账应逐日逐笔登记；库存商品、原材料收发明细账以及收入、费用明细账可以逐笔登记，也可定期（3 天或 5 天）汇总登记。

明细分类账一般采用活页式账簿，也有的采用卡片式账簿，如固定资产明细账。

明细分类账的格式因经营管理的要求及经济业务内容的不同而不同。常用的明细分类账格式有三栏式、多栏式、数量金额式和横线登记式（或称平行式）等多种。

下面分别介绍三栏式、数量金额式和多栏式三种明细分类账的具体登记方法。

一、三栏式明细分类账的登记

三栏式明细分类账是在账页内只设“借方”“贷方”“余额”三个金额栏的明细账。它适用于只要求进行金额核算而不要求进行数量核算的明细分类账户，如“应收账款”“应付账款”“实收资本”和“长期借款”等账户的明细分类账户。

三栏式明细分类账一般根据记账凭证逐笔登记，登记方法与库存现金日记账基本相同，不同之处在于“余额”栏前的“借或贷”栏需要根据余额的方向填写“借”“贷”或“平”。

三栏式明细分类账的登记样本如图 B3.7 所示。

明细分类账

第　页　连续第　页

明细科目：东方有限责任公司　　总账科目 应收账款

20×5年		凭证		摘要	对应科目	借方											贷方											借或贷	余额										
月	日	字	号			亿	千	百	十	万	千	百	十	元	角	分	亿	千	百	十	万	千	百	十	元	角	分		亿	千	百	十	万	千	百	十	元	角	分
10	1			期初余额																								借					3	0	0	0	0	0	0
	5	收	4	收回欠款	银行存款																2	0	0	0	0	0	0	借					1	0	0	0	0	0	0
	8	收	10	销售产品	主营业务收入等					5	8	5	0	0	0	0												借					6	8	5	0	0	0	0
				…																																			

图 B3.7　三栏式明细分类账

二、数量金额式明细分类账的登记

数量金额式明细分类账是在账页的“借方”“贷方”“余额”各栏中再分别设置“数量”“单价”“金额”栏目的明细账。它适用于既要进行金额核算又要进行数量核算的各种财产物资类账户的明细分类账户，如“原材料”“库存商品”等账户的明细分类账户。

数量金额式明细分类账由会计人员根据审核无误的记账凭证及所附的原始凭证，按经济业务发生的时间先后顺序，逐日逐笔登记或定期汇总登记。具体登记时，需要根据记账凭证所附原始凭证的具体内容，详细登记每一笔经济业务收入或发出的数量、单价和金额，并根据选定的计价方法计算出结余的数量、单价和金额。需要说明的是“日期”栏应填入据以记账的原始凭证的日期，“凭证字号”栏应填入据以记账的原始凭证的种类及编号。

数量金额式明细分类账的登记样本如图 B3.8 所示。

原材料明细账

总第　页　分第　页

部类______　产地______　单位 千克　规格______　品名 甲材料

20×5年		凭证		摘要	收入												发出												结存											
					数量	单价	金额										数量	单价	金额										数量	单价	金额									
月	日	字	号				千	百	十	万	千	百	十	元	角	分			千	百	十	万	千	百	十	元	角	分			千	百	十	万	千	百	十	元	角	分
3	1			期初余额																									200	10					2	0	0	0	0	0
	3	收料	1	购入材料	500	10					5	0	0	0	0	0													700	10					7	0	0	0	0	0
	8	领料	3	领用材料													300	10					3	0	0	0	0	0	400	10					4	0	0	0	0	0
				…																																				

图 B3.8　数量金额式明细分类账

三、多栏式明细分类账的登记

多栏式明细分类账是根据经营管理的需要和经济业务的特点，在“借方”栏或“贷方”栏下再设置多个栏目，用以记录某一会计科目所属各明细科目内容的明细账。它一般适用于成本、费用、收入类的明细分类账，如“管理费用”“生产成本”“制造费用”等账户的明细分类账。

多栏式明细分类账的格式视管理需要而呈多样化，有的借方和贷方分别设置多个专栏，如“应交增值税”明细账；有的只有借方或贷方设置多个专栏，如“管理费用”明细账（借方多栏）、“主营业务收入”明细账（贷方多栏）等；还有的在设置“借方”“贷方”“余额”栏的基础上，再设专栏对借方或贷方构成项目进行分析，如“管理费用”明细账（借方构成项目分析）、“主营业务收入”明细账（贷方构成项目分析）。

各种格式的多栏式明细分类账，其登记方法不完全相同，登记时需注意以下几点。

（1）根据记账凭证登记时，一方面要将具体内容记入相应的专栏，另一方面要将本行各专栏数字合计后记入本行“合计栏”。

（2）只设借方多栏或贷方多栏的账户，登记内容的方向与栏目设计方向相反时，用红字进行登记。

多栏式明细分类账的样本如图 B3.9 所示。

生产成本明细账

产品名称　A 产品

20×5年		凭证		摘要	直接材料	直接人工	制造费用	合计
月	日	字	号		千百十万千百十元角分	千百十万千百十元角分	千百十万千百十元角分	千百十万千百十元角分
12	1			期初余额	4000000	3200000	1560000	8760000
12	10			领用材料	12000000			12000000

图 B3.9　多栏式明细分类账

实施任务

一、案例案情

承接项目二模拟案例，根据滨海有限责任公司 20×5 年 12 月份经济业务的记账凭证及相关原始凭证，分别登记应收账款、应付账款、原材料、库存商品和生产成本明细账。

二、示范操作

（1）根据 12 月 1～10 日经济业务的记账凭证及相关原始凭证登记应收账款明细账，如图 B3.10 和图 B3.11 所示。

（2）根据 12 月 1～10 日经济业务的记账凭证及相关原始凭证登记原材料明细账，如图 B3.12～图 B3.14 所示。

（3）根据 12 月 1～10 日经济业务的记账凭证及相关原始凭证登记生产成本明细账，如图 B3.15、图 B3.16 所示。

明细分类账 第 1 页 连续第 页

明细科目 南方经贸有限责任公司 总账科目 应收账款

20×5年		凭证		摘要	借方										√	贷方										√	借或贷	余额									
月	日	字	号		千	百	十	万	千	百	十	元	角	分		千	百	十	万	千	百	十	元	角	分			千	百	十	万	千	百	十	元	角	分
11	30			1～11 月份累计发生额及余额			6	0	0	0	0	0	0	0				5	0	0	0	0	0	0	0		借				2	0	0	0	0	0	0
12	5	转	2	销售产品			4	4	4	6	0	0	0	0													借				6	4	4	6	0	0	0

图 B3.10 应收账款明细账（一）

明细分类账 第 2 页 连续第 页

明细科目 宏光有限责任公司 总账科目 应收账款

20×5年		凭证		摘要	借方										√	贷方										√	借或贷	余额									
月	日	字	号		千	百	十	万	千	百	十	元	角	分		千	百	十	万	千	百	十	元	角	分			千	百	十	万	千	百	十	元	角	分
11	30			1～11 月份累计发生额及余额			2	7	6	2	0	0	0	0				4	6	3	2	0	0	0	0		借				3	0	0	0	0	0	0
12	8	收	3	收回欠款															3	0	0	0	0	0	0		平								0		

图 B3.11 应收账款明细账（二）

原材料明细账 总第 页 分第 1 页

部类____ 产地____ 单位 千克 规格____ 品名 甲材料

20×5年		凭证		摘要	收入												发出												结存												√
月	日	字	号		数量	单价	千	百	十	万	千	百	十	元	角	分	数量	单价	千	百	十	万	千	百	十	元	角	分	数量	单价	千	百	十	万	千	百	十	元	角	分	
11	30			1～11 月份累计发生额及余额					6	5	0	0	0	0	0	0					6	0	0	0	0	0	0	0	25 200	20			5	0	4	0	0	0	0	0	
12	4	付	1	购甲材料	3 000	20				6	0	0	0	0	0	0													28 200	20			5	6	4	0	0	0	0	0	
12	9	付	6	购甲材料	2 000	20				4	0	0	0	0	0	0													30 200	20			6	0	4	0	0	0	0	0	
12	10	转	3	领用材料													6 000	20			1	2	0	0	0	0	0	0	24 200	20			4	8	4	0	0	0	0	0	

图 B3.12 原材料明细账（一）

原材料明细账 总第 页 分第 2 页

部类____ 产地____ 单位 千克 规格____ 品名 乙材料

20×5年		凭证		摘要	收入												发出												结存												√
月	日	字	号		数量	单价	千	百	十	万	千	百	十	元	角	分	数量	单价	千	百	十	万	千	百	十	元	角	分	数量	单价	千	百	十	万	千	百	十	元	角	分	
11	30			1～11 月份累计发生额及余额					7	0	0	0	0	0	0	0					6	3	0	0	0	0	0	0	56 000	10			5	6	0	0	0	0	0	0	
12	9	付	6	购乙材料	4 000	10				4	0	0	0	0	0	0													60 000	10			6	0	0	0	0	0	0	0	
12	10	转	3	领用材料													20 000	10			2	0	0	0	0	0	0	0	40 000	10			4	0	0	0	0	0	0	0	

图 B3.13 原材料明细账（二）

原材料明细账　　总第　页　分第 3 页

部类______　产地______　单位　件　规格______　品名　丙材料

20×5年		凭证		摘要	收入			发出			结存			√
月	日	字	号		数量	单价	金额（千百十万千百十元角分）	数量	单价	金额（千百十万千百十元角分）	数量	单价	金额（千百十万千百十元角分）	
11	30			1～11月份累计发生额及余额			393550			41500000	20 400	15	30600000	
12	10	转	3	领用材料				4 000	15	6000000	16 400	15	24600000	

图 B3.14　原材料明细账（三）

生产成本明细账

产品名称　A 产品

20×5年		凭证		摘要	直接材料	直接人工	制造费用	合计
月	日	字	号		千百十万千百十元角分	千百十万千百十元角分	千百十万千百十元角分	千百十万千百十元角分
12	10	转	3	领用材料	12000000			12000000

图 B3.15　生产成本明细账（一）

生产成本明细账

产品名称　B 产品

20×5年		凭证		摘要	直接材料	直接人工	制造费用	合计
月	日	字	号		千百十万千百十元角分	千百十万千百十元角分	千百十万千百十元角分	千百十万千百十元角分
12	10	转	3	领用材料	20000000			20000000

图 B3.16　生产成本明细账（二）

三、自己动手

仿照以上操作，自己动手，根据滨海有限责任公司 20×5 年 12 月份经济业务的全部记账凭证及相关原始凭证，登记项目一中已建好的应收账款、应付账款、原材料、库存商品和生产成本明细账。

任务三 登记总账

提出任务

日常登记总账工作的主要任务是结合企业具体的账务处理程序，选用不同的方法登记总账。可以根据审核无误的记账凭证逐笔登记总账，也可以将一定时期的记账凭证先编制成科目汇总表或汇总记账凭证，再汇总登记总账，并保证账簿登记的规范性和正确性。

分析任务

要完成总账的登记工作，必须掌握登记会计账簿的基本要求和不同账务处理程序下总账的登记方法。

相关知识

前面已介绍登记会计账簿的基本要求，下面主要介绍不同账务处理程序下总账的登记方法。

一、总分类账的登记方法

总分类账的登记方法因账务处理程序的不同而不同。

账务处理程序又称会计核算程序或会计核算形式，是指对会计数据的记录、归类、汇总、陈报的步骤和方法，即从原始凭证的整理、汇总，记账凭证的填制、汇总，日记账、分类账的登记，到会计报表编制的步骤和方法。账务处理程序的基本模式可以概括为：原始凭证→记账凭证→会计账簿→会计报表。

视野拓展

会计核算程序种类示意图：

目前，我国各经济单位一般采用的账务处理程序主要有：记账凭证账务处理程序、科目汇总表账务处理程序、汇总记账凭证账务处理程序、多栏式日记账账务处理程序和日记总账账务处理程序等。

各种账务处理程序的主要区别在于登记总分类账的方法和程序不同，这里主要介绍两种常用的账务处理程序及其总账的登记方法，即记账凭证账务处理程序和科目汇总表账务处理程序。

（一）记账凭证账务处理程序及其总账的登记

1. 记账凭证账务处理程序的主要特点

记账凭证账务处理程序是指对发生的经济业务事项，根据原始凭证或汇总原始凭证编制记账凭证，然后直接根据记账凭证逐笔登记总分类账的一种账务处理程序。

记账凭证账务处理程序的主要特点是直接根据记账凭证逐笔登记总分类账，它是最基本的账务处理程序，其他各种账务处理程序基本上是在这种账务处理程序的基础上发展和演变而来的。

采用记账凭证账务处理程序时，凭证设置可以采用通用记账凭证，也可以采用专用记账凭证，即收款凭证、付款凭证和转账凭证。其账簿设置主要包括特种日记账（库存现金日记账和银行存款日记账）和分类账（总分类账和明细分类账）。其中，特种日记账一般采用三栏式；总账采用三栏式；明细账则视业务特点和管理需要，可采用三栏式、数量金额式和多栏式等。

2. 记账凭证账务处理程序的基本步骤

（1）根据原始凭证编制汇总原始凭证。

（2）根据原始凭证或汇总原始凭证编制记账凭证。

（3）根据收款凭证、付款凭证逐笔登记库存现金日记账和银行存款日记账。

（4）根据原始凭证、汇总原始凭证和记账凭证登记各种明细分类账。

（5）根据记账凭证逐笔登记总分类账。

（6）期末，将日记账和明细分类账的余额同有关总分类账的余额核对相符。

（7）期末，根据总分类账和明细分类账的记录，编制会计报表。

记账凭证账务处理程序的基本步骤如图 B3.17 所示。

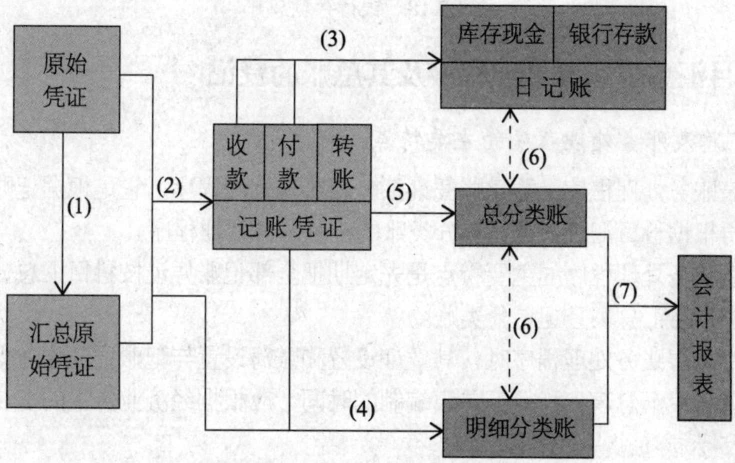

图 B3.17　记账凭证账务处理程序流程图

3. 记账凭证账务处理程序的优缺点和适用范围

（1）记账凭证账务处理程序的优点：一是简单明了，易于理解和运用；二是由于总分类账是直接根据各种记账凭证逐笔登记的，因此总分类账能比较详细和具体地反映各项经济业务，便于查账。

（2）记账凭证账务处理程序的缺点：直接根据记账凭证逐笔登记总分类账，登记总分类账的工作量较大。

（3）记账凭证账务处理程序的适用范围：一般适用于规模较小、业务量较少的单位。

4. 记账凭证账务处理程序下总账的登记

在记账凭证账务处理程序下，直接根据记账凭证定期（3 天、5 天或 10 天）逐笔登记总分类账。具体登记方法与日记账的登记方法基本相同，只是总账不要求逐日结出发生额合计及余额。

其他栏目的登记方法同日记账，不再重述。

根据记账凭证逐笔登记的总分类账如图 B3.18 所示。

总分类账

账户名称：银行存款

20×5年 月	日	凭证 字	号	摘要	借方（亿千百十万千百十元角分）	贷方（亿千百十万千百十元角分）	借或贷	余额（亿千百十万千百十元角分）
12	1			期初余额			借	53094000
	1	收	1	接受投资	20000000			
	2	收	2	借入借款	30000000			
	4	付	1	购入材料		7020000		
	5	付	2	付广告费		600000		
	6	付	3	提取现金		200000		
	7	付	4	公益捐赠		10000000		
	8	收	3	收回欠款	3000000			
	9	付	6	购入材料		9349800		
	10	付	7	提取现金		4378000		

图 B3.18　银行存款总账

（二）科目汇总表账务处理程序及其总账的登记

1. 科目汇总表账务处理程序的主要特点

科目汇总表账务处理程序又称记账凭证汇总表账务处理程序，它是根据记账凭证定期编制科目汇总表，再根据科目汇总表登记总分类账的一种账务处理程序。

科目汇总表账务处理程序的主要特点是先定期把全部记账凭证按科目汇总，编制科目汇总表，然后再根据科目汇总表登记总分类账。

采用科目汇总表账务处理程序时，其凭证设置和账簿设置与记账凭证账务处理程序基本相同，但需要增加科目汇总表。科目汇总表编制的时间，应根据经济业务量的多少而定，可选择 5 天、10 天、15 天或 1 个月编制一次。

2. 科目汇总表账务处理程序的基本步骤

（1）根据原始凭证编制汇总原始凭证。

（2）根据原始凭证或汇总原始凭证编制记账凭证。

（3）根据收款凭证、付款凭证逐笔登记库存现金日记账和银行存款日记账。

（4）根据原始凭证、汇总原始凭证和记账凭证登记各种明细分类账。

（5）根据各种记账凭证编制科目汇总表。

（6）根据科目汇总表登记总分类账。

（7）期末，将日记账和明细分类账的余额同有关总分类账的余额进行核对，确认是否相符。

（8）期末，根据总分类账和明细分类账的记录编制会计报表。

科目汇总表账务处理程序的基本步骤如图 B3.19 所示。

3. 科目汇总表账务处理程序的优缺点和适用范围

（1）科目汇总表账务处理程序的优点：根据科目汇总表登记总账，可以简化总分类账的登记工作，减轻了登记总分类账的工作量，并可做到试算平衡，便于及时发现差错，从而保证记账工作的质量。

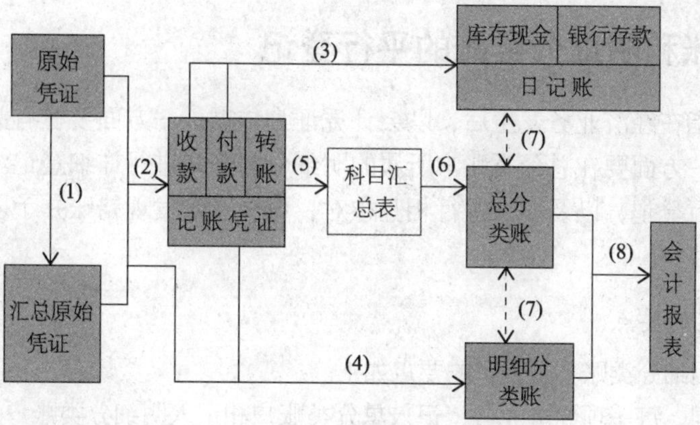

图 B3.19 科目汇总表账务处理程序流程图

（2）科目汇总表账务处理程序的缺点：科目汇总表不能反映账户对应关系，不便于查对账目。

（3）科目汇总表账务处理程序的适用范围：一般适用于规模较大、经济业务较多的单位。

4. 科目汇总表账务处理程序下总账的登记

在科目汇总表账务处理程序下，根据定期汇总编制的科目汇总表登记总账。

科目汇总表是根据本期填制的全部记账凭证，按科目作为归类标志进行编制的。具体编制方法如下。

（1）为本期全部记账凭证所涉及的会计账户开设 T 形账户，按记账凭证编号顺序将每张记账凭证的内容逐笔记入 T 形账户，并结出每个账户的借贷发生额合计数。

（2）将本期经济业务所涉及的全部会计科目填列在科目汇总表的“会计科目”栏。

（3）将每个 T 形账户的借贷发生额合计数，填列在科目汇总表相应会计科目行的“借方金额”和“贷方金额”栏。

（4）将科目汇总表上每个会计科目的借方发生额和贷方发生额汇总，进行发生额的试算平衡。

（5）相关人员复核后在所有的签章处签章，以明确责任。

根据科目汇总表登记总账时，“日期”栏填写科目汇总表的编制日期；“凭证种类及编号”栏填写科目汇总表的编号，如“科汇 1”“科汇 2”等；“摘要”栏填写汇总的时间范围，如“1～10 日汇总”“11～20 日汇总”等；“借方金额”栏、“贷方金额”栏分别填写科目汇总表上本科目的借方发生额和贷方发生额。

根据科目汇总表登记的总分类账格式如图 B3.20 所示。

总 分 类 账

账户名称：银行存款

<table>
<tr><th colspan="2">20×5年</th><th colspan="2">凭证</th><th rowspan="2">摘 要</th><th colspan="11">借 方</th><th colspan="11">贷 方</th><th rowspan="2">借或贷</th><th colspan="11">余 额</th></tr>
<tr><th>月</th><th>日</th><th>字</th><th>号</th><th>亿</th><th>千</th><th>百</th><th>十</th><th>万</th><th>千</th><th>百</th><th>十</th><th>元</th><th>角</th><th>分</th><th>亿</th><th>千</th><th>百</th><th>十</th><th>万</th><th>千</th><th>百</th><th>十</th><th>元</th><th>角</th><th>分</th><th>亿</th><th>千</th><th>百</th><th>十</th><th>万</th><th>千</th><th>百</th><th>十</th><th>元</th><th>角</th><th>分</th></tr>
<tr><td>10</td><td>1</td><td></td><td></td><td>期初余额</td><td></td><td></td><td></td><td></td><td></td><td></td><td></td><td></td><td></td><td></td><td></td><td></td><td></td><td></td><td></td><td></td><td></td><td></td><td></td><td></td><td></td><td></td><td>借</td><td></td><td></td><td></td><td></td><td>3</td><td>0</td><td>0</td><td>0</td><td>0</td><td>0</td><td>0</td></tr>
<tr><td></td><td>10</td><td>科汇</td><td>1</td><td>1～10 日汇总</td><td></td><td></td><td></td><td></td><td>3</td><td>6</td><td>0</td><td>0</td><td>0</td><td>0</td><td>0</td><td></td><td></td><td></td><td></td><td>2</td><td>0</td><td>0</td><td>0</td><td>0</td><td>0</td><td>0</td><td>借</td><td></td><td></td><td></td><td></td><td>4</td><td>6</td><td>0</td><td>0</td><td>0</td><td>0</td><td>0</td></tr>
<tr><td></td><td>20</td><td>科汇</td><td>2</td><td>11～20 日汇总</td><td></td><td></td><td></td><td></td><td>5</td><td>8</td><td>5</td><td>0</td><td>0</td><td>0</td><td>0</td><td></td><td></td><td></td><td></td><td>1</td><td>2</td><td>0</td><td>0</td><td>0</td><td>0</td><td>0</td><td>借</td><td></td><td></td><td></td><td></td><td>9</td><td>2</td><td>5</td><td>0</td><td>0</td><td>0</td><td>0</td></tr>
<tr><td></td><td></td><td></td><td></td><td>…</td><td></td><td></td><td></td><td></td><td></td><td></td><td></td><td></td><td></td><td></td><td></td><td></td><td></td><td></td><td></td><td></td><td></td><td></td><td></td><td></td><td></td><td></td><td></td><td></td><td></td><td></td><td></td><td></td><td></td><td></td><td></td><td></td><td></td><td></td></tr>
<tr><td></td><td></td><td></td><td></td><td></td><td></td><td></td><td></td><td></td><td></td><td></td><td></td><td></td><td></td><td></td><td></td><td></td><td></td><td></td><td></td><td></td><td></td><td></td><td></td><td></td><td></td><td></td><td></td><td></td><td></td><td></td><td></td><td></td><td></td><td></td><td></td><td></td><td></td><td></td></tr>
</table>

图 B3.20 根据科目汇总表登记的总分类账

二、总分类账和明细分类账的平行登记

平行登记是指在经济业务发生后，以会计凭证为依据，一方面要在有关的总分类账户进行总括登记，另一方面要在总分类账户所属的明细分类账户进行详细登记。通过总分类账和明细分类账的平行登记，以及期末进行相互核对，可以及时发现错账并予以更正，从而保证账簿记录的准确性。

1. 平行登记的要点

总分类账与明细分类账平行登记的要点如下。

（1）依据相同。每一项经济业务，记入总分类账户和记入明细分类账户的原始凭证依据必须相同。

（2）期间相同。每一项经济业务，在同一会计期间，一方面要记入有关总分类账户，另一方面也要记入总分类账户所属的有关各明细分类账户。

（3）方向相同。每一项经济业务，记入总分类账户和记入所属明细分类账户的借贷方向必须相同。如果在总分类账户中记入借方，则在所属明细分类账户中也记入借方；如果在总分类账户中记入贷方，则在所属明细分类账户中也记入贷方。

（4）金额相等。每一项经济业务，记入总分类账户中的金额要与记入所属明细分类账户的金额相等。如果同时涉及该总分类账户的若干明细分类账户，则该总分类账户登记的金额应与各个明细分类账户登记的金额之和相等。

★提炼点睛★

借：应付账款——甲公司　300 000
　　　　　　——乙公司　200 000
　贷：银行存款　　　　　500 000

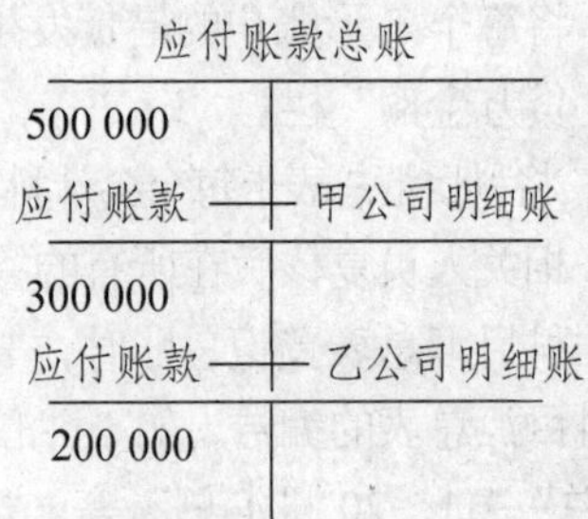

平行登记的 T 形账户展示

2. 平行登记的结果

通过总分类账户和明细分类账户的平行登记，总分类账户的发生额及余额与其所属的明细分类账户的发生额及余额应存在以下相等关系。

总分类账户的期初余额 = 所属明细分类账户的期初余额合计

总分类账户的本期借方发生额 = 所属明细分类账户的本期借方发生额合计

总分类账户的本期贷方发生额 = 所属明细分类账户的本期贷方发生额合计

总分类账户的期末余额 = 所属明细分类账户的期末余额合计

（具体见项目四中的对账部分）

实施任务

一、案例案情

承接项目二模拟案例，根据滨海有限责任公司 20×5 年 12 月份经济业务的全部记账凭证，可采用两种方法登记总账。

方法一，根据记账凭证逐笔登记总账。

方法二，根据记账凭证，每 10 天编制 1 张科目汇总表，再根据科目汇总表登记总账。

二、示范操作

（1）根据滨海有限责任公司 20×5 年 12 月 1～10 日经济业务的记账凭证，逐笔登记总账，如图 B3.21～图 B3.36 所示。

（2）根据滨海有限责任公司 20×5 年 12 月 1～10 日经济业务的记账凭证，编制科目汇总表，如表 B3.1 所示。根据科目汇总表登记总账，如图 B3.37～图 B3.52 所示。

总分类账

账户名称：银行存款

20×5年 月	日	凭证 字	号	摘要	借方（亿千百十万千百十元角分）	贷方（亿千百十万千百十元角分）	借或贷	余额（亿千百十万千百十元角分）
11	30			1～11 月份累计发生额及余额	28123800	27120000	借	53094000
12	1	收	1	接受投资	20000000			
	2	收	2	借入借款	30000000			
	4	付	1	购入材料		7020000		
	5	付	2	付广告费		600000		
	6	付	3	提取现金		200000		
	7	付	4	公益捐赠		10000000		
	8	收	3	收回欠款	3000000			
	9	付	6	购入材料		9349800		
	10	付	7	提取现金		4378000		

图 B3.21　银行存款总账

总分类账

账户名称：实收资本

20×5年 月	日	凭证 字	号	摘要	借方（亿千百十万千百十元角分）	贷方（亿千百十万千百十元角分）	借或贷	余额（亿千百十万千百十元角分）
11	30			1～11 月份累计发生额及余额			贷	507000000
12	1	收	1	接受投资		20000000		

图 B3.22　实收资本总账

总分类账

账户名称：长期借款

20×5年		凭证		摘要	借方											贷方											借或贷	余额										
月	日	字	号		亿	千	百	十	万	千	百	十	元	角	分	亿	千	百	十	万	千	百	十	元	角	分		亿	千	百	十	万	千	百	十	元	角	分
11	30			1~11月份累计发生额及余额			2	4	0	0	0	0	0	0	0			2	4	0	0	0	0	0	0	0	贷				4	8	0	0	0	0	0	0
12	2	收	2	借入借款															3	0	0	0	0	0	0	0												

图B3.23 长期借款总账

总分类账

账户名称：固定资产

20×5年		凭证		摘要	借方											贷方											借或贷	余额										
月	日	字	号		亿	千	百	十	万	千	百	十	元	角	分	亿	千	百	十	万	千	百	十	元	角	分		亿	千	百	十	万	千	百	十	元	角	分
11	30			1~11月份累计发生额及余额			5	2	0	0	0	0	0	0	0			3	0	0	0	0	0	0	0	0	借			6	4	0	0	0	0	0	0	0
12	2	转	1	接受捐赠				1	8	0	0	0	0	0	0																							

图B3.24 固定资产总账

总分类账

账户名称：营业外收入

20×5年		凭证		摘要	借方											贷方											借或贷	余额										
月	日	字	号		亿	千	百	十	万	千	百	十	元	角	分	亿	千	百	十	万	千	百	十	元	角	分		亿	千	百	十	万	千	百	十	元	角	分
11	30			1~11月份累计发生额及余额					1	1	4	0	0	0	0					1	1	4	0	0	0	0	平									θ		
12	3	转	1	接受捐赠															1	8	0	0	0	0	0	0												

图B3.25 营业外收入总账

总分类账

账户名称：原材料

20×5年		凭证		摘要	借方											贷方											借或贷	余额										
月	日	字	号		亿	千	百	十	万	千	百	十	元	角	分	亿	千	百	十	万	千	百	十	元	角	分		亿	千	百	十	万	千	百	十	元	角	分
11	30			1～11月份累计发生额及余额			1	7	3	4	5	5	0	0	0			1	6	4	5	0	0	0	0	0	借			1	3	7	0	0	0	0	0	0
12	4	付	1	购入材料					6	0	0	0	0	0	0																							
	9	付	6	购入材料					8	0	0	0	0	0	0																							
	10	转	3	领用材料															3	8	0	0	0	0	0	0												

图 B3.26 原材料总账

总分类账

账户名称：应交税费

20×5年		凭证		摘要	借方											贷方											借或贷	余额										
月	日	字	号		亿	千	百	十	万	千	百	十	元	角	分	亿	千	百	十	万	千	百	十	元	角	分		亿	千	百	十	万	千	百	十	元	角	分
11	30			1～11月份累计发生额及余额			1	0	1	5	0	0	0	0	0			1	2	0	2	2	0	0	0	0	贷				1	8	7	2	0	0	0	0
12	4	付	1	购入材料					1	0	2	0	0	0	0																							
	5	转	2	销售产品																6	4	6	0	0	0	0												
	9	付	6	购入材料					1	3	4	9	8	0	0																							

图 B3.27 应交税费总账

总分类账

账户名称：销售费用

20×5年		凭证		摘要	借方											贷方											借或贷	余额										
月	日	字	号		亿	千	百	十	万	千	百	十	元	角	分	亿	千	百	十	万	千	百	十	元	角	分		亿	千	百	十	万	千	百	十	元	角	分
11	30			1～11月份累计发生额及余额					6	8	2	0	0	0	0					6	8	2	0	0	0	0	平									θ		
12	5	付	2	付广告费						6	0	0	0	0	0																							

图 B3.28 销售费用总账

总分类账

账户名称：应收账款

20×5年		凭证		摘要	借方											贷方											借或贷	余额										
月	日	字	号		亿	千	百	十	万	千	百	十	元	角	分	亿	千	百	十	万	千	百	十	元	角	分		亿	千	百	十	万	千	百	十	元	角	分
11	30			1～11月份累计发生额及余额				8	7	6	2	0	0	0	0				9	6	3	2	0	0	0	0	借				2	3	0	0	0	0	0	0
12	5	转	2	销售产品				4	4	4	6	0	0	0	0																							
	8	收	3	收回欠款																3	0	0	0	0	0	0												

图B3.29　应收账款总账

总分类账

账户名称：主营业务收入

20×5年		凭证		摘要	借方											贷方											借或贷	余额										
月	日	字	号		亿	千	百	十	万	千	百	十	元	角	分	亿	千	百	十	万	千	百	十	元	角	分		亿	千	百	十	万	千	百	十	元	角	分
11	30			1～11月份累计发生额及余额			9	6	2	5	0	0	0	0	0			9	6	2	5	0	0	0	0	0	平									0		
12	3	转	2	销售产品															3	8	0	0	0	0	0	0												

图B3.30　主营业务收入总账

总分类账

账户名称：库存现金

20×5年		凭证		摘要	借方											贷方											借或贷	余额										
月	日	字	号		亿	千	百	十	万	千	百	十	元	角	分	亿	千	百	十	万	千	百	十	元	角	分		亿	千	百	十	万	千	百	十	元	角	分
11	30			1～11月份累计发生额及余额					1	6	6	7	8	0	0					1	8	8	0	0	0	0	借						3	4	0	0	0	0
12	6	付	3	提取现金						2	0	0	0	0	0																							
	7	付	5	预借差旅费																		6	0	0	0	0												
	10	付	7	提取现金					4	3	7	8	0	0	0																							
	10	付	8	发职工薪酬																4	3	7	8	0	0	0												

图B3.31　库存现金总账

总 分 类 账

账户名称：营业外支出

20×5年		凭证		摘要	借方											贷方											借或贷	余额										
月	日	字	号		亿	千	百	十	万	千	百	十	元	角	分	亿	千	百	十	万	千	百	十	元	角	分		亿	千	百	十	万	千	百	十	元	角	分
11	30			1～11月份累计发生额及余额						9	6	1	0	0	0						9	6	1	0	0	0	平									0		
12	7	付	4	公益捐赠				1	0	0	0	0	0	0	0																							

图 B3.32　营业外支出总账

总 分 类 账

账户名称：其他应收款

20×5年		凭证		摘要	借方											贷方											借或贷	余额										
月	日	字	号		亿	千	百	十	万	千	百	十	元	角	分	亿	千	百	十	万	千	百	十	元	角	分		亿	千	百	十	万	千	百	十	元	角	分
12	7	付	5	预借差旅费							6	0	0	0	0																							

图 B3.33　其他应收款总账

总 分 类 账

账户名称：应付职工薪酬

20×5年		凭证		摘要	借方											贷方											借或贷	余额										
月	日	字	号		亿	千	百	十	万	千	百	十	元	角	分	亿	千	百	十	万	千	百	十	元	角	分		亿	千	百	十	万	千	百	十	元	角	分
11	30			1～11月份累计发生额及余额			1	1	8	0	0	0	0	0	0			1	1	8	0	0	0	0	0	0	贷					5	5	6	2	0	0	0
12	10	付	8	发职工薪酬					4	3	7	8	0	0	0																							

图 B3.34　应付职工薪酬总账

总 分 类 账

账户名称：生产成本

20×5年		凭证		摘要	借方											贷方											借或贷	余额										
月	日	字	号		亿	千	百	十	万	千	百	十	元	角	分	亿	千	百	十	万	千	百	十	元	角	分		亿	千	百	十	万	千	百	十	元	角	分
11	30			1～11月份累计发生额及余额			3	1	5	0	0	0	0	0	0			3	1	5	0	0	0	0	0	0	平									0		
12	10	转	3	领用材料				3	2	0	0	0	0	0	0																							

图 B3.35　生产成本总账

总分类账

账户名称：制造费用

20×5年		凭证		摘要	借方											贷方											借或贷	余额										
月	日	字	号		亿	千	百	十	万	千	百	十	元	角	分	亿	千	百	十	万	千	百	十	元	角	分		亿	千	百	十	万	千	百	十	元	角	分
11	30			1~11月份累计发生额及余额				6	5	0	0	0	0	0	0				6	5	0	0	0	0	0	0	平									θ		
12	10	转	3	领用材料					6	0	0	0	0	0	0																							

图B3.36 制造费用总账

表B3.1 科目汇总表

20×5年12月1日~20×5年12月10日　　科汇1　　（单位：元）

会计科目	借方金额	贷方金额	备注	会计科目	借方金额	贷方金额	备注
银行存款	530 000	315 478		主营业务收入		380 000	
实收资本		200 000		库存现金	45 780	44 380	
长期借款		300 000		营业外支出	100 000		
固定资产	180 000			其他应收款	600		
营业外收入		180 000		应付职工薪酬	43 780		
原材料	140 000	380 000		生产成本	320 000		
应交税费	23 698	64 600		制造费用	60 000		
销售费用	6 000			合　计	1 894 458	1 894 458	
应收账款	444 600	30 000					

总分类账

账户名称：银行存款

20×5年		凭证		摘要	借方											贷方											借或贷	余额										
月	日	字	号		亿	千	百	十	万	千	百	十	元	角	分	亿	千	百	十	万	千	百	十	元	角	分		亿	千	百	十	万	千	百	十	元	角	分
11	30			1~11月份累计发生额及余额				2	8	1	2	3	8	0	0				2	7	1	2	0	0	0	0	借				5	3	0	9	4	0	0	0
12	10	科汇	1	1~10日汇总				5	3	0	0	0	0	0	0				3	1	5	4	7	8	0	0	借				7	4	5	4	6	2	0	0

图B3.37 银行存款总账

总分类账

账户名称：实收资本

20×5年		凭证		摘要	借方											贷方											借或贷	余额										
月	日	字	号		亿	千	百	十	万	千	百	十	元	角	分	亿	千	百	十	万	千	百	十	元	角	分		亿	千	百	十	万	千	百	十	元	角	分
11	30			1~11月份累计发生额及余额																							贷			5	0	7	0	0	0	0	0	0
12	10	科汇	1	1~10日汇总															2	0	0	0	0	0	0	0	贷			5	2	7	0	0	0	0	0	0

图B3.38 实收资本总账

总分类账

账户名称：长期借款

20×5年		凭证		摘要	借方											贷方											借或贷	余额										
月	日	字	号		亿	千	百	十	万	千	百	十	元	角	分	亿	千	百	十	万	千	百	十	元	角	分		亿	千	百	十	万	千	百	十	元	角	分
11	30			1～11月份累计发生额及余额			2	4	0	0	0	0	0	0	0			2	4	0	0	0	0	0	0	0	贷				4	8	0	0	0	0	0	0
12	10	科汇	1	1～10日汇总															3	0	0	0	0	0	0	0	贷				7	8	0	0	0	0	0	0

图 B3.39 长期借款总账

总分类账

账户名称：固定资产

20×5年		凭证		摘要	借方											贷方											借或贷	余额										
月	日	字	号		亿	千	百	十	万	千	百	十	元	角	分	亿	千	百	十	万	千	百	十	元	角	分		亿	千	百	十	万	千	百	十	元	角	分
11	30			1～11月份累计发生额及余额			5	2	0	0	0	0	0	0	0			3	0	0	0	0	0	0	0	0	借			6	4	0	0	0	0	0	0	0
12	10	科汇	1	1～10日汇总				1	8	0	0	0	0	0	0												借			6	5	8	0	0	0	0	0	0

图 B3.40 固定资产总账

总分类账

账户名称：营业外收入

20×5年		凭证		摘要	借方											贷方											借或贷	余额										
月	日	字	号		亿	千	百	十	万	千	百	十	元	角	分	亿	千	百	十	万	千	百	十	元	角	分		亿	千	百	十	万	千	百	十	元	角	分
11	30			1～11月份累计发生额及余额					1	1	4	0	0	0	0					1	1	4	0	0	0	0	平									θ		
12	10	科汇	1	1～10日汇总															1	8	0	0	0	0	0	0	贷				1	8	0	0	0	0	0	0

图 B3.41 营业外收入总账

总分类账

账户名称：原材料

20×5年		凭证		摘要	借方											贷方											借或贷	余额										
月	日	字	号		亿	千	百	十	万	千	百	十	元	角	分	亿	千	百	十	万	千	百	十	元	角	分		亿	千	百	十	万	千	百	十	元	角	分
11	30			1～11月份累计发生额及余额			1	7	3	4	5	5	0	0	0			1	6	4	5	0	0	0	0	0	借			1	3	7	0	0	0	0	0	0
12	10	科汇	1	1～10日汇总				1	4	0	0	0	0	0	0				3	8	0	0	0	0	0	0	借			1	1	3	0	0	0	0	0	0

图 B3.42 原材料总账

总分类账

账户名称：应交税费

20×5年		凭证		摘要	借方											贷方											借或贷	余额										
月	日	字	号		亿	千	百	十	万	千	百	十	元	角	分	亿	千	百	十	万	千	百	十	元	角	分		亿	千	百	十	万	千	百	十	元	角	分
11	30			1～11月份累计发生额及余额			1	0	1	5	0	0	0	0	0			1	2	0	2	2	0	0	0	0	贷				1	8	7	2	0	0	0	0
12	10	科汇	1	1～10日汇总					2	3	6	9	8	0	0					6	4	6	0	0	0	0	贷				2	2	8	1	0	2	0	0

图 B3.43 应交税费总账

总分类账

账户名称：销售费用

20×5年		凭证		摘要	借方											贷方											借或贷	余额										
月	日	字	号		亿	千	百	十	万	千	百	十	元	角	分	亿	千	百	十	万	千	百	十	元	角	分		亿	千	百	十	万	千	百	十	元	角	分
11	30			1～11月份累计发生额及余额					6	8	2	0	0	0	0					6	8	2	0	0	0	0	平									0		
12	10	科汇	1	1～10日汇总						6	0	0	0	0	0												借						6	0	0	0	0	0

图 B3.44 销售费用总账

总分类账

账户名称：应收账款

20×5年		凭证		摘要	借方											贷方											借或贷	余额										
月	日	字	号		亿	千	百	十	万	千	百	十	元	角	分	亿	千	百	十	万	千	百	十	元	角	分		亿	千	百	十	万	千	百	十	元	角	分
11	30			1～11月份累计发生额及余额				8	7	6	2	0	0	0	0				9	6	3	2	0	0	0	0	借				2	3	0	0	0	0	0	0
12	10	科汇	1	1～10日汇总				4	4	4	6	0	0	0	0					3	0	0	0	0	0	0	借				6	4	4	6	0	0	0	0

图 B3.45 应收账款总账

总分类账

账户名称：主营业务收入

20×5年		凭证		摘要	借方											贷方											借或贷	余额										
月	日	字	号		亿	千	百	十	万	千	百	十	元	角	分	亿	千	百	十	万	千	百	十	元	角	分		亿	千	百	十	万	千	百	十	元	角	分
11	30			1～11月份累计发生额及余额			9	6	2	5	0	0	0	0	0			9	6	2	5	0	0	0	0	0	平									0		
12	10	科汇	1	1～10日汇总															3	8	0	0	0	0	0	0	贷				3	8	0	0	0	0	0	0

图 B3.46 主营业务收入总账

总分类账

账户名称：库存现金

20×5年		凭证		摘要	借方	贷方	借或贷	余额
月	日	字	号		亿千百十万千百十元角分	亿千百十万千百十元角分		亿千百十万千百十元角分
11	30			1~11月份累计发生额及余额	1667800	1880000	借	340000
12	10	科汇	1	1~10日汇总	4578000	4438000	借	480000

图 B3.47　库存现金总账

总分类账

账户名称：营业外支出

20×5年		凭证		摘要	借方	贷方	借或贷	余额
月	日	字	号		亿千百十万千百十元角分	亿千百十万千百十元角分		亿千百十万千百十元角分
11	30			1~11月份累计发生额及余额	961000	961000	平	θ
12	10	科汇	1	1~10日汇总	10000000		借	10000000

图 B3.48　营业外支出总账

总分类账

账户名称：其他应收款

20×5年		凭证		摘要	借方	贷方	借或贷	余额
月	日	字	号		亿千百十万千百十元角分	亿千百十万千百十元角分		亿千百十万千百十元角分
12	10	科汇	1	1~10日汇总	60000		借	60000

图 B3.49　其他应收款总账

总分类账

账户名称：应付职工薪酬

20×5年		凭证		摘要	借方	贷方	借或贷	余额
月	日	字	号		亿千百十万千百十元角分	亿千百十万千百十元角分		亿千百十万千百十元角分
11	30			1~11月份累计发生额及余额	118000000	118000000	贷	5562000
12	10	科汇	1	1~10日汇总	4378000		贷	1184000

图 B3.50　应付职工薪酬总账

总分类账

账户名称：生产成本

20×5年		凭证		摘要	借方											贷方											借或贷	余额										
月	日	字	号		亿	千	百	十	万	千	百	十	元	角	分	亿	千	百	十	万	千	百	十	元	角	分		亿	千	百	十	万	千	百	十	元	角	分
11	30			1~11月份累计发生额及余额			3	1	5	0	0	0	0	0	0			3	1	5	0	0	0	0	0	0	平									0		
12	10	科汇	1	1~10日汇总				3	2	0	0	0	0	0	0												借				3	2	0	0	0	0	0	0

图 B3.51 生产成本总账

总分类账

账户名称：制造费用

20×5年		凭证		摘要	借方											贷方											借或贷	余额										
月	日	字	号		亿	千	百	十	万	千	百	十	元	角	分	亿	千	百	十	万	千	百	十	元	角	分		亿	千	百	十	万	千	百	十	元	角	分
11	30			1~11月份累计发生额及余额				6	5	0	0	0	0	0	0				6	5	0	0	0	0	0	0	平									0		
12	10	科汇	1	1~10日汇总					6	0	0	0	0	0	0												借					6	0	0	0	0	0	0

图 B3.52 制造费用总账

三、自己动手

仿照以上操作，自己动手，根据滨海有限责任公司20×5年12月份经济业务的全部记账凭证，每10天编制一张科目汇总表，根据科目汇总表汇总登记项目一中已建好的总账。

任务四 更正错账

提出任务

日常更正错账的主要任务是运用正确的错账更正方法更正记账过程中产生的错误，保证账簿登记的规范性和正确性。

分析任务

要规范地更正错账，必须掌握正确的错账更正方法。

相关知识

账簿记录发生错误，不准涂改、挖补、刮擦或者用药水消除字迹，不准重新抄写，必须按下列方法更正。

一、划线更正法

在结账前发现账簿记录有文字或数字错误，而记账凭证没有错误的，采用划线更正法。更正时，可在错误的文字或数字上划一条红线，原有字迹须仍能辨认，在红线的上方用蓝字填写正确的文字或数字，并由更正人员在更正处盖章。对于错误的数字，应全部划红线更正，不得只更正其中的错误数字；对于文字错误，可只划去错误的部分。

例如，入库材料 5 000 元，记账凭证正确，但在登记原材料总账时误写成 50 000 元，更正方法如图 B3.53 所示。

总 分 类 账

账户名称：原材料

20×5年 月	日	凭证 字	号	摘要	借方（亿千百十万千百十元角分）	贷方（亿千百十万千百十元角分）	借或贷	余额（亿千百十万千百十元角分）
12	1			期初余额			借	3000000
	10	转	9	购入材料	500000 ~~5000000~~	张山	借	3500000

图 B3.53　划线更正法示意图

注：图中数字“5 000 000”上的横线为红色。

二、红字更正法

记账后在当年内发现记账凭证所记的会计科目、借贷方向错误，或者会计科目、借贷方向无误而所记金额大于应记金额，而引起记账错误的，采用红字更正法。更正时，两种情况分别采用不同的方法。

1. 记账凭证上会计科目或借贷方向错误引起的错账

记账凭证所记的会计科目或借贷方向错误而引起的错账按以下步骤更正。

（1）先用红字金额填写一张与原错误记账凭证科目金额完全相同的记账凭证，日期填写编制红字凭证的实际日期，编号按当前凭证顺序编号，摘要注明“冲销×月×日×号错误凭证”，并用红字金额登记入账。

（2）然后用蓝字填写一张正确的记账凭证，日期填写编制凭证的实际日期，编号按当前凭证顺序编号，摘要注明“更正×月×日×号错误凭证”，并用蓝字登记入账。

（3）两张凭证全部登记入账后，在原错误记账凭证的摘要栏内注明“已用×月×日×号凭证更正”。

例如，收到大华有限责任公司交来转账支票一张，归还前欠货款 8 000 元，当日将支票送存银行，取得进账单回单。根据有关原始凭证填制的记账凭证如图 B3.54 所示，根据该记账凭证登记的账簿如图 B3.55 所示。

收款凭证

总字第 __ 号

借方科目：银行存款　　20×5 年 12 月 11 日　　收字第 10 号

摘要	贷方科目		金额										记账
	总账科目	明细科目	千	百	十	万	千	百	十	元	角	分	√
收回货款	应付账款	大华公司					8	0	0	0	0	0	√
已用 12 月 21 日收 30 号、31 号凭证更正													
附件 1 张	合计					¥	8	0	0	0	0	0	

会计主管（签章）　记账（签章）　出纳（签章）　审核（签章）　制证（签章）

图 B3.54　填制的记账凭证

总分类账

账户名称：应付账款

20×5年		凭证		摘要	借方											贷方											借或贷	余额										
月	日	字	号		亿	千	百	十	万	千	百	十	元	角	分	亿	千	百	十	万	千	百	十	元	角	分		亿	千	百	十	万	千	百	十	元	角	分
12	1			期初余额																							贷					3	0	0	0	0	0	0
	11	收	10	收回欠款																	8	0	0	0	0	0	贷					3	8	0	0	0	0	0
	21	收	30	更正错账																	8	0	0	0	0	0	贷					3	0	0	0	0	0	0
				…																																		

图 B3.55　登记的应付账款总账

注：图中深色灰底处的数字为红字，以下图表同。

由于记账凭证中会计科目用错，因此应用红字更正法进行更正，具体操作如下。

（1）用红字金额填写 1 张与原错误记账凭证科目金额完全相同的记账凭证，如图 B3.56 所示。用红字金额登记入账，如图 B3.55 所示。

收款凭证

总字第 __ 号

借方科目：银行存款　　20×5 年 12 月 21 日　　收字第 30 号

摘要	贷方科目		金额										记账
	总账科目	明细科目	千	百	十	万	千	百	十	元	角	分	
冲销 12 月 11 日收字 10 号错误凭证	应付账款	大华公司					8	0	0	0	0	0	√
附件 张	合计					¥	8	0	0	0	0	0	

会计主管（签章）　记账（签章）　出纳（签章）　审核（签章）　制证（签章）

图 B3.56　红字填制的记账凭证

（2）用蓝字填写一张正确的记账凭证，如图 B3.57 所示。用蓝字登记入账，如图 B3.58 所示。

收款凭证

总字第____号

借方科目：银行存款　　　　20×5 年 12 月 21 日　　　　收字第 31 号

摘　要	贷方科目		金　额										记账√
	总账科目	明细科目	千	百	十	万	千	百	十	元	角	分	
更正 12 月 11 日收字 10 号错误凭证	应收账款	大华公司					8	0	0	0	0	0	√
附件　　张	合　计					¥	8	0	0	0	0	0	

会计主管（签章）　记账（签章）　出纳（签章）　审核（签章）　制证（签章）

图 B3.57 蓝字填制的记账凭证

总分类账

账户名称：应收账款

20×5年		凭证		摘　要	借　方											贷　方											借或贷	余　额										
月	日	字	号		亿	千	百	十	万	千	百	十	元	角	分	亿	千	百	十	万	千	百	十	元	角	分		亿	千	百	十	万	千	百	十	元	角	分
12	1			期初余额																							借					3	0	0	0	0	0	0
	10	转	9	销售产品					3	6	0	0	0	0	0												借					6	6	0	0	0	0	0
	21	收	31	更正错账																	8	0	0	0	0	0	借					5	8	0	0	0	0	0
				…																																		

图 B3.58 登记的应收账款总账

（3）在原错误记账凭证的摘要栏内注明“已用 12 月 21 日收 30 号、收 31 号凭证更正”，如图 B3.54 所示。

2. 记账凭证上所记金额大于应记金额引起的错账

记账凭证所记的会计科目、借贷方向均无误，只是所记金额大于应记金额而引起的错账按以下步骤更正。

（1）先按多记的金额用红字金额编制一张与原错误记账凭证应借、应贷科目完全相同的记账凭证，日期填写编制红字凭证的实际日期，编号按当前凭证顺序编号，摘要注明“冲销×月×日×号错误凭证多记金额”，并用红字金额登记入账。

（2）登记入账后，在原错误记账凭证的摘要栏内注明“已用×月×日×号凭证更正”。

例如，开出转账支票支付本月电话费 1 580 元，根据支票存根和发票编制的记账凭证如图 B3.59 所示，根据该记账凭证登记的账簿如图 B3.60、图 B3.61 所示。

付 款 凭 证

总字第____号

贷方科目：银行存款　　　　20×5年12月6日　　　　付字第__5__号

摘　要	借方科目		金　额										记账
	总账科目	明细科目	千	百	十	万	千	百	十	元	角	分	√
支付电话费	管理费用	电话费					1	8	5	0	0	0	√
已用12月16日付15号凭证更正													
附件　2　张	合　计					¥	1	8	5	0	0	0	

会计主管（签章）　记账（签章）　出纳（签章）　审核（签章）　制证（签章）

图 B3.59　填制的记账凭证

总 分 类 账

账户名称：银行存款

20×5年		凭证		摘　要	借　方											贷　方											借或贷	余　额										
月	日	字	号		亿	千	百	十	万	千	百	十	元	角	分	亿	千	百	十	万	千	百	十	元	角	分		亿	千	百	十	万	千	百	十	元	角	分
12	1			期初余额																							借					3	0	0	0	0	0	0
	6	付	5	支付电话费																	1	8	5	0	0	0	借					2	8	1	5	0	0	0
	16	付	15	更正错账																		2	7	0	0	0	借					2	8	4	2	0	0	0
				…																																		

图 B3.60　登记的银行存款总账

总 分 类 账

账户名称：管理费用

20×5年		凭证		摘　要	借　方											贷　方											借或贷	余　额										
月	日	字	号		亿	千	百	十	万	千	百	十	元	角	分	亿	千	百	十	万	千	百	十	元	角	分		亿	千	百	十	万	千	百	十	元	角	分
12	6	付	5	支付电话费						1	8	5	0	0	0												借						1	8	5	0	0	0
	16	付	15	更正错账							2	7	0	0	0												借						1	5	8	0	0	0

图 B3.61　登记的管理费用总账

由于记账凭证中会计科目、借贷方向均正确，只是金额多记了270元，因此应用红字更正法对多记金额进行冲销。具体操作如下。

（1）按多记的金额用红字金额编制一张与原错误记账凭证应借、应贷科目完全相同的记账凭证，如图B3.62所示。用红字金额登记入账，如图B3.60、图B3.61所示。

付款凭证

贷方科目：银行存款　　20×5年12月16日　　总字第____号　付字第15号

摘要	借方科目		金额										记账√
	总账科目	明细科目	千	百	十	万	千	百	十	元	角	分	
冲销12月6日付5号错误凭证多记金额	管理费用	电话费						2	7	0	0	0	√
附件　张	合计						¥	2	7	0	0	0	

会计主管（签章）　记账（签章）　出纳（签章）　审核（签章）　制证（签章）

图B3.62　红字填制的记账凭证

（2）在原错误记账凭证的摘要栏内注明“已用12月16日付15号凭证更正”，如图B3.59所示。

三、补充登记法

记账后发现记账凭证填写的会计科目、借贷方向无误，只是所记金额小于应记金额时，采用补充登记法。更正步骤如下。

（1）先按少记的金额用蓝字编制一张与原错误记账凭证应借、应贷科目完全相同的记账凭证，日期填写编制凭证的实际日期，编号按当前凭证顺序编号，摘要注明“补充×月×日×号错误凭证少记金额”，并用蓝字登记入账。

（2）登记入账后，在原错误记账凭证的摘要栏内注明“已用×月×日×号凭证更正”。

例如，采购员周林预借差旅费，经领导批准支付现金3 000元，根据借款单编制的记账凭证如图B3.63所示，根据该记账凭证登记的账簿如图B3.64、图B3.65所示。

付款凭证

贷方科目：库存现金　　20×5年12月8日　　总字第　号　付字第8号

摘要	借方科目		金额										记账√
	总账科目	明细科目	千	百	十	万	千	百	十	元	角	分	
预借差旅费	其他应收款	周林						3	0	0	0	0	√
已用12月20日付18号凭证更正													
附件 1 张	合计						¥	3	0	0	0	0	

会计主管（签章）　记账（签章）　出纳（签章）　审核（签章）　制证（签章）

图B3.63　填制的记账凭证

总 分 类 账

账户名称：库存现金

20×5年		凭证		摘要	借方											贷方											借或贷	余额										
月	日	字	号		亿	千	百	十	万	千	百	十	元	角	分	亿	千	百	十	万	千	百	十	元	角	分		亿	千	百	十	万	千	百	十	元	角	分
12	1			期初余额																							借						5	0	0	0	0	0
	8	付	8	预借差旅费																		3	0	0	0	0	借						4	7	0	0	0	0
	20	付	18	更正错账																	2	7	0	0	0	0	借						2	0	0	0	0	0
				…																																		

图 B3.64　登记的库存现金总账

总 分 类 账

账户名称：其他应收款

20×5年		凭证		摘要	借方											贷方											借或贷	余额										
月	日	字	号		亿	千	百	十	万	千	百	十	元	角	分	亿	千	百	十	万	千	百	十	元	角	分		亿	千	百	十	万	千	百	十	元	角	分
12	8	付	8	预借差旅费							3	0	0	0	0												借							3	0	0	0	0
	20	付	18	更正错账						2	7	0	0	0	0												借						3	0	0	0	0	0

图 B3.65　登记的其他应收款总账

由于记账凭证中会计科目、借贷方向均正确，只是金额少记了 2 700 元，因此应用补充登记法对少记金额进行补充。具体操作如下。

（1）按少记的金额用蓝字编制一张与原错误记账凭证应借、应贷科目完全相同的记账凭证，如图 B3.66 所示，用蓝字登记入账，如图 B3.64、图 B3.65 所示。

付 款 凭 证

总字第____号

贷方科目：库存现金　　　　20×5 年 12 月 20 日　　　　付字第 18 号

摘要	借方科目		金额										记账√
	总账科目	明细科目	千	百	十	万	千	百	十	元	角	分	
补充 12 月 8 日付 8 号错误凭证少记金额	其他应收款	周林					2	7	0	0	0	0	√
附件　张	合　计					¥	2	7	0	0	0	0	

会计主管（签章）　记账（签章）　出纳（签章）　审核（签章）　制证（签章）

图 B3.66　蓝字填制的记账凭证

（2）在原错误记账凭证的摘要栏内注明“已用 12 月 20 日付 18 号凭证更正”，如图 B3.63 所示。

实施任务

一、案例案情

承接项目二模拟案例，用正确的错账更正方法规范更正滨海有限责任公司 20×5 年 12 月份经济业务在记账过程中产生的错账。

二、示范操作

各种错账更正方法的规范运用见“任务四更正错账”相关知识的实例操作。

三、自己动手

用正确的错账更正方法规范更正自己在“模拟案例”业务记账过程中产生的错账。

教、学、做一体化训练

知识测试

一、单项选择题

1. 下列项目中，（　　）是连接会计凭证和会计报表的中间环节。

A. 复式记账　　B. 设置会计科目和账户

C. 设置和登记账簿　　D. 编制会计分录

2. 更正错账时，划线更正法的适用范围是（　　）。

A. 记账凭证上会计科目或记账方向错误，导致账簿记录错误

B. 记账凭证正确，在记账时发生错误，导致账簿记录错误

C. 记账凭证上会计科目或记账方向正确，所记金额大于应记金额，导致账簿记录错误

D. 记账凭证上会计科目或记账方向正确，所记金额小于应记金额，导致账簿记录错误

3. 下列应该使用多栏式账簿的是（　　）。

A. 应收账款明细账　　B. 管理费用明细账

C. 库存商品明细账　　D. 原材料明细账

4. 下列不可以作为总分类账登记依据的是（　　）。

A. 记账凭证　　B. 科目汇总表　　C. 汇总记账凭证　　D. 明细账

5. 下列选项中，(　　) 不属于总分类账与明细分类账的平行登记要求。

A. 依据相同　　B. 方向相同　　C. 时间相同　　D. 金额相同

二、多项选择题

1. 不同类型经济业务的明细分类账，可根据管理需要，依据 (　　) 逐日逐笔登记或定期登记。

A. 记账凭证　　B. 科目汇总表　　C. 原始凭证　　D. 汇总原始凭证

2. 必须逐日结出余额的账簿是 (　　)。

A. 库存现金总账　　B. 银行存款总账　　C. 库存现金日记账　　D. 银行存款日记账

3. 对于划线更正法，下列说法正确的是 (　　)。

A. 划红线注销时必须使原有字迹仍可辨认

B. 对于错误的数字，应当全部划红线更正，不得只更正其中的错误数字

C. 对于文字错误，可只划去错误的部分

D. 对于错误的数字，可以只更正其中的错误数字

4. 库存现金日记账属于 (　　)。

A. 特种日记账　　B. 普通日记账　　C. 订本账　　D. 活页账

5. 下列可以作为库存现金日记账借方登记依据的是 (　　)。

A. 库存现金收款凭证　　B. 库存现金付款凭证

C. 银行存款收款凭证　　D. 银行存款付款凭证

三、判断题

1. 为便于管理，“应收账款”“应付账款”的明细账必须采用多栏式明细分类账格式。(　　)

2. 由于编制的记账凭证会计科目错误，导致账簿记录错误，更正时，可以将错误的会计科目划红线注销，然后在划线上方填写正确的会计科目。(　　)

3. 登记账簿时，发生的空行、空页一定要补充书写，不得注销。(　　)

4. 结账时，没有余额的账户，应当在“借或贷”栏内用“0”表示。(　　)

5. 登记账簿要用蓝黑墨水或者碳素墨水书写，绝对不得使用圆珠笔或者铅笔书写。(　　)

实务操作

实训　错账的更正

（一）实训目的

掌握错账的更正方法。

（二）实训资料

大华实业有限责任公司20×5年12月份部分凭证及账簿资料如下。

1. 原始凭证资料

（1）12月10日，办公室用支票采购办公用品，取得发票一张，原始凭证如图B3.67、图B3.68所示。

××省商品销售统一发票

客户名称：大华实业有限责任公司　　20×5 年 12 月 10 日　　№3612033

品　名	规格	单位	数量	零售价	金额 万	千	百	十	元	角	分
笔记本		本	10	10			1	0	0	0	0
碳素笔		支	30	20			6	0	0	0	0
计算器		台	2	240			4	8	0	0	0
合　计					¥	1	1	8	0	0	0
合计金额（大写）⊗万壹仟壹佰捌拾零元零角零分											

第二联　发票

单位盖章：（百货大楼）　　收款人：张辉　　制票人：杨明

图 B3.67　销售统一发票

中国工商银行转账支票存根

支票号码 02821978

科　　目__________________

对方科目__________________

签发日期 20×5 年 12 月 10 日

收款人：百货大楼
金　额：1 180.00
用　途：购办公用品
备　注：

单位主管　　会计

复　　核　　记账

图 B3.68　转账支票存根

（2）12 月 12 日，采购员周林预借差旅费，经领导批准支付现金 3 000 元，借款单如图 B3.69 所示。

借　款　单

借款日期 20×5 年 12 月 12 日

单位或部门	供应科		借 款 事 由	采购材料	
申请借款金额	金额（大写）叁仟元整　　¥3000.00				
批准金额	金额（大写）叁仟元整　　¥3000.00				
领导批示	王强	财务主管	周明	借款人	周林

图 B3.69　借款单

（3）12 月 16 日，收回华联商厦交来的转账支票一张，归还前欠的货款，当日将支票送存银行，取得回单如图 B3.70 所示。

中国工商银行进账单（收账通知）

第　　号

20×5年12月16日

收款人	全　称	大华实业有限责任公司	付款人	全　称	华联商厦
	账　号	125-960086578		账　号	028-368974212
	开户银行	中国工商银行营业一部		开户银行	中国工商银行营业六部

人民币（大写）	千	百	十	万	千	百	十	元	角	分
壹万柒仟元整			¥	1	7	0	0	0	0	0

票据种类	银行转账支票	收款人开户行盖章
票据张数	1张	
单位主管　　会计 复核　　记账		

图 B3.70　银行进账单

（4）12月31日，开出支票支付本月电话费，发票和支票存根如图B3.71、图B3.72所示。

中国网通有限责任公司A省分公司专用发票

客户名称	大华实业有限责任公司	电话号码	6666888
基本月租 20.00 本地区内 200.48 本地区内 236.35 国内长话 128.17			
实收金额（大写）伍佰捌拾伍元整		¥585.00	

本次费用统计从20×5/12/01—20×5/12/31　　　收款日期20×5/12/31

图 B3.71　专用发票

中国工商银行转账支票存根

支票号码　02821978

科　　目______________

对方科目______________

签发日期 2012年12月31日

收款人：网通公司
金　额：¥585.00
用　途：通信费
备　注：

单位主管　　　　会计

复　核　　　　记账

图 B3.72　转账支票存根

（5）12月31日，采用信汇方式预付光明有限责任公司材料款80 000元，信汇凭证如图B3.73所示。

中国工商银行信汇凭证（回单）

委托日期 20×5 年 12 月 31 日

汇款人	全　称	大华实业有限责任公司			收款人	全　称	光明有限责任公司			此联是汇出行给汇款人的回单
	账　号 或住址	8976555				账　号 或住址	303102536			
	汇　出 地　点		汇出行 名　称			汇　入 地　点		汇入行 名　称		

金额	人民币（大写）	千	百	十	万	千	百	十	元	角	分
	捌万元整			¥	8	0	0	0	0	0	0

汇款用途：预付货款	汇出行盖章 20×5 年 12 月 31 日
上列款项已根据委托办理，如需查询，请持此回单来行面洽	
单位主管　　会计 复核　　记账	

图 B3.73　信汇凭证（回单）

2. 记账凭证资料

（1）根据原始凭证资料第 2 笔业务的原始凭证填制的记账凭证如图 B3.74 所示。

付 款 凭 证

总字第 __ 号

贷方科目：银行存款　　20×5 年 12 月 10 日　　付字第 18 号

摘　要	借方科目		金额									记账√
	总账科目	明细科目	百	十	万	千	百	十	元	角	分	
购办公用品	管理费用	办公费					1	1	8	0	0	
附件　2 张	合计					¥	1	1	8	0	0	

会计主管：周明　　记账：李强　　出纳：张娟　　审核：王立　　制证：张娟

图 B3.74　填制的记账凭证

（2）根据原始凭证资料第 2 笔业务的原始凭证填制的记账凭证如图 B3.75 所示。

付 款 凭 证

总字第 __ 号

贷方科目：库存现金　　20×5 年 12 月 12 日　　付字第 20 号

摘　要	借方科目		金额									记账√
	总账科目	明细科目	百	十	万	千	百	十	元	角	分	
预借差旅费	其他应收款	周林					3	0	0	0	0	
附件 1 张						¥	3	0	0	0	0	

会计主管：周明　　记账：李强　　出纳：张娟　　审核：王立　　制证：张娟

图 B3.75　填制的记账凭证

（3）根据原始凭证资料第3笔业务的原始凭证填制的记账凭证如图B3.76所示。

收 款 凭 证

总字第 ___ 号

借方科目：银行存款　　　　20×5年12月16日　　　　收字第 21 号

摘　要	贷方科目		金额									记账√
	总账科目	明细科目	百	十	万	千	百	十	元	角	分	
收回货款	应付账款	华联商厦			1	7	0	0	0	0	0	
附件 1 张				¥	1	7	0	0	0	0	0	

会计主管：周明　记账：李强　出纳：张娟　审核：王立　制证：张娟

图B3.76　填制的记账凭证

（4）根据原始凭证资料第4笔业务的原始凭证填制的记账凭证如图B3.77所示。

付 款 凭 证

总字第 ___ 号

贷方科目：银行存款　　　　20×5年12月31日　　　　付字第 52 号

摘　要	借方科目		金额									记账√
	总账科目	明细科目	百	十	万	千	百	十	元	角	分	
支付话费	管理费用	电话费				5	8	5	0	0	0	
附件 2 张.	合　计				¥	5	8	5	0	0	0	

会计主管：周明　记账：李强　出纳：张娟　审核：王立　制证：张娟

图B3.77　填制的记账凭证

（5）根据原始凭证资料第5笔业务的原始凭证填制的记账凭证如图B3.78所示。

付 款 凭 证

总字第 ___ 号

贷方科目：银行存款　　　　20×5年12月31日　　　　付字第 82 号

摘　要	借方科目		金额									记账√
	总账科目	明细科目	百	十	万	千	百	十	元	角	分	
预付货款	预付账款	光明有限责任公司			8	0	0	0	0	0	0	
附件 1 张	合　计			¥	8	0	0	0	0	0	0	

会计主管：周明　记账：李强　出纳：张娟　审核：王立　制证：张娟

图B3.78　填制的记账凭证

3. 账簿资料

根据上述经济业务的原始凭证和记账凭证登记的账簿如图 B3.79～图 B3.85 所示。

银行存款日记账

种类：结算户存款　　　　第　页

20×5年		凭证		摘要	结算方式		对应科目	借方								贷方								借或贷	余额							
月	日	字	号		种类	号数		十	万	千	百	十	元	角	分	十	万	千	百	十	元	角	分		十	万	千	百	十	元	角	分
				承前页																				借	1	6	6	9	0	0	0	0
12	10	付	18	购办公用品															1	1	8	0	0									
				…																												
	16	收	21	收货款					1	7	0	0	0	0	0																	
				…																												
	31	付	52	支付电话费														5	8	5	0	0	0									
				…																												
	31	付	82	预付贷款													8	0	0	0	0	0	0									
				…																												

图 B3.79　登记的银行存款日记账

库存现金日记账

20×5年		凭证		摘要	对应科目	借方								贷方								借或贷	余额							
月	日	字	号			十	万	千	百	十	元	角	分	十	万	千	百	十	元	角	分		十	万	千	百	十	元	角	分
				承前页																		借			4	2	0	0	0	0
12	12	付	20	预借差旅费													3	0	0	0	0	借			3	9	0	0	0	0

图 B3.80　登记的库存现金日记账

管理费用明细账

20×5年		凭证		摘要	办公费	水电费	保险费	其他	合计
月	日	字	号						
12	1	付	18	购办公用品	118				118
				…					
	31	付	52	支付电话费				5 850	5 850

图 B3.81　登记的管理费用明细账

明细分类账

第　页　连续第　页

明细科目：周林　　　　总账科目　其他应收款

20×5年		凭证		摘要	借方								贷方								借或贷	余额							
月	日	字	号		十	万	千	百	十	元	角	分	十	万	千	百	十	元	角	分		十	万	千	百	十	元	角	分
12	2	付	20	预借差旅费				3	0	0	0	0									借				3	0	0	0	0

图 B3.82　登记的其他应收款明细账

明细分类账

第　页　连续第　页

明细科目：华联商厦　　　　总账科目　应付账款

20×5年		凭证		摘要	借方								贷方								借或贷	余额							
月	日	字	号		十	万	千	百	十	元	角	分	十	万	千	百	十	元	角	分		十	万	千	百	十	元	角	分
				承前页																	贷		5	0	0	0	0	0	0
12	16	收	21	收货款										1	7	0	0	0	0	0									

图 B3.83　登记的应付账款明细账

明细分类账

第　页　连续第　页

明细科目：光明有限责任公司　　　　总账科目　预付账款

20×5年		凭证		摘要	借方								贷方								借或贷	余额							
月	日	字	号		十	万	千	百	十	元	角	分	十	万	千	百	十	元	角	分		十	万	千	百	十	元	角	分
12	31	付	82	预付货款		8	0	0	0	0	0	0									借		8	0	0	0	0	0	0

图 B3.84　登记的预付账款明细账

明细分类账

第　页　连续第　页

明细科目：华联商厦　　　　　　　　　　　　总账科目　应收账款

20×5年		凭证		摘要	借方								贷方								借或贷	余额							
月	日	字	号		十	万	千	百	十	元	角	分	十	万	千	百	十	元	角	分		十	万	千	百	十	元	角	分
				承前页																	借		8	0	0	0	0	0	0

图 B3.85　登记的应收账款明细账

（三）实训要求

根据以上资料，请你找出差错并采用正确的错账更正方法进行更正。

更正错账所用的记账凭证如图 B3.86～图 B3.90 所示。

付款凭证

总字第 __ 号

贷方科目：　　　　　　　年　月　日　　　　　　　付字第 __ 号

摘要	借方科目		金额									记账√
	总账科目	明细科目	百	十	万	千	百	十	元	角	分	
附件　张	合计											

会计主管　　　　记账　　　　出纳　　　　审核　　　　制证

图 B3.86　付款凭证

付款凭证

总字第 __ 号

贷方科目：　　　　　　　年　月　日　　　　　　　付字第 __ 号

摘要	借方科目		金额									记账√
	总账科目	明细科目	百	十	万	千	百	十	元	角	分	
附件　张	合计											

会计主管　　　　记账　　　　出纳　　　　审核　　　　制证

图 B3.87　付款凭证

收 款 凭 证

总字第 __ 号

借方科目：　　　　年　月　日　　　　收字第 __ 号

摘　要	贷方科目		金　额									记账√
	总账科目	明细科目	百	十	万	千	百	十	元	角	分	
附件　张	合　计											

会计主管　　记账　　出纳　　审核　　制证

图 B3.88　收款凭证

收 款 凭 证

总字第 __ 号

借方科目：　　　　年　月　日　　　　收字第 __ 号

摘　要	贷方科目		金　额									记账√
	总账科目	明细科目	百	十	万	千	百	十	元	角	分	
附件　张	合　计											

会计主管　　记账　　出纳　　审核　　制证

图 B3.89　收款凭证

付 款 凭 证

总字第 __ 号

贷方科目：　　　　年　月　日　　　　付字第 __ 号

摘　要	借方科目		金　额									记账√
	总账科目	明细科目	百	十	万	千	百	十	元	角	分	
附件　张	合　计											

会计主管　　记账　　出纳　　审核　　制证

图 B3.90　付款凭证

项目四

期末对账和结账

【职业活动】

在会计日常工作中，由于各种原因，难免出现记账差错或账实不符且没能及时发现等问题。因此，期末结账前要先对账，以保证账簿记录的正确性，进而为编制会计报表提供真实可靠的数据资料。期末对账工作包括账证、账账、账实核对，账簿记录经核对无误后，便可结账。对账与结账是会计期末工作中一项主要的职业活动。

【职业能力】

能根据期末对账的内容和方法，进行账证、账账、账实核对；能按照期末结账的基本要求和方法，办理月末、年末结账手续。

【相关知识】

- 期末对账和结账
  - 对账
    - 账证核对
    - 账账核对
    - 账实核对
  - 结账
    - 结账的程序
    - 结账的方法

任务一　对　账

提出任务

期末对账工作的主要任务是进行账证、账账、账实核对，编制总账发生额及余额试算平衡表、总账与明细账发生额及余额对照表、银行存款余额调节表等，以保证会计账簿记录的正确性。

分析任务

期末要完成对账工作，必须掌握账证、账账、账实核对的内容和方法。

相关知识

对账就是核对账目，是指在会计核算中，为保证账簿记录的真实、正确、可靠，对账簿中的有关数据进行检查和核对的工作。

应坚持对账制度，通过对账工作，检查账簿记录内容是否完整、有无错记或漏记，以做到账证相符、账账相符、账实相符。

对账工作每年至少进行一次，具体包括账证核对、账账核对和账实核对。

一、账证核对

账证核对是指各种账簿记录与记账凭证及其所附原始凭证之间进行的核对，以检查账证是否相符。账证核对主要核对会计账簿记录与原始凭证、记账凭证的时间、凭证字号、内容、金额是否一致，记账方向是否相符。

账证核对主要在平时记账过程中逐笔进行。由于账证逐笔核对工作量较大，一般月末结账时采用抽查核对的方法。

二、账账核对

账账核对是指对各种账簿之间的有关数据进行核对，以检查不同会计账簿记录是否相符。账账核对包括总账的核对、总账与明细账核对、总账与日记账核对、会计部门的财产物资明细账与财产物资保管和使用部门的有关明细账核对等。具体方法如下。

1. 总分类账的核对

总分类账的核对主要包括三个方面的内容，可用公式表示如下。

全部总分类账户的期初借方余额合计 = 全部总分类账户的期初贷方余额合计

全部总分类账户的本期借方发生额合计 = 全部总分类账户的本期贷方发生额合计

全部总分类账户的期末借方余额合计 = 全部总分类账户的期末贷方余额合计

以上核对通过编制总分类账发生额及余额试算平衡表进行，可从总体上检查总分类账记录的正确性。

2. 总分类账与明细分类账的核对

总分类账与明细分类账的核对主要包括四个方面的内容，可用公式表示如下。

总分类账户的期初余额=所属明细分类账户的期初余额合计

总分类账户的本期借方发生额=所属明细分类账户的本期借方发生额合计

总分类账户的本期贷方发生额=所属明细分类账户的本期贷方发生额合计

总分类账户的期末余额=所属明细分类账户的期末余额合计

以上核对通过编制总账与明细账发生额及余额对照表进行。

3. 总分类账与日记账的核对

库存现金、银行存款总分类账的本期发生额和期末余额应与库存现金、银行存款日记账的本期发生额和期末余额核对相符。此项核对主要检查库存现金、银行存款总分类账和库存现金、银行存款日记账双方的记账内容、记账方向及金额是否一致，若不一致，再进一步查找原因。

4. 明细分类账之间的核对

会计部门有关财产物资明细分类账的余额，应与财产物资保管和使用部门经管的有关明细分类账的余额核对相符。此项核对，一般是将会计部门各财产物资明细分类账的期末结存数量与金额，直接与财产物资保管和使用部门经管的有关明细分类账的期末结存数量与金额核对，若不相符，再进一步查找原因。

三、账实核对

账实核对是指各种财产物资的账面余额与实存数额相互核对，以检查会计账簿记录与各种财产物资实有数额是否相符。账实核对的内容很多，主要包括：库存现金日记账账面余额与库存现金实际库存数核对，银行存款日记账账面余额与银行对账单核对，存货明细账账面余额与存货实存数额核对，固定资产明细账账面余额与固定资产实存数额核对，各种应收、应付款明细账账面余额与有关债务、债权单位或者个人核对等。下面介绍几种典型财产物资的账实核对方法及账务处理。

（一）库存现金的账实核对及账务处理

1. 库存现金的账实核对

库存现金的账实核对是指通过实地盘点的方法来确定库存现金的实存数，将实存数与库存现金日记账的账面余额进行核对，以检查库存现金是否账实相符。

库存现金的账实核对主要包括两种情况：一是由出纳员每日清点库存现金的实存数，并与库存现金日记账的账面余额进行核对，即“日清”。这种方法省时省力，但不够严密，容易出现漏洞。二是由清查小组对库存现金进行定期或不定期的清查，具体操作如下。

（1）清查前，出纳员先将库存现金收、付业务全部登记入账，并结出余额。

（2）清查盘点时，出纳员必须在场，将库存现金逐张清点，查明是否账实相符。同时，还要查明有无违反库存现金管理制度规定的现象，如有无“白条抵库”“坐支”等违规现象，库存现金是否超过银行核定的限额等。

（3）清点结束后，清查人员填写库存现金盘点报告表，并由清查人员、出纳员及有关负责人签章。库存现金盘点报告表是反映库存现金实有数和调整账簿记录的重要原始凭证，其格式如图 B4.1 所示。

库存现金盘点报告表

单位名称：　　　　　　年　月　日　　　　　　（单位：元）

实存金额	账存金额	对比结果		备注
		盘盈	盘亏	

负责人：　　　　盘点人：　　　　出纳员：

图 B4.1　库存现金盘点报告表

2. 库存现金账实不符的账务处理

（1）账户设置。为反映和监督企业在账实核对中查明的各种财产物资的盘盈、盘亏及处理情况，应设置“待处理财产损溢”账户。该账户是资产类账户，借方登记发生的盘亏及毁损数和结转已批准处理的盘盈数，贷方登记发生的盘盈数和结转已批准处理的盘亏及毁损数。其借方余额表示尚未处理的财产净损失，贷方余额表示尚未处理的财产净溢余。该账户期末应无余额，在期末无论是否批准，都要将余额全部转销，若经批准后处理的金额与原转销的金额不一致的，再调整会计报表有关项目的年初数。该账户设置“待处理固定资产损溢”和“待处理流动资产损溢”两个明细账户。

（2）库存现金盘盈的账务处理。盘盈的库存现金，在报经有关领导审批之前，根据库存现金盘点报告表，借记“库存现金”账户，贷记“待处理财产损溢”账户。经批准后，根据盘盈的原因及批准处理意见，分别作如下账务处理：属于应支付给有关人员或单位的现金长款，借记“待处理财产损溢”账户，贷记“其他应付款”账户；属于无法查明原因的现金长款，借记“待处理财产损溢”账户，贷记“营业外收入”账户。

【例4.1】 某企业在现金清查中发现库存现金溢余500元，无法查明原因。

在报经批准前，编制会计分录如下。

借：库存现金　　500

　　贷：待处理财产损溢——待处理流动资产损溢　　500

在报经批准后，编制会计分录如下。

借：待处理财产损溢——待处理流动资产损溢　　500

　　贷：营业外收入——现金溢余　　500

（3）库存现金盘亏的账务处理。盘亏的库存现金，在报经有关领导审批之前，根据库存现金盘点报告表，借记“待处理财产损溢”账户，贷记“库存现金”账户。经批准后，根据盘亏的原因及批准处理意见，分别作如下账务处理：属于应由出纳个人或保险公司赔偿的现金短款，借记“其他应收款”账户，贷记“待处理财产损溢”账户；属于无法查明原因的现金短款，借记“管理费用”账户，贷记“待处理财产损溢”账户。

【例4.2】 某企业在现金清查中发现库存现金短缺350元，经查属于出纳员李明的责任，应由其赔偿。

在报经批准前，编制会计分录如下。

借：待处理财产损溢——待处理流动资产损溢　　350

　　贷：库存现金　　350

在报经批准后，编制会计分录如下。

借：其他应收款——李明　　350

　　贷：待处理财产损溢——待处理流动资产损溢　　350

★提炼点睛★

库存现金账实不符的账务处理要点如下。

1. 批准前的账务处理思路

借助“待处理财产损溢”账户调整为账实相符，注意调账不调实。

2. 批准后的账务处理思路

转销“待处理财产损溢”账户，根据批准处理意见计入相应的对方科目。库存现金盘亏，责任人应赔偿的计入“其他应收款”账户，无法查明原因的计入“管理费用”账户；库存现金盘盈，应支付给相关人员的计入“其他应付款”账户，无法查明原因的计入“营业外收入”账户。

（二）银行存款的账实核对及账务处理

银行存款的账实核对是将企业的银行存款日记账与银行转来的对账单逐笔核对，以检查账款是否相符。

企业银行存款日记账和银行对账单至少每月核对一次，如果两者余额不一致，其原因有两个：一是企业和银行任何一方或双方记账错误；二是出现未达账项。

所谓未达账项，是指由于结算凭证在企业与银行之间传递入账时间不一致，出现一方收到凭证并已入账而另一方因尚未收到凭证未能入账的款项。未达账项一般包括以下四种情况。

（1）企业已经收款入账，银行尚未入账的款项。
（2）企业已经付款入账，银行尚未入账的款项。
（3）银行已经收款入账，企业尚未入账的款项。
（4）银行已经付款入账，企业尚未入账的款项。

企业与银行对账时，应首先检查是否存在未达账项。如存在未达账项，编制银行存款余额调节表进行调整，清除未达账项的影响，以便检查双方记账有无差错。

银行存款余额调节表的编制方法，是企业与银行双方都补记对方已入账而自己未入账的未达账项，登记后看双方余额是否相等。

【例 4.3】 某公司在中国工商银行（账号：9633000）的账户 20×6 年 1 月 31 日的银行存款日记账余额为 15 681 元，中国工商银行提供的银行对账单的余额为 25 233 元，经逐笔核对，发现如下未达账项。

（1）公司 1 月 31 日送存银行的兴华有限责任公司开来的偿还购货款的转账支票 8 386 元，银行尚未入账。

（2）公司委托银行代收明达有限责任公司货款 6 638 元，银行收妥后已经入账，公司因未收到银行的收账通知而尚未入账。

（3）公司已经于 1 月 30 日签发 0213063 号转账支票（金额为 11 368 元）向三丰有限责任公司支付购货款并已经登记入账；因收款单位尚未到银行办理转账手续，银行尚未入账。

（4）银行 1 月份收取的手续费 68 元已经在对账单上扣除，企业尚未扣除。

根据以上未达账项，出纳人员编制银行存款余额调节表，如图 B4.2 所示。

银行存款余额调节表

银行账户：人民币户　　20×6 年 1 月 31 日　　账号：9633000

企业日记账余额	15 681	银行对账单余额	25 233
加：（2）银行已收的货款	6 638	加：（1）企业已收的支票款	8 386
减：（4）银行已扣的手续费	68	减：（3）企业已付的支票款	11 368
调整后余额	22 251	调整后余额	22 251

图 B4.2　银行存款余额调节表

如果经银行存款余额调节表调整后，企业银行存款日记账余额和银行对账单余额相等，则说明双方记账无差错；如果经银行存款余额调节表调整后，企业银行存款日记账余额和银行对账单余额仍不相等，则说明双方记账有差错，应进一步查找。

需要说明的是，编制银行存款余额调节表只是为了核对账目，银行存款余额调节表不是根据以编制记账凭证的原始凭证，也不能作为记账凭证，即不能根据银行存款余额调节表编制会计分录或调整银行存款账面记录。对于未达账项，需等双方接到有关凭证后，才能据以记账。

（三）存货的账实核对及账务处理

1. 财产物资的盘存制度

财产物资的盘存制度有永续盘存制和实地盘存制两种。在不同的盘存制度下，企业各项财产物资的记录和盘点方法是不同的。

（1）永续盘存制又称账面盘存制，是指对各种财产物资的收入和发出数，都必须根据会计凭证在有关账簿中进行连续登记，并随时结出各种财产物资的账面结存数的一种方法。在这种方法下，账面结存数的计算公式为

期末账面结存数 = 期初账面结存数 + 本期增加数 − 本期减少数

采用永续盘存制的存货盘存制度，可以在账簿中反映存货的收入、发出和结存情况，并从数量和金额两方面进行管理控制。账簿上的结存数量，可以通过盘点加以核对，如果账簿上的结存数量与实存数量不符，可以及时查明原因。但是这种盘存制度要求每一品种的存货都要开设一个明细账，存货的明细分类核算工作量较大。

（2）实地盘存制是指对于各种财产物资的增减变化，平时只记收入、不记发出，期末采用实地盘点的方法来确定财产物资的实际数量，从而计算出结存余额，倒挤出本期发出的财产物资的金额并予以入账的一种方法。在这种方法下，本期减少数的计算公式为

期末存货价值 = 期末存货盘点数量 × 存货单价

本期减少数 = 期初账面结存数 + 本期增加数 − 期末实际结存数

采用实地盘存制的存货盘存制度，平时只记录购进的数量、金额，不记录发出的数量、金额，可以简化存货的核算工作。但这种盘存制度不能从账面上随时反映存货的收入、发出和结存情况，只能通过定期盘点，计算、结转发出存货的成本。由于倒挤发出存货的成本，使结转的发出成本中可能包含有非正常耗用的成本。

一般情况下，企业的财产物资大多数都采用永续盘存制，只有那些自然消耗大、数量不稳定的鲜活产品才使用实地盘存制。

2. 存货的账实核对

由于存货的种类很多，不同存货的实物形态、体积重量、堆放方式、堆放地点等各不相同，所以不同存货的账实核对方法也不相同。常用的存货账实核对方法有以下两种。

（1）实地盘点法。实地盘点法就是对各种存货逐一盘点或通过计量仪器来确定其实存数量。这种方法易于操作、数字准确，但工作量较大。大多数存货的账实核对都采用这种方法。

（2）技术推算法。技术推算法就是对那些大量的、成堆的存货，采用量方、计尺等技术方法，通过推算来确定其实存数量。这种方法主要适用于一些体积较大、不易搬动和逐一清点的存货，如堆放的煤、粮食等。

需要说明的是，清点存货时，除了确定实存数量外，还要检查其质量及保管上是否存在问题。

存货清点完毕后，如实填写盘存单，并由盘点人员和保管人员签章，以明确经济责任。盘存单是记录存货盘点结果的原始凭证，其格式如图 B4.3 所示。

盘　存　单

单位名称：　　　　盘点时间：　　　　编号：　　　　财产类别：　　　　存放地点：

编　号	名　称	计量单位	数　量	单　价	金　额	备　注

盘点人签章：　　　　保管人签章：

图 B4.3　盘存单

根据盘存单和有关会计账簿的记录，编制账存实存对比表，以确定实物资产的盘盈或盘亏情况。账存实存对比表是反映实物资产的账存实存差异、调整账簿记录的重要原始凭证，其格式如图 B4.4 所示。

账存实存对比表

单位名称：　　　　年　月　日

编号	类别及名称	计量单位	单价	实存		账存		对比结果				备注
				数量	金额	数量	金额	盘盈		盘亏		
								数量	金额	数量	金额	

会计人员签章：　　　　稽核人签章：

图 B4.4　账存实存对比表

在实际工作中，账存实存对比表通常只列账实不符的财产物资，主要反映财产物资的盘盈、盘亏情况。

3. 存货账实不符的账务处理

（1）存货盘盈的账务处理。企业盘盈的存货通常是由企业日常收发计量或计算上的差错所造成的。盘盈的存货，在报经有关领导审批之前，先根据账存实存对比表等资料，借记“原材料”“库存商品”等账户，贷记“待处理财产损溢”账户。按规定手续报经批准后，借记“待处理财产损溢”账户，贷记“管理费用”账户。

【例 4.4】 某企业在存货账实核对中，盘盈原材料 1 000 元。

批准前根据账存实存对比表确定的库存商品盘盈数，作如下会计分录。

借：原材料　　　　1 000

　　贷：待处理财产损溢——待处理流动资产损溢　　　　1 000

上述盘盈库存商品，经查明原因，批准冲减管理费用。根据批准的处理意见，作如下会计分录。

借：待处理财产损溢——待处理流动资产损溢　　　　1 000

　　贷：管理费用　　　　1 000

（2）存货盘亏的账务处理。企业盘亏的存货，在报经有关领导审批之前，先根据账存实存对比表等资料，借记“待处理财产损溢”账户，贷记“原材料”“库存商品”等账户。报经批准后，根据盘亏的原因及批准处理意见，分别作如下账务处理：对于入库的残料价值，借记“原材料”等账户，贷记“待处理财产损溢”账户；对于应由保险公司和过失人支付的赔款，借记

“其他应收款”账户，贷记“待处理财产损溢”账户。扣除残料价值和应由保险公司、过失人赔款后的净损失，属于一般经营损失的部分，借记“管理费用”账户，贷记“待处理财产损溢”账户；属于非常损失的部分，借记“营业外支出”账户，贷记“待处理财产损溢”账户。

【例 4.5】 某企业在存货账实核对中，盘亏库存商品 5 000 元。

批准前，根据实存账存对比表确定的库存商品盘亏数，作如下会计分录。

借：待处理财产损溢——待处理流动资产损溢　　5 000
　　贷：库存商品　　5 000

上述库存商品经批准作如下处理：库存商品盘亏中有 1 000 元为定额内损耗，列为管理费用；另 4 000 元属于自然灾害造成的非常损失，其中保险公司赔偿 2 500 元，其余 1 500 元列为营业外支出。

根据批准的处理意见，作如下会计分录。

借：管理费用　　1 000
　　其他应收款——保险公司　　2 500
　　营业外支出　　1 500
　　贷：待处理财产损溢——待处理流动资产损溢　　5 000

★提炼点睛★

存货账实不符的账务处理要点如下。

1. 批准前的账务处理思路

借助“待处理财产损溢”账户调整为账实相符，注意调账不调实。

2. 批准后的账务处理思路

转销“待处理财产损溢”账户，根据批准处理意见计入相应的对方科目。存货盘亏时，残料收入计入“原材料”账户，应赔偿部分计入“其他应收款”账户，一般损失计入“管理费用”账户，非常损失计入“营业外支出”账户；存货盘盈属于收发计量差错的计入“管理费用”账户。

（四）固定资产的账实核对及账务处理

1. 固定资产的账实核对

固定资产的账实核对通常采用实地盘点的方法，即将固定资产卡片上的记录情况与固定资产实物逐一核对。根据核对中发现的盘盈、盘亏情况，清查人员要编制固定资产盘盈、盘亏报告单，其格式如图 B4.5 所示。

固定资产盘盈、盘亏报告单

部门：　　　　　　　　年　月　日

编号	名称	规格及型号	盘盈			盘亏			毁损			备注
			数量	重置价值	累计折旧	数量	原值	已提折旧	数量	原值	已提折旧	
处理意见	审批部门					清查小组			使用保管部门			

盘点人签章：　　　　　　清查人员签章：

图 B4.5　固定资产盘盈、盘亏报告单

2. 固定资产账实不符的账务处理

（1）固定资产盘盈的账务处理。盘盈的固定资产，应作为前期差错处理，在按管理权限报经批准处理前，应先通过“以前年度损益调整”账户核算，按同类或类似固定资产的市场价格，减去按该项固定资产的新旧程度估计的价值损耗后的余额，借记“固定资产”账户，贷记“以前年度损益调整”账户。批准处理后，借记“以前年度损益调整”账户；按所得税率计算应交的所得税，贷记“应交税费——应交所得税”账户；按提取的盈余公积，贷记“盈余公积——法定盈余公积”账户；其余贷记“利润分配——未分配利润”账户。

【例 4.6】 某企业在年末对全部的固定资产进行盘查时，盘盈 1 台七成新的机器设备。该设备同类产品市场价格为 100 000 元，企业所得税税率为 25%，盈余公积提取比例为 10%。

批准处理前，根据固定资产盘盈盘亏报告单，作如下会计分录。

借：固定资产　　70 000

　　贷：以前年度损益调整　　70 000

批准处理后，根据批复意见，作如下会计分录。

借：以前年度损益调整　　70 000

　　贷：应交税费——应交所得税　　17 500

　　　　盈余公积——法定盈余公积　　5 250

　　　　利润分配——未分配利润　　47 250

注意: 固定资产盘盈的账务处理对于初学者有一定的难度，可根据学生的接受程度作为选学内容。

（2）固定资产盘亏的账务处理。盘亏的固定资产，报经批准处理前，按其账面净值，借记“待处理财产损溢”账户；按已提折旧，借记“累计折旧”账户；按固定资产原值，贷记“固定资产”账户。批准转销时，由过失人和保险公司赔偿的部分，借记“其他应收款”账户，其余部分借记“营业外支出”账户；贷记“待处理财产损溢”账户。

【例 4.7】 某企业在年末对固定资产进行盘查时，发现丢失 1 台电机。该设备原价 100 000 元，已计提折旧 50 000 元。经查，设备丢失的原因在于设备管理员看守不当。经董事会批准，由设备管理员赔偿 15 000 元。

批准处理前，根据固定资产盘盈、盘亏报告单，作如下会计分录。

借：待处理财产损溢　　50 000

　　累计折旧　　50 000

　　贷：固定资产　　100 000

批准处理后，根据批复意见，作如下会计分录。

借：其他应收款　　15 000

　　营业外支出　　35 000

　　贷：待处理财产损溢　　50 000

（五）往来款项的账实核对及账务处理

1. 往来款项的账实核对

往来款项的账实核对一般采用发函询证的方法进行，具体步骤如下。

（1）首先将往来款项的全部结算凭证登记入账，并核对账户记录保证无误。

（2）然后编制一式两份的往来款项对账单，寄往各有关往来单位，其中一联作为回单。如对方核对相符，则可在回联单注明“核对无误”并加盖公章退回；如对方核对有误，则需注明不符情况，或另附对账单退回清查单位，双方进一步查明原因，直至相符为止。

（3）收到上述回单后，编制往来款项清查表。

往来款项对账单和往来款项清查表的格式如图 B4.6 和图 B4.7 所示。

往来款项对账单

×××单位：

你单位 20××年 10 月 18 日在我公司购入甲材料 1 000 千克，货款 12 800 元尚未支付，请核对后将回联单寄回。

清查单位：（盖章）
20××年 12 月 25 日

沿此虚线裁开，将以下回联单寄回！

往来款项对账单（回联）

×××清查单位：

你单位寄来的“往来款项对账单”已收到，经核对相符无误。

×××单位：（盖章）
20××年 12 月 29 日

图 B4.6　往来款项对账单

往来款项清查表

总账名称：　　　　年　月　日

明细账		清查结果		核对不符原因			备注
名称	账面余额	核对相符金额	核对不符金额	未达账项金额	有争议款金额	其他	

清查人员签章：　　　　记账人员签章：

图 B4.7　往来款项清查表

2. 往来款项账实不符的账务处理

在往来款项的账实核对中，若发现无法收回的应收账款，报经批准后列作管理费用或冲减已提取的坏账准备；若有无法支付的应付账款，报经批准后转作营业外收入。

【例 4.8】 某企业在往来款项的核对中发现有无法收回的应收账款 2 000 元，报经批准后冲减坏账准备；有无法支付的应付账款 3 000 元，报经批准后转作营业外收入。账务处理如下。

借：坏账准备　　2 000
　贷：应收账款　　2 000
借：应付账款　　3 000
　贷：营业外收入　　3 000

通过上述对账工作，做到账证相符、账账相符和账实相符，可使会计核算资料真实、正确、可靠。

实施任务

一、案例案情

承接项目三模拟案例，滨海有限责任公司 20×5 年 12 月份经济业务全部登记入账后，进行总账的核对、总账与日记账的核对、总账与明细账的核对。

二、示范操作

（1）以 12 月 1～10 日经济业务为例，根据项目三中登记的总账，编制发生额及余额试算平衡表进行总账的核对，如表 B4.1 所示。

表 B4.1　发生额及余额试算平衡表

编制单位：滨海有限责任公司　　20×5 年 12 月 10 日　　（单位：元）

账户名称	期初余额		本期发生额		期末余额	
	借方	贷方	借方	贷方	借方	贷方
库存现金	3 400		45 780	44 380	4 800	
银行存款	530 940		530 000	315 478	745 462	
交易性金融资产	120 000				120 000	
应收账款	230 000		444 600	30 000	644 600	
原材料	1 370 000		140 000	380 000	1 130 000	
周转材料	483 100				483 100	
库存商品	1 543 600				1 543 600	
长期债权投资	100 000				100 000	
长期股权投资	356 000				356 000	
固定资产	6 400 000		180 000		6 580 000	
累计折旧		2 618 000				2 618 000
无形资产	500 000				500 000	
短期借款		200 000				200 000
应付账款		237 000				237 000
应付票据		160 000				160 000
应付职工薪酬		55 620	43 780			11 840
应交税费		187 200	23 698	64 600		228 102
长期借款		480 000		300 000		780 000
实收资本		5 070 000		200 000		5 270 000
资本公积		315 000				315 000
盈余公积		616 720				616 720
本年利润		1 354 320				1 354 320
利润分配		343 180				343 180
营业外收入				180 000		180 000
销售费用			6 000		6 000	
主营业务收入				380 000		380 000
营业外支出			100 000		100 000	
其他应收款			600		600	
生产成本			320 000		320 000	
制造费用			60 000		60 000	
合　计	11 637 040	11 637 040	1 894 458	1 894 458	12 694 162	12 694 162

（2）以 12 月 1～10 日经济业务为例，根据项目三中登记的明细账，编制明细账发生额及余额对照表，进行总账与明细账的核对，如表 B4.2～表 B4.4 所示。

表 B4.2　应收账款明细账发生额及余额对照表　（单位：元）

明细账户	期初余额		本期发生额		期末余额	
	借方	贷方	借方	贷方	借方	贷方
南方经贸有限责任公司	200 000		444 600		644 600	
宏光有限责任公司	30 000			30 000	0	
合计	230 000		444 600	30 000	644 600	

表 B4.3　原材料明细账发生额及余额对照表　（金额单位：元）

明细账户	期初余额		本期发生额				期末余额	
			收入		发出			
	数量	金额	数量	金额	数量	金额	数量	金额
甲材料	25 200	504 000	5 000	100 000	6 000	120 000	24 200	484 000
乙材料	56 000	560 000	4 000	40 000	20 000	200 000	40 000	400 000
丙材料	20 400	306 000			4 000	60 000	16 400	246 000
合计		1 370 000		140 000		380 000		1 130 000

表 B4.4　生产成本明细账发生额及余额对照表　（单位：元）

明细账户	期初余额		本期发生额		期末余额	
	借方	贷方	借方	贷方	借方	贷方
A产品			120 000		120 000	
B产品			200 000		200 000	
合计			320 000		320 000	

（3）以12月1~10日经济业务为例，根据项目三中登记的总账和日记账，将库存现金、银行存款总账的发生额及余额与库存现金、银行存款日记账的发生额及余额核对相符，如项目三中图B3.3、图B3.4、图B3.35、图B3.45所示。

三、自己动手

（1）根据项目二中模拟案例的第（30）笔业务，完成账实核对的账务处理。

（2）仿照以上操作，自己动手，在滨海有限责任公司20×5年12月份经济业务全部登记入账后，进行总账的核对、总账与日记账的核对、总账与明细账的核对。

任务二　结　账

提出任务

期末结账工作的主要任务是在本期发生的经济业务全部入账的基础上，期末结计出所有账户的本期发生额及余额，取得本期财务状况及经营成果的核算资料，为编制会计报表提供依据。

分析任务

要完成期末结账工作，必须了解结账的程序，掌握不同账户、不同时期的结账方法。

相关知识

结账是在把一定时期内发生的全部经济业务登记入账的基础上，计算并记录本期发生额和期末余额。结账的内容通常包括两个方面：一是结清各种损益类账户，并据以计算确定本期利润；二是结清各资产、负债和所有者权益类账户，分别结出本期发生额合计和余额。

一、结账的程序

（1）将本期发生的经济业务事项全部登记入账，并保证其正确性。

（2）根据权责发生制的要求，调整有关账项，合理确定本期应计的收入和应计的费用。

（3）将损益类账户发生额转入“本年利润”账户，结平所有损益类账户。

（4）结算出资产、负债和所有者权益账户的本期发生额和余额，并结转下期。

二、结账的方法

不同账户、不同时期的结账方法不同，分别介绍如下。

（一）日记账的结账

库存现金日记账和银行存款日记账要按日结出余额，按月结计本月发生额，但不需要结计本年累计发生额。

1. 日结

日结可自然进行，即每日的最后一笔自然结出当日余额，不必另起一行。日结也可以逐笔结余额，或者每隔几笔结一次余额。如图 B4.8 所示。

2. 月结

月结是在本月最后一笔记录下面划一条通栏单红线，并在下一行的摘要栏中用红字居中书写“本月合计”，同时在该行结出本月发生额合计及余额；然后，在“本月合计”行下面再画一条通栏单红线。如图 B4.8 所示。

3. 年结

年末结账时，在 12 月份“本月合计”行下面画通栏双红线，表示封账。如图 B4.8 所示。

（二）明细账的结账

1. 月结

明细账在月结时应区别以下几种情况。

（1）本月没有发生额的账户，不必进行月结（不画结账线）。

（2）不需按月结计本月发生额的账户，如各项应收、应付款及各项财产物资明细账等，每次记账都要随时结出余额，在月末最后一笔业务结出余额后，只需在本月最后一笔记录下面画一条通栏单红线，表示“本月记录到此结束”。如图B4.9所示。

（3）需要按月结计本月发生额的账户，如生产成本、制造费用及各损益类明细账等，都要结计“本月合计”，具体结账方法与库存现金、银行存款日记账的月结方法相同。如图B4.8所示。

（4）需要结计本年累计发生额的账户，如损益类明细账等，要按月结出本年累计发生额，在“本月合计”行下结出自年初至本月末止的累计发生额，登记在月份发生额下面，“摘要”栏内注明“本年累计”，并在下面画一条通栏单红线。如图B4.10所示。

视野拓展

扫二维码，查看日记账、明细账、总账的结账（图）。

2. 年结

年末各账户按前述方法进行月结的同时，在各账户的本年最后一笔记录下面划通栏双红线，表示“年末封账”。

（三）总账的结账

1. 月结

总账账户月末一般可不结计“本月合计”，只需结计月末余额。结出月末余额后，只需在本月最后一笔记录下面画一条通栏单红线，表示“本月记录到此结束”。但若是需要结计“本月合计”及本年累计发生额的账户，如损益类账户，其结账方法与上述明细账所述结账方法相同。如图B4.11所示。

2. 年结

年终结账时，为了反映全年各项资产、负债及所有者权益增减变动的全貌，便于核对账目，要将所有总账账户结计全年发生额和年末余额，在“摘要”栏内注明“本年合计”字样，并在合计数下画通栏双红线。如图B4.11所示。

注意： 需要说明的是，需要结计本月发生额的账户，如果本月只发生一笔经济业务，由于这笔记录的金额就是本月发生额，结账时只要在此行记录下画一条通栏单红线，表示与下月的发生额分开就可以了，不需另结出“本月合计”数。

知识拓展

结转下年

年度终了结账时，有余额的账户，要将其余额结转下年。在通栏双红线下面“摘要”栏居中红字注明“结转下年”字样，在下一会计年度新建有关会计账户的第一行“余额”栏内填写上年结转的余额，并在“摘要”栏注明“上年结转”字样。建新账时不需要编制记账凭证。

对于新的会计年度建账，一般说来，总账、日记账和多数明细账应每年更换一次；但有些明细账由于更换新账时重抄一遍工作量较大，可以跨年度连续使用，不必每年更换，如变动较小的固定资产明细账、品种和规格较多的财产物资明细账、往来单位较多的债权债务明细账等。各种备查簿也可以连续使用。

实施任务

一、案例案情

承接项目三模拟案例，滨海有限责任公司20×5年12月份经济业务全部登记入账后，在账证、账账、账实核对相符的基础上，完成日记账、明细账和总账的结账工作。

二、示范操作

（1）日记账的结账方法，如图B4.8所示。

（2）明细账的结账方法。不需按月结计本月发生额的明细账户，其结账方法如图B4.9所示；需要按月结计本月发生额的明细账户，其结账方法与日记账的结账方法相同，如图B4.8所示；需要结计本年累计发生额的明细账户，其结账方法如图B4.10所示。

（3）总账的结账方法，如图B4.11所示。

库存现金日记账

币种：人民币　　　　第12页

20×5年		凭证		摘要	对应料目	借方											贷方											余额										
月	日	字	号			亿	千	百	十	万	千	百	十	元	角	分	亿	千	百	十	万	千	百	十	元	角	分	亿	千	百	十	万	千	百	十	元	角	分
11	1			期初余额																													3	0	0	0	0	0
	2	收	1	收到罚款	管理费用							5	0	0	0	0																	3	5	0	0	0	0
	3	付	1	借差旅费	其他应收款																	1	0	0	0	0	0						2	5	0	0	0	0
	4	付	2	付办公费	管理费用																		3	5	0	0	0						2	1	5	0	0	0
	5	付	3	提取现金	银行存款						2	0	0	0	0	0																	4	1	5	0	0	0
				…																																		
	30			本月合计							6	8	5	0	0	0						2	3	0	0	0	0						7	5	5	0	0	0
12	5	付	2	付办公费	管理费用																		3	0	0	0	0						7	2	5	0	0	0
				…																																		
	31			本月合计							2	8	0	0	0	0						3	2	0	0	0	0						7	1	5	0	0	0

图B4.8　库存现金日记账

注："本月合计"行上、下的双线，其中各有一条是通栏单红线，表示月结；12月份的"本月合计"行下的三条线，其中两条是通栏单红线，表示年结。以下表格中相同，不再重述。

明细分类账 第 页 连续 页

明细科目 东方有限责任公司　　　　总账科目 应收账款

20×5年 月	日	凭证 字	号	摘要	对应科目	借方（亿千百十万千百十元角分）	贷方（亿千百十万千百十元角分）	借或贷	余额（亿千百十万千百十元角分）
10	1			期初余额				借	3000000
	5	收	4	收回欠款	银行存款		2000000	借	1000000
	31	收	10	销售产品	主营业务收入等	5850000		借	6850000
				…					
12	31	收	20	收回欠款	银行存款		600000	借	3200000

图 B4.9 应收账款明细账

明细分类账 第 页 连续 页

明细科目 A 产品　　　　总账科目 主营业务收入

20×5年 月	日	凭证 字	号	摘要	对应科目	借方（亿千百十万千百十元角分）	贷方（亿千百十万千百十元角分）	借或贷	余额（亿千百十万千百十元角分）
				承前页			75000000	贷	75000000
10	5	收	4	销售产品	银行存款		2000000	贷	77000000
	31	收	10	销售产品	应收账款		5800000	贷	82800000
	31			本月合计			7800000	贷	82800000
				本年累计			82800000	贷	82800000

图 B4.10 主营业务收入明细账

总 分 类 账

账户名称：银行存款

20×5年 月	日	凭证 字	号	摘要	借方（亿千百十万千百十元角分）	贷方（亿千百十万千百十元角分）	借或贷	余额（亿千百十万千百十元角分）
				承前页	64300000	56000000	借	36480000
11	30	科汇	3	21～30日汇总	12320000	8645000	借	40155000
12	10	科汇	1	1～10日汇总	53000000	31547800	借	61607200
	20	科汇	2	1～20日汇总	2000000	1600000	借	62007200
	31	科汇	3	21～31日汇总	3000000	4000000	借	61007200
	31			本年合计	134620000	101792800	借	61007200

图 B4.11 银行存款总账

三、自己动手

仿照以上操作，自己动手，在滨海有限责任公司20×5年12月份经济业务全部登记入账后，在账证、账账、账实核对相符的基础上，完成全部日记账、明细账和总账的结账工作。（使用真实的账簿。）

教、学、做一体化训练

知识测试

一、单项选择题

1. 下列说法不正确的是（　　）。
   A. 出纳人员不得兼任稽核、会计档案保管和收入、支出、费用、债权债务账目中的登记工作
   B. 库存现金日记账由出纳人员根据现金收款凭证、现金付款凭证、银行付款（提现业务）凭证，逐日逐笔顺序登记
   C. 银行存款日记账应该定期或者不定期与开户银行提供的对账单进行核对，每月至少核对三次
   D. 库存现金日记账和银行存款日记账，应该定期与会计人员登记的库存现金总账和银行存款总账核对
2. 下列说法不正确的是（　　）。
   A. 凡需要结出余额的账户，结出余额后，应当在"借或贷"等栏内写明"借"或者"贷"等字样
   B. 没有余额的账户，应当在"借或贷"等栏内写"–"，并在余额栏内用"0"表示
   C. 库存现金日记账必须逐日结出余额
   D. 银行存款日记账必须逐日结出余额
3. 对账时，账账核对不包括（　　）。
   A. 总账各账户的余额核对　　B. 总账与明细账之间的核对
   C. 总账与备查账之间的核对　　D. 总账与日记账的核对
4. 下列单据中，由财会部门编制并可作为调整账簿记录的原始凭证的是（　　）。
   A. 银行存款余额调节表　　B. 存货盘存单
   C. 账存实存对比表　　D. 银行对账单
5. 在记账无误的情况下，银行对账单与银行存款日记账账面余额不一致的原因是（　　）。
   A. 应付账项　　B. 应收账项
   C. 盘盈盘亏账项　　D. 未达账项

二、多项选择题

1. 对账工作主要包括（　　）。

A. 账证核对　　B. 账账核对　　C. 账实核对　　D. 账表核对

2. 下列需要画双红线的是（　　）。

A. 在“本月合计”的下面　　B. 在“本年累计”的下面

C. 在12月末的“本年累计”的下面　　D. 在“本年合计”下面

3. 下列属于账实核对的是（　　）。

A. 库存现金日记账账面余额与库存现金实际库存数的核对

B. 银行存款日记账账面余额与银行对账单的核对

C. 财产物资明细账账面余额与财产物资实存数额的核对

D. 应收、应付款明细账账面余额与债务、债权单位核对

4. 账证核对指的是核对会计账簿记录与原始凭证、记账凭证的（　　）是否一致，记账方向是否相符。

A. 时间　　B. 凭证字号　　C. 内容　　D. 金额

5. 关于企业编制的银行存款余额调节表，下列（　　）是正确的。

A. 应及时据以调节账面余额

B. 通过对未达账项调整后才能确定双方记账是否一致

C. 能确定企业可实际动用的款项

D. 调节后双方余额相等，说明双方记账相符

三、判断题

1. 任何单位，对账工作应该每年至少进行一次。（　　）
2. 固定资产明细账不必每年更换，可以跨年度连续使用。（　　）
3. 结账时，没有余额的账户，应当在“借或贷”栏内用“0”表示。（　　）
4. 所有明细账年末时都必须更换。（　　）
5. 年末结账时，应当在全年累计发生额下面画通栏的双红线。（　　）

实务操作

实训一　银行存款余额调节表的编制

（一）实训目的

掌握银行存款余额调节表的编制方法。

（二）实训资料

东方有限责任公司20×5年9月25～30日银行存款日记账及银行对账单如图B4.12、图B4.13所示。

（三）实训要求

根据以上资料，找出未达账项，编制银行存款余额调节表（见表B4.5）。

表 B4.5　银行存款余额调节表

银行账户：人民币户　　　　年　月　日　　　　账号：9633000

企业日记账余额		银行对账单余额	
加：（2）银行已收的款项		加：（1）企业已收的款项	
减：（4）银行已付的款项		减：（3）企业已付的款项	
调整后余额		调整后余额	

银行存款日记账

种类：结算户存款　　　　第　页

20×5年		凭证		摘要	结算方式		借方								贷方								余额							
月	日	字	号		种类	号数	十	万	千	百	十	元	角	分	十	万	千	百	十	元	角	分	十	万	千	百	十	元	角	分
9	24			余额																			2	6	3	2	0	0	0	0
9	25	付	28	付料款	转支	045										2	0	0	0	0	0	0	2	4	3	2	0	0	0	0
9	26	付	29	购文具	转支	046											1	0	4	5	0	0	2	4	2	1	5	5	0	0
9	27	收	08	收货款	电汇		2	3	0	0	0	0	0	0									4	7	2	1	5	5	0	0
9	30	付	30	付货款	电汇											9	0	0	0	0	0	0	3	8	2	1	5	5	0	0
9	30	付	31	付修理费	转支	047											2	5	0	0	0	0	3	7	9	6	5	5	0	0
9	30	收	09	收货款	转支	127		4	7	0	0	0	0	0									4	2	6	6	5	5	0	0
9	30			本月合计			2	7	7	0	0	0	0	0	1	1	3	5	4	5	0	0	4	2	6	6	5	5	0	0

图 B4.12　银行存款日记账

银行对账单

户名：东方有限责任公司

20×5年		摘要	结算凭证		借方	贷方	余额
月	日		种类	号数			
9	24	余额					263 200.00
9	26	东江公司	电汇		230 000.00		493 200.00
9	29	利丰公司	转支	045		20 000.00	473 200.00
9	29	中天公司	电汇			90 000.00	383 200.00
9	30	电费	托收			3 562.00	379 638.00
9	30	三环公司	汇票	186	28 000.00		401 638.00
9	30	本月存款利息			368.00		408 006.00

图 B4.13　银行对账单

实训二　存货的账实核对及账务处理

（一）实训目的

掌握存货的账实核对方法及账实不符的账务处理。

（二）实训资料

东方有限责任公司 20×5 年末对原材料进行清查后，账面结存和实际结存资料如表 B4.6、表 B4.7 所示。

表 B4.6　原材料明细账账面结存汇总表

材料类别	仓　库	材料名称及规格	计量单位	账面结存量	单　价
原料及主要材料	1号库	A材料	千克	1 000	30.00
原料及主要材料	1号库	B材料	千克	1 300	15.00
辅助材料	1号库	C材料	千克	500	10.00
燃料	2号库	D材料	千克	850	6.50
燃料	2号库	E材料	千克	500	5.20

表 B4.7　原材料盘存单

仓　库	材料名称	计量单位	盘点数量	单　价	金　额	备　注
1号库	A材料	千克	100	30.00	3 000	自然灾害
1号库	B材料	千克	1 310	15.00	19 650	计量差错
1号库	C材料	千克	450	10.00	4 500	被盗，属保管责任
2号库	D材料	千克	830	6.50	5 395	自然损耗
2号库	E材料	千克	520	5.20	2 704	自然升量

上列材料盘盈盘亏，经领导审核，批复意见如下。

（1）因自然灾害毁损的材料，由保险公司赔偿80%，尚未收款；余者列营业外支出。

（2）计量差错和自然损溢列管理费用。

（3）因保管不善而造成的损失，由保管员赔偿10%，余者列管理费用。

（三）实训要求

编制原材料账存实存对比表（见表B4.8），并进行账务处理。账务处理的会计分录填入表B4.9。

表 B4.8　账存实存对比表

单位名称：　　　　　　　　年　月　日

编号	类别及名称	计量单位	单价	实存		账存		对比结果				备注
								盘盈		盘亏		
				数量	金额	数量	金额	数量	金额	数量	金额	

会计人员签章：　　　　　　　　稽核人签章：

表 B4.9　账实不符账务处理的会计分录

项　目	摘　要	会计分录
A材料	批准前	
	批准后	

续表

项　目	摘　要	会 计 分 录
B 材料	批准前	
	批准后	
C 材料	批准前	
	批准后	
D 材料	批准前	
	批准后	
E 材料	批准前	
	批准后	

项目五

期末编制财务报表

【职业活动】

一个会计期间结束，企业需要向企业的利益相关者提供决策所需的会计信息，财务报表是企业向外传递会计信息的主要手段。财务报表是对企业财务状况、经营成果和现金流量的结构性表述，主要包括资产负债表、利润表、现金流量表、所有者权益变动表和报表附注。在会计期末，根据日常会计核算资料，按财务报表的编制要求，规范编制各种财务报表，是会计期末工作中又一项主要的职业活动。

【职业能力】

能按照财务报表的编制要求和编制方法，规范编制各种财务报表。

【相关知识】

- 期末编制财务报表
  - 编制资产负债表
    - 财务报表概述
    - 资产负债表的编制
  - 编制利润表
    - 利润表的结构和格式
    - 利润表的编制方法

任务一　编制资产负债表

提出任务

期末编制财务报表的主要任务之一是编制资产负债表。期末编制资产负债表的任务是根据有关账户的期末余额，运用资产负债表的编制方法，填列资产负债表各项目的年初余额和期末余额，全面反映企业的资产、负债和所有者权益状况。

分析任务

要完成资产负债表的编制任务，必须了解财务报表的基本知识，掌握资产负债表的结构和编制方法。

相关知识

一、财务报表概述

财务报表是企业对外提供的综合反映其在某一特定日期财务状况、某一会计期间经营成果和现金流量的书面文件。编制财务报表是会计核算的一种专门方法，也是会计核算的最终环节。

（一）财务报表的构成

《企业会计准则》规定，企业的财务报表由四张主要报表和一个附注构成，即资产负债表、利润表、现金流量表、所有者权益变动表和财务报表附注。四张报表是财务报表的主体，财务报表附注是对财务报表所做的解释，它们都是财务报表不可缺少的组成部分。

按财务报表的编制时间不同，可分为年度报表和中期报表。年度报表在年度终了后编制，中期报表又分为半年度、季度、月度报表，分别在半年末、季度末和月末编制。资产负债表和利润表既是月度报表、又是年度报表，现金流量表和所有者权益变动表是年度报表。

（二）财务报表的编制要求

1. 内容完整

财务报表要提供全面的会计信息，不得少报、漏报，某些重要信息要在附注中披露。

2. 计算准确

财务报表中的各项目要按照《企业会计准则》的规定进行合理的确认与计量，做到数字准确。

3. 数字真实

财务报表反映的各种数据要真实可靠，不得弄虚作假、掩盖真相。

4. 编报及时

财务报表必须按照国家和有关部门规定的期限和程序及时编报。财务报表提供的信息有很强的时效性，如果编报不及时，会失去它的应用价值。一般情况下，月度报表应于月份终了后6日内报出，季度报表应于季度终了后15日内报出，半年度报表应于半年度结束后60日内报出，年度报表应于年度终了后4个月内报出。

二、资产负债表的编制

（一）资产负债表的结构和格式

资产负债表是总括反映企业某一特定日期（月末或年末）全部资产、负债和所有者权益状况的财务报表。它是反映企业静态财务状况的一种基本报表，一般要求按月、按年编制。

资产负债表一般由表头、表体和表尾组成。表头列示报表的名称、编制单位、编制时间、报表编号和货币计量单位等；表体是报表的主体部分，列示资产、负债和所有者权益的各个项目，并保持“资产＝负债＋所有者权益”的平衡关系；表尾是对报表有关内容的补充说明。

资产负债表的格式一般有账户式和报告式两种。我国《企业会计准则》规定，企业的资产负债表采用账户式结构。

1. 账户式资产负债表

账户式资产负债表采用左右对照的账户形式。左边列示资产项目，按资产的流动性大小依次列示流动资产和非流动资产；右边列示负债和所有者权益项目，负债又分为流动负债和非流动负债。左边的资产总额等于右边的负债总额和所有者权益总额之和。其格式如表B5.1所示。

表B5.1　资产负债表（账户式）

会企01表

编制单位：　　　　　　　　　　年　　月　　日　　　　　　　　　　（单位：元）

资　　产	期末余额	年初余额	负债和所有者权益（或股东权益）	期末余额	年初余额
流动资产：			流动负债：		
货币资金			短期借款		
交易性金融资产			交易性金融负债		
应收票据			应付票据		
应收账款			应付账款		
预付账款			预收账款		
应收利息			应付职工薪酬		
应收股利			应交税费		
其他应收款			应付利息		
存货			应付股利		
一年内到期的非流动资产			其他应付款		
流动资产合计			一年内到期的非流动负债		
非流动资产：			流动负债合计		
可供出售金融资产			非流动负债：		
持有至到期投资			长期借款		
长期应收款			应付债券		
长期股权投资			长期应付款		
投资性房地产			专项应付款		
固定资产			预计负债		
在建工程			递延所得税负债		
工程物资			其他非流动负债		
固定资产清理			非流动负债合计		
生产性生物资产			负债合计		
油气资产			所有者权益（或股东权益）：		
无形资产			实收资本（或股本）		
开发支出			资本公积		
商誉			减：库存股		
长期待摊费用			盈余公积		
递延所得税资产			未分配利润		
其他非流动资产			所有者权益（或股东权益）合计		
非流动资产合计					
资产总计			负债和所有者权益（或股东权益）总计		

2. 报告式资产负债表

报告式资产负债表从上到下依次列示资产、负债、所有者权益，根据“资产−负债=所有者权益”进行编制。其格式如表 B5.2 所示。

表 B5.2　资产负债表（报告式）

（简化格式）

会企 01 表

编制单位：　　　　　　　　年　月　日　　　　　　　　（单位：元）

项　　目	金　　额
一、资产	
流动资产	
非流动资产	
资产合计	
二、负债	
流动负债	
非流动负债	
负债合计	
三、所有者权益	
实收资本	
资本公积	
盈余公积	
未分配利润	
所有者权益合计	

（二）资产负债表的编制方法

资产负债表的各项目均需填列“年初余额”和“期末余额”两栏数字。“年初余额”栏应根据上年末资产负债表的“期末余额”栏数字填列，如果本年度资产负债表的各项目与上年度不一致，应对上年末资产负债表的各项目按本年度规定进行调整后再填入本年度“年初余额”栏。“期末余额”栏依据有关账户的期末余额直接计算和分析填列，具体填列方法如下。

1. 根据有关总分类账户的期末余额直接填列的项目

资产负债表中的大多数项目都可根据总分类账户的期末余额直接填列，如“交易性金融资产”“应收票据”“应收利息”“应收股利”“工程物资”“固定资产清理”“开发支出”“短期借款”“交易性金融负债”“应付票据”“应付职工薪酬”“应交税费”“应付利息”“应付股利”“其他应付款”“实收资本”“资本公积”和“盈余公积”等。

2. 根据有关总分类账户的期末余额计算填列的项目

（1）“货币资金”项目。本项目应根据“库存现金”“银行存款”和“其他货币资金”总分类账户的期末余额之和填列。

（2）“存货”项目。本项目应根据“材料采购”“在途物资”“原材料”“周转材料”“生产成本”“库存商品”“发出商品”和“委托加工物资”等账户的期末借方余额之和减去“存货跌价准备”账户的期末贷方余额后的金额填列。

3. 根据有关总分类账户的期末余额分析填列的项目

（1）“持有至到期投资”项目。本项目应根据“持有至到期投资”账户的期末借方余额减去“持有至到期投资减值准备”账户的期末贷方余额，再减去“将于一年内到期的持有至到期投资”后的差额填列。“将于一年内到期的持有至到期投资”项目的金额，在“一年内到期的非流动资产”项目填列。

（2）“长期股权投资”项目。本项目应根据“长期股权投资”账户的期末借方余额减去“长期股权投资减值准备”账户的期末贷方余额，再减去“准备在一年内变现的长期股权投资”后的差额填列。“准备在一年内变现的长期股权投资”项目的金额，在“一年内到期的非流动资产”项目填列。

（3）“固定资产”项目。本项目应根据“固定资产”账户的期末借方余额与“累计折旧”“固定资产减值准备”账户的期末贷方余额之差填列。

（4）“在建工程”项目。本项目应根据“在建工程”账户的期末借方余额与“在建工程减值准备”账户的期末贷方余额之差填列。

（5）“无形资产”项目。本项目应根据“无形资产”账户的期末借方余额与“累计摊销”“无形资产减值准备”账户的期末贷方余额之差填列。

（6）“长期待摊费用”项目。本项目应根据“长期待摊费用”账户的期末借方余额减去“将于一年内摊销的长期待摊费用”后的差额填列。“将于一年内摊销的长期待摊费用”项目的金额，在“一年内到期的非流动资产”项目填列。

（7）“长期借款”项目。本项目应根据“长期借款”账户的期末贷方余额减去“将于一年内到期的长期借款本息”后的差额填列。“将于一年内到期的长期借款本息”项目的金额，在“一年内到期的非流动负债”项目填列。

（8）“应付债券”项目。本项目应根据“应付债券”账户的期末贷方余额减去“将于一年内到期的债券本息”后的差额填列。“将于一年内到期的债券本息”项目的金额，在“一年内到期的非流动负债”项目填列。

（9）“未分配利润”项目。本项目应根据“本年利润”账户和“利润分配”账户的期末余额计算填列。如为未弥补的亏损，在本项目内以“–”号填列。

4. 根据有关明细分类账户的期末余额分析填列的项目

（1）“应付账款”项目。本项目应根据“应付账款”和“预付账款”所属明细账户中的期末贷方余额合计填列。

（2）“预付账款”项目。本项目应根据“应付账款”和“预付账款”所属明细账户中的期末借方余额合计填列。

（3）“应收账款”项目。本项目应根据“应收账款”和“预收账款”所属明细账户中的期末借方余额合计，减去“坏账准备”账户中根据应收账款计提的坏账准备期末余额后的差额填列。

> **视野拓展**
> 推荐在线自主学习“资产负债表的编制”（视频）。

（4）“预收账款”账户。本项目应根据“应收账款”和“预收账款”所属明细账户中的期末贷方余额合计填列。

（5）“其他应收款”项目。本项目应根据“其他应收款”账户的期末借方余额减去“坏账准备”账户中根据其他应收款计提的坏账准备期末余额后的差额填列。

★提炼点睛★

根据有关明细分类账户的期末余额分析填列的技巧如下。

两个“付”字账户的所有所属明细账户放在一起，其中，期末贷方余额合计属于负债，填入“应付账款”项目，其中，期末借方余额合计属于资产，填入“预付账款”项目；两个“收”字账户的所有所属明细账户放在一起，其中，期末借方余额合计属于资产，填入“应收账款”项目，其中，期末贷方余额合计属于负债，填入“预收账款”项目。

实施任务

一、案例案情

承接项目四模拟案例，在滨海有限责任公司20×5年12月经济业务全部登记入账并结账后，根据有关账户的期末余额，为滨海有限责任公司编制20×5年12月末的资产负债表。

二、示范操作

【实例】 东方有限责任公司20×5年12月31日的总分类账户余额如表B5.3所示，其中，部分明细账余额如下。

应收账款——长江公司　贷方余额　800
应收账款——宏伟公司　借方余额　4 000
预付账款——华丽服装厂　贷方余额　1 500
预付账款——百大公司　借方余额　11 500
应付账款——东风公司　贷方余额　40 000
应付账款——万华公司　借方余额　2 000
预收账款——泰山公司　贷方余额　8 500
预收账款——华山公司　借方余额　2 500

根据以上资料，为东方公司编制的20×5年12月31日的资产负债表如表B5.4所示。

表B5.3　东方有限责任公司总分类账户期末余额表

20×5年12月31日　（单位：元）

账户名称	借方余额	账户名称	贷方余额	账户名称	借方余额	账户名称	贷方余额
库存现金	800	累计折旧	20 000	原材料	70 000	应交税费	10 800
银行存款	70 000	短期借款	90 000	库存商品	65 000	长期借款	50 000
应收账款	3 200	应付账款	38 000	生产成本	23 200	实收资本	550 000
交易性金融资产	15 000	预收账款	6 000	固定资产	640 000	盈余公积	24 000
预付账款	10 000	其他应付款	4 000			利润分配	74 000
其他应收款	2 000	应付职工薪酬	32 400	合　计	899 200	合　计	899 200

表 B5.4 资产负债表

会企 01 表

编制单位：东方有限责任公司　　20×5 年 12 月 31 日　　（单位：元）

资　　产	期末余额	年初余额	负债和所有者权益（或股东权益）	期末余额	年初余额
流动资产：			流动负债：		
货币资金	70 800.00		短期借款	90 000.00	
交易性金融资产	15 000.00		交易性金融负债		
应收票据			应付票据		
应收账款	6 500.00		应付账款	41 500.00	
预付账款	13 500.00		预收账款	9 300.00	
应收利息			应付职工薪酬	32 400.00	
应收股利			应交税费	10 800.00	
其他应收款	2 000.00		应付利息		
存货	158 200.00		应付股利		
一年内到期的非流动资产			其他应付款	4 000.00	
其他流动资产			一年内到期的非流动负债		
流动资产合计	266 000.00		其他流动负债		
非流动资产：			流动负债合计	188 000.00	
可供出售金融资产			非流动负债：		
持有至到期投资			长期借款	50 000.00	
长期应收款			应付债券		
长期股权投资			长期应付款		
投资性房地产			专项应付款		
固定资产	620 000.00		预计负债		
在建工程			递延所得税负债		
工程物资			其他非流动负债		
固定资产清理			非流动负债合计	50 000.00	
生产性生物资产			负债合计	238 000.00	
油气资产			所有者权益（或股东权益）：		
无形资产			实收资本（或股本）	550 000.00	
开发支出			资本公积		
商誉			减：库存股		
长期待摊费用			盈余公积	24 000.00	
递延所得税资产			未分配利润	74 000.00	
其他非流动资产			所有者权益（或股东权益）合计	648 000.00	
非流动资产合计	620 000.00				
资产总计	886 000.00		负债和所有者权益（或股东权益）总计	886 000.00	

编制说明如下。

（1）货币资金：800 + 70 000 = 70 800（元）。

（2）应收账款：4 000 + 2 500 = 6 500（元）。

（3）预付账款：11 500 + 2 000 = 13 500（元）。

（4）存货：70 000 + 65 000 + 23 200 = 158 200（元）。

（5）应付账款：40 000 + 1 500 = 41 500（元）。

（6）预收账款：800 + 8 500 = 9 300（元）。

其他项目的数额根据总账期末余额直接填列。

三、自己动手

仿照以上操作，自己动手，在滨海有限责任公司 20×5 年 12 月份经济业务全部登记入账并结账后，根据总账账户及有关明细账户的期末余额，为滨海有限责任公司编制 20×5 年 12 月末的资产负债表。（依据真实的账簿资料编制）

任务二 编制利润表

提出任务

利润表也是重要的财务报表。期末编制利润表的任务是根据有关损益类账户的发生额，运用利润表的编制方法，填列利润表各项目的本期金额和上期金额，全面反映企业的收入、费用状况及其经营成果。

分析任务

要完成利润表的编制任务，必须掌握利润表的结构、格式和编制方法。

相关知识

一、利润表的结构和格式

利润表是反映企业在一定期间（月度、季度、半年度、年度）的收入、费用状况及其经营成果的财务报表。它是反映企业动态经营成果的一张主要报表。

利润表一般由表头和表体两部分组成。表头列示报表的名称、编制单位、编制时间、报表编号和货币计量单位等；表体是报表的核心部分，列示收入、费用和利润的各个项目，并体现“收入－费用＝利润”的利润形成过程。

利润表的格式主要有单步式和多步式两种，我国企业的利润表采用多步式结构。

1. 单步式利润表

单步式利润表是当期全部收入一次性抵减当期全部支出，计算出当期损益的一种利润表。因其只有一个相减的计算步骤，故称单步式。其格式如表 B5.5 所示。

表 B5.5 利润表（单步式） 会企 02 表

编制单位： 年 月 （单位：元）

项 目	行次	本期金额	上期金额	项 目	行次	本期金额	上期金额
一、收入				管理费用			
营业收入				财务费用			
投资收益				销售费用			
营业外收入				营业外支出			
收入合计				所得税费用			
二、费用				费用合计			
营业成本				三、净利润			
税金及附加							

2. 多步式利润表

多步式利润表是按照利润的性质，将企业利润的构成内容分别列示，分层次计算出利润的一种利润表。因其计算过程有多个计算步骤，故称多步式，其格式如表 B5.6 所示。

表 B5.6 利润表（多步式）

会企 02 表

编制单位： 年 月 （单位：元）

项 目	行次	本 期 金 额	上 期 金 额
一、营业收入	1		
减：营业成本	2		
税金及附加	3		
销售费用	4		
管理费用	5		
财务费用	6		
资产减值损失	7		
加：公允价值变动收益（损失以“-”号填列）	8		
投资收益（损失以“-”号填列）	9		
其中：对联营企业和合营企业的投资收益	10		
二、营业利润（亏损以“-”号填列）	11		
加：营业外收入	12		
减：营业外支出	13		
其中：非流动资产处置损失	14		
三、利润总额（亏损总额以“-”号填列）	15		
减：所得税费用	16		
四、净利润（净亏损以“-”号填列）	17		
五、每股收益	18		
（一）基本每股收益	19		
（二）稀释每股收益	20		

二、利润表的编制方法

利润表的各项目均需填列“本期金额”和“上期金额”两栏数字。“上期金额”栏应根据上期利润表的“本期金额”栏数字填列，如果本期利润表的各项目与上期不一致，应对上期利润表的各项目按本期规定进行调整后再填入本期利润表的“上期金额”栏。“本期金额”栏，除“基本每股收益”和“稀释每股收益”项目外，依据有关损益类账户的本期发生额填列，具体填列方法如下。

（1）“营业收入”项目。本项目应根据“主营业务收入”和“其他业务收入”账户的本期发生额分析填列。如果有借方发生额，应予以扣减，按收入净额填列。

（2）“营业成本”项目。本项目应根据“主营业务成本”和“其他业务成本”账户的本期发生额分析填列。如果有贷方发生额，应予以扣减，按实际成本填列。

（3）“税金及附加”项目。本项目应根据“税金及附加”账户的本期发生额分析填列。

（4）“销售费用”项目。本项目应根据“销售费用”账户的本期发生额分析填列。

（5）“管理费用”项目。本项目应根据“管理费用”账户的本期发生额分析填列。

（6）“财务费用”项目。本项目应根据“财务费用”账户的本期发生额分析填列。

（7）“资产减值损失”项目。本项目应根据“资产减值损失”账户的本期发生额分析填列。

（8）“公允价值变动收益”项目。本项目应根据“公允价值变动损益”账户的本期发生额分析填列，如果交易性金融资产的当期公允价值变动额为净损失，则以“–”填列。

（9）“投资收益”项目。本项目应根据“投资收益”账户的本期发生额分析填列，如果为投资净损失，则以“–”填列。

（10）“营业利润”项目。本项目应根据以上各项目加减计算后的所得额填列。

（11）“营业外收入”项目。本项目应根据“营业外收入”账户的本期发生额分析填列。

（12）“营业外支出”项目。本项目应根据“营业外支出”账户的本期发生额分析填列。

（13）“利润总额”项目。本项目应根据以上各项目加减计算后的所得额填列。

（14）“所得税费用”项目。本项目应根据“所得税费用”账户的本期发生额分析填列。

（15）“净利润”项目。本项目应根据以上各项目加减计算后的所得额填列。

（16）“基本每股收益”项目。本项目应根据“归属于普通股股东的当期净利润 ÷ 当期发行在外普通股股数的加权平均数”填列。

（17）“稀释每股收益”项目。本项目应根据“归属于普通股股东的当期净利润 ÷ 假定稀释性潜在普通股转换为已发行普通股的前提下普通股股数的加权平均数”填列。

需要注意的是，利润表一般分月报表、半年报表和年报表。月报表的“本期金额”为本月发生额，“上期金额”为上月发生额；半年报表的“本期金额”为本年上半年的累计发生额，“上期金额”为上年上半年的累计发生额；年报表的“本期金额”为本年的累计发生额，“上期金额”为上年的累计发生额。

实施任务

一、案例案情

承接项目四模拟案例，在滨海有限公司 20 × 5 年 12 月份经济业务全部登记入账并结账后，根据有关损益类账户的本期发生额，为滨海有限责任公司编制 20 × 5 年 12 月份的利润表。

二、示范操作

东方有限责任公司 20 × 5 年 10 月份各损益类账户发生额如表 B5.7 所示。假定该公司无纳税调整项目。

表 B5.7 各损益类账户发生额

20×5 年 10 月 （单位：元）

账户名称	本月借方发生额	本月贷方发生额	账户名称	本月借方发生额	本月贷方发生额
主营业务收入		16 1000	财务费用	1 200	
主营业务成本	128 000		营业外收入	800	
税金及附加	4 830		营业外支出	300	
销售费用	1 850		所得税费用	4 455	
管理费用	7 800				

根据表 B5.7 的资料，为东方有限责任公司编制的 20×5 年 10 月份的利润表，如表 B5.8 所示。

表 B5.8 利润表 会企 02 表

编制单位：东方有限责任公司 20×5 年 12 月 （单位：元）

项 目	行次	本期金额	上期金额
一、营业收入	1	161 000.00	
减：营业成本	2	128 000.00	
税金及附加	3	4 830.00	
销售费用	4	1 850.00	
管理费用	5	7 800.00	
财务费用	6	1 200.00	
资产减值损失	7		
加：公允价值变动收益（损失以“-”号填列）	8		
投资收益（损失以“-”号填列）	9		
其中：对联营企业和合营企业的投资收益	10		
二、营业利润（亏损以“-”号填列）	11	17 320.00	
加：营业外收入	12	800.00	
减：营业外支出	13	300.00	
其中：非流动资产处置损失	14		
三、利润总额（亏损总额以“-”号填列）	15	17 820.00	
减：所得税费用	16	4 455.00	
四、净利润（净亏损以“-”号填列）	17	13 365.00	
五、每股收益：	18		
（一）基本每股收益	19		
（二）稀释每股收益	20		

三、自己动手

仿照以上操作，自己动手，在滨海有限责任公司 20×5 年 12 月份经济业务全部登记入账并结账后，根据有关损益类账户的本期发生额为滨海有限责任公司编制 20×5 年 12 月份的利润表。（依据真实的账簿资料编制）

教、学、做一体化训练

知识测试

一、单项选择题

1. 反映企业在某一特定日期资产、负债和所有者权益状况的报表是（　　）。
   A. 资产负债表　B. 利润表　C. 所有者权益变动表　D. 现金流量表
2. 资产负债表“年初余额”栏数字是根据（　　）填写的。
   A. 总账余额　B. 明细账余额
   C. 上期期末余额　D. 上年末的期末余额
3. 我国企业采用的利润表格式为（　　）。
   A. 账户式　B. 报告式　C. 单步式　D. 多步式
4. 下列资产负债表项目，可直接根据有关总账余额填列的是（　　）。
   A. 货币资金　B. 应收票据　C. 存货　D. 应收账款
5. 下列会计报表中属于月报的有（　　）。
   A. 资产负债表　B. 利润表
   C. 现金流量表　D. 资产负债表和利润表

二、多项选择题

1. 下列各项，可以通过资产负债表反映的有（　　）。
   A. 某一时点的财务状况　B. 某一时点的偿债能力
   C. 某一期间的经营成果　D. 某一期间的获利能力
2. 资产负债表中“存货”项目应根据（　　）等账户的期末余额汇总填制。
   A. 库存商品　B. 原材料　C. 生产成本　D. 周转材料
3. 资产负债表中“货币资金”项目应根据（　　）账户的期末余额汇总填制。
   A. 应收票据　B. 库存现金　C. 银行存款　D. 其他货币资金
4. 编制资产负债表时，需要根据若干明细账户的期末余额计算填列的有（　　）。
   A. 存货　B. 应收账款　C. 预付账款　D. 应付账款
5. 资产负债表的格式有（　　）。
   A. 报告式　B. 账户式　C. 单步式　D. 多步式

三、判断题

1. 反映企业某一特定日期财务状况的会计报表是利润表。（　　）
2. 如果“预付账款”账户所属各明细账户期末有贷方余额，应在资产负债表“应付账款”项目内填列。（　　）
3. 资产负债表中的“其他应收款”项目应根据“其他应收款”总账科目的期末余额填列。（　　）
4. 利润表中的“净利润”数额与资产负债表中的“未分配利润”项目的期末数应相等。（　　）
5. 利润表是反映企业在一定期间的经营成果及其分配情况的报表。（　　）

项目六

最终整理与保管会计档案

【职业活动】

各单位每年形成的凭证、账簿、报表等会计档案，要按照《会计档案管理办法》的规定进行整理与保管。整理与保管会计档案是会计工作最终环节的主要职业活动。

【职业能力】

能按照《会计档案管理办法》的规定整理与保管会计档案。

【相关知识】

最终整理与保管会计档案：
- 会计档案的内容
- 会计档案的归档
- 会计档案的保管
- 会计档案的查阅和复制
- 会计档案的销毁

工作任务　整理与保管会计档案

提出任务

每个会计年度结束，对本年度形成的凭证、账簿、报表等会计档案，按照《会计档案管理办法》的规定进行整理与保管。

分析任务

要完成整理与保管会计档案的任务，必须熟悉会计档案整理与保管的要求，掌握会计档案整理与保管的方法。

相关知识

一、会计档案的内容

会计档案是指会计凭证、会计账簿和财务会计报告以及其他会计资料等会计核算的专业材料。它是记录和反映经济业务的重要历史资料和证据，是经济决策者进行经济决策所需要依据的重要资料，同时也是进行会计检查的重要资料。

会计档案的内容是指会计档案的范围，具体包括会计凭证、会计账簿、财务会计报告和其他会计核算资料四个部分。

（1）会计凭证，包括自制原始凭证、外来原始凭证、原始凭证汇总表、记账凭证、记账凭证汇总表等。

（2）会计账簿，包括总分类账、各种明细分类账、库存现金日记账、银行存款日记账以及备查账等。

（3）财务会计报告分为财务指标快报、中期财务会计报告（包括月度、季度、半年度财务会计报告）和年度财务会计报告，具体包括资产负债表、利润表、现金流量表和所有者权益变动表等主要会计报表及其会计报表附注等。

（4）其他会计核算资料是指属于经济业务范畴，与会计核算、会计监督紧密相关，由会计部门负责办理的有关凭证及数据资料，包括银行存款余额调节表、银行对账单、会计档案移交清册、会计档案保管清册和会计档案销毁清册等。

二、会计档案的归档

（一）会计档案的装订

1. 会计凭证的装订

会计凭证一般每月装订一次。会计凭证装订后，应在每本凭证封面上填写好凭证种类、起讫号码、凭证张数，会计主管人员和凭证装订人员在封面上签章；同时，应在凭证封面上编好卷号，按卷号顺序入柜，并应在显露处标明凭证种类编号，以便调阅。

知识拓展

你会装订会计凭证吗？

会计凭证的装订方法如下。

（1）将凭证封面和封底裁开，分别附在凭证前面和后面，再拿一张质地相同的纸放在封皮上角，做护角线。

（2）用夹子夹住凭证，用装订机在凭证的左上角均匀地打两个孔，形成一个等腰三角形。

（3）用大针引线穿过两个孔，然后两端折向同一个方向，折向时将线绳夹紧，并把线引过来，最后在凭证的背面打结。

（4）将护角向左上侧面折，并将一侧剪开至凭证的左上角，然后抹上胶水，向上折叠，将侧面和背面的线结贴死。

（5）待晾干后，在凭证本的侧脊上面写上“某年某月第几册共几册”的字样。装订人在装订线封签处签名或盖章。

2. 会计账簿的装订

各种会计账簿在年终办理了年度结账后，除跨年度连续使用的账簿外，其他账簿都应及时整理立卷。

账簿装订前，首先按账簿启用表的使用页数核对各个账户是否相符，账页数是否齐全，序号排列是否连续；然后按会计账簿封面、账簿启用表、账户目录、该账簿按页数顺序排列的账页、会计账簿装订封底的顺序装订。

对于活页式账簿，保留已使用过的账页，将账页数填写齐全，去除空白页并撤掉账夹，用质好的牛皮纸做封面、封底，装订成册；多栏式活页账、三栏式活页账、数量金额式活页账等不得混装，应按同类业务、同类账页装订在一起；在本账的封面上填写好账目的种类，编好卷号，会计主管人员和装订人（经办人）签章。

账簿装订后，封口要严密，封口处要加盖有关印章；封面应齐全、平整，并注明所属年度及账簿名称、编号。

拓展阅读

你会装订会计账簿吗？

账簿在使用过程中，应妥善保管。账簿的封面颜色，同一年度内力求统一，逐年更换颜色，便于区别年度。这样，在找账查账时就会比较方便。账簿内部，应编好目录，建立索引。注意贴上相应数额的印花税票。

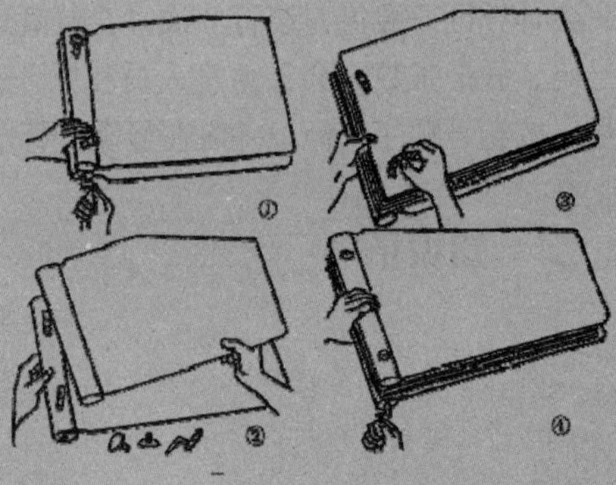

活页账本时可以用线绳系起来。下面介绍活页摇夹的使用方法。

（1）用摇手插入账簿测面的孔中，向右旋转，开启摇夹。

（2）旋去螺帽，取去簿盖。

（3）将账簿活页装入，可随意装用，最多可装300页。

（4）复上簿盖，旋上螺帽，再用摇手向左旋转，锁紧摇夹。

在过次年后，应将账簿装订整齐，活页账要编好科目目录、页码，用线绳系死，然后贴上封皮，在封皮上写明账簿的种类、单位、时间，在账簿的脊背上，也要写明账簿种类、时间。

3. 财务会计报告的装订

财务会计报告编制完成并及时报出后，留存的财务会计报告应按月装订成册。财务会计报告的装订要求如下。

（1）核对整理。装订前，要按编报目录核对财务会计报告是否齐全，整理报表页数，上边和左边对齐压平，并防止折角。

（2）按顺序进行装订。财务会计报告的装订顺序为封面→编制说明→各种会计报表（按会计报表的编号顺序排列）→会计报表附注→封底。

（3）编号。各种财务会计报告应根据其保管期限编制卷号。

4. 其他会计核算资料的装订

属于会计档案构成内容的其他会计核算资料，也应按照一定的规则、顺序予以装订成册。

（二）会计档案的整理立卷

各单位每年形成的会计档案，都应由会计机构按照归档的要求，负责整理立卷、装订成册，并编制会计档案保管清册。会计档案的整理要求有以下几点。

（1）分类标准要统一。一般将财务会计资料分成一类会计账簿、二类会计凭证、三类会计报表、四类文字资料及其他会计核算资料。

（2）档案形成要统一。卷册封面、档案卡夹、存放柜和存放序列都要统一。

（3）管理要求要统一。建立会计资料档案簿、会计资料档案目录。会计凭证要装订成册，报表和文字资料应分类立卷，其他零星资料也要按年度排序并装订成册。

（三）会计档案的归档

根据《会计档案管理办法》的规定，单位当年形成的会计档案，在会计年度终了后，可暂由本单位会计机构保管一年。期满之后，应由会计机构编制移交清册，移交本单位的档案机构统一保管。未设立档案机构的，应当在会计机构内部指定专人保管，但出纳人员不得兼管会计档案。单位会计机构向单位档案机构移交会计档案的程序如下。

（1）编制移交清册，填写交接清单。

（2）在账簿使用日期栏填写移交日期。

（3）交接人员按移交清册和交接清单对所列项目核查无误后签章。

移交本单位档案机构保管的会计档案，原则上应当保持原卷册的封装，一般不得拆封；个别需要拆封重新整理的，档案机构应当会同会计机构和经办人员共同拆封整理，以分清责任。

三、会计档案的保管

1. 会计档案的保管要求

会计档案是重要的历史资料，必须妥善保管。电算化会计档案的保管还要注意采取防盗、防磁措施。

2. 会计档案的保管期限

会计档案的保管期限可分为永久和定期两类。其中，定期保管期限分为 10 年和 30 年两类。会计档案保管期限，从会计年度终了后的第一天算起。各类会计档案的具体保管期限按照《会计档案管理办法》的规定执行。企业和其他经济组织的会计档案保管期限如表 B6.1 所示。

四、会计档案的查阅和复制

会计档案只为本单位使用，各单位保存的会计档案不得借出。如有特殊需要，经本单位负责人批准，可以供查阅或者复制，但应办理登记手续。外单位人员查阅或复制会计档案时，应持有单位正式介绍信，经单位负责人批准后，方可办理查阅或复制手续。本单位内部人员查阅或复制会计档案时，也应经单位负责人批准后，才能办理有关手续。查阅人应认真填写档案查阅、复制登记簿，查阅人姓名和单位、查阅内容和数量、借阅及归还日期等情况都必须填写清楚。查阅或者复制会计档案的人员，严禁在会计档案上涂画、拆封和抽换。各单位应当建立、健全会计档案查阅、复制登记制度，严格查阅、复制和收回手续，以保证会计档案的安全、完整。

表 B6.1 企业和其他经济组织的会计档案保管期限

档案名称	保管期限	备注	档案名称	保管期限	备注
一、会计凭证类			三、财务报告类		
1. 原始凭证	30年		9. 月、季、半年财务会计报告	10年	包括文字分析
2. 记账凭证	30年		10. 年度财务报告（决算）	永久	包括文字分析
二、会计账簿类			四、其他类		
4. 总账	30年		11. 会计档案移交清册	30年	
5. 明细账	30年		12. 会计档案保管清册	永久	
6. 日记账	30年		13. 会计档案销毁清册	永久	
7. 固定资产卡片	固定资产报废清理后保管5年		14. 银行存款余额调节表	10年	
8. 辅助账簿	30年		15. 银行对账单	10年	

五、会计档案的销毁

1. 会计档案的销毁程序和办法

单位会计档案保管期满需要销毁的，按照以下程序和办法进行。

（1）本单位档案机构会同会计机构共同鉴定，严格审查，提出销毁意见，编制会计档案销毁清册，列明需要销毁的会计档案的名称、卷号、册数、起止年度和档案编号，以及应保管期限、销毁时间等内容。

> **视野拓展**
> 在中央政府网可阅读自2016年1月1日起施行修订后的《会计档案管理办法》，推荐读者加以关注。

（2）单位负责人在会计档案销毁清册上签署意见。

（3）单位销毁会计档案时，单位档案机构和会计机构应共同派员监销；国家机关销毁会计档案时，应当由同级财政部门和审计部门派员监销；财政部门销毁会计档案时，应当由同级审计部门派员监销。

（4）会计档案销毁前，监销人应当按照会计档案销毁清册所列内容清点核对所要销毁的会计档案；会计档案销毁后，监销人和经办人员应当在会计档案销毁清册上签名盖章，并注明“已销毁”字样和销毁日期，同时将监销情况写出书面报告一式两份，一份报告本单位负责人，另一份归入档案备查。

2. 保管期满不得销毁的会计档案

对于保管期满但未结清的债权债务原始凭证和涉及其他未了事项的原始凭证，不得销毁，应单独抽出立卷，由档案机构保管到未了事项完结时为止。单独抽出立卷的会计档案应当在会计档案销毁清册和会计档案保管清册中列明。

正在项目建设期间的建设单位，其保管期满的会计档案不得销毁。

实施任务

承接项目五模拟案例，在滨海有限责任公司2009年经济业务全部核算完毕并出具财务会计报告后，将会计凭证、会计账簿、财务会计报告等会计资料整理归档。

教、学、做一体化训练

知识测试

一、单项选择题

1. 下列说法正确的是（　　）。

A. 会计档案销毁清册需要保管15年　　B. 银行存款余额调节表需要保管10年

C. 固定资产卡片账应保管15年　　D. 现金日记账需要保管15年

2. 会计档案由单位会计机构负责整理立卷归档，并保管（　　）期满后移交给单位的档案机构，没有专门档案机构的单位，应由会计机构指定专人继续保管。

A. 半年　　B. 1年　　C. 2年　　D. 3年

3. 原始凭证和记账凭证的保管期限为（　　）。

A. 30年　　B. 25年　　C. 3年　　D. 10年

二、多项选择题

1. 会计档案包括（　　）。

A. 会计凭证　　B. 会计账簿　　C. 财务会计报告　　D. 其他会计核算资料

2. 下列会计档案中需要永久保管的有（　　）。

A. 会计档案移交清册　　B. 会计档案保管清册

C. 库存现金和银行存款日记账　　D. 年度决算财务报告

3. 下列属于会计档案内容的是（　　）。

A. 原始凭证　　B. 总分类账

C. 财务情况说明书　　D. 会计档案保管清册

三、判断题

1. 当年形成的会计档案，在会计年度终了后，可暂由本单位会计机构保管5年。（　　）

2. 各单位保存的会计档案原则上不得借出，但如有特殊需要，经本单位负责人批准，可以借出。（　　）

3. 对于保管期满的会计档案可以直接销毁。（　　）

附录 1

参考答案

“考考你”参考答案

【考考你 1.1】

纵向可比能看出同一企业不同时期的发展趋势，横向可比能看到不同企业在相同会计期间的会计信息差别，了解本企业在同行业中的位置。

【考考你 1.2】

企业已淘汰的机器设备不能作为资产，因为它已不能给企业带来经济利益。企业打算购买但尚未实际购买的机器设备，不能算作企业的资产，因为它不是现时的资产。

【考考你 1.3】

企业购买了商品但未付款形成负债，因购买商品是过去发生的交易，企业已承担现时义务。企业制订了贷款计划但未取得贷款不形成负债，因贷款事项尚未发生，企业不承担现时义务。

“学中做”参考答案

【学中做 1.1】

A

【学中做 3.1】

借：银行存款　　500 000
　　固定资资　　100 000
　　贷：实收资本　　600 000

【学中做 3.2】

借：原材料——甲材料　　60 900
　　应交税费——应交增值税（进项税额）　　9 600
　　贷：应付账款　　71 100

【学中做 3.3】

借：生产成本——A 产品　　4 004

——B产品 3 388

制造费用 2 492

管理费用 3 500

贷：应付职工薪酬 13 384

【学中做3.4】

借：应收票据 187 200

贷：主营业务收入 160 000

应交税费——应交增值税（销项税额） 25 600

【学中做3.5】

（1）借：主营业务收入 269 600

其他业务收入 5 400

营业外收入 40 000

贷：本年利润 315 000

（2）借：本年利润 235 658.40

贷：主营业务成本 180 218.40

其他业务成本 5 100

税金及附加 2 000

销售费用 3 000

管理费用 38 540

财务费用 1 800

营业外支出 5 000

（3）借：所得税费用 19 835.40

贷：应交税费——应交所得税 19 835.40

（4）借：本年利润 19 835.40

贷：所得税费用 19 835.40

“教、学、做一体化训练”参考答案

第一部分

模块一

一、单项选择题

1. A　2. C　3. D　4. B　5. A

二、多项选择题

1. ABC　2. BCD　3. CD　4. ABC　5. ABC

三、判断题

1. ×　2. √　3. √　4. ×　5. ×

模块二

一、单项选择题

1. D　2. A　3. C　4. D　5. D
6. D　7. D　8. D　9. B　10. A

二、多项选择题

1. CD　2. ABCD　3. ABCD　4. ABD　5. ABD
6. BC　7. AD　8. BCD　9. ABCD　10. BCD

三、判断题

1. ×　2. ×　3. ×　4. ×　5. ×
6. √　7. √　8. ×　9. √　10. √

模块三

一、单项选择题

1. C　2. B　3. C　4. D　5. D

二、多项选择题

1. AB　2. AD　3. AD　4. ABC　5. BC

三、判断题

1. ×　2. ×　3. ×　4. ×　5. √

第二部分

项目一

一、单项选择题

1. D　2. A　3. B　4. D　5. A

二、多项选择题

1. ACD　2. ABD　3. BC　4. ABD　5. BCD

三、判断题

1. √　2. √　3. ×　4. √　5. √

项目二

一、单项选择题

1. C　2. D　3. B　4. A　5. C
6. B　7. D

二、多项选择题

1. ABCD　2. ABCD　3. BC　4. ABC　5. CD

三、判断题

1. ×　2. ×　3. ×　4. ×　5. √
6. ×　7. √

项目三

一、单项选择题

1. C　2. B　3. B　4. D　5. C

二、多项选择题

1. ACD　　2. CD　　3. ABC　　4. AC　　5. AD

三、判断题

1. ×　　2. ×　　3. ×　　4. ×　　5. ×

项目四

一、单项选择题

1. C　　2. B　　3. C　　4. C　　5. D

二、多项选择题

1. ABC　　2. CD　　3. ABCD　　4. ABCD　　5. BCD

三、判断题

1. √　　2. √　　3. ×　　4. ×　　5. √

项目五

一、单项选择题

1. A　　2. D　　3. D　　4. B　　5. D

二、多项选择题

1. AB　　2. ABCD　　3. BCD　　4. BCD　　5. AB

三、判断题

1. ×　　2. √　　3. ×　　4. ×　　5. ×

项目六

一、单项选择题

1. B　　2. B　　3. A

二、多项选择题

1. ABCD　　2. BD　　3. ABCD

三、判断题

1. ×　　2. ×　　3. ×

附录 2

模拟案例需用实训材料清单

一、会计凭证

1. 收款凭证 8 张
2. 付款凭证 17 张
3. 转账凭证 28 张

二、账簿

1. 总账 42 页
2. 三栏式明细账 5 页
3. 数量金额式明细账 6 页
4. 多栏式明细账 5 页
5. 库存现金日记账 1 页
6. 银行存款日记账 1 页

三、表

1. 科目汇总表 3 张
2. 试算平衡表 1 张
3. 资产负债表 1 张
4. 利润表 1 张

四、其他

1. 会计凭证封面 1 张
2. 档案袋 1 个

附录3

会计从业资格考试模拟题及解析

一、单项选择题（下列各题，只有一个符合题意的正确答案。本类题共 25 题，每小题 1 分，共 25 分）

1. 下列选项中，(　　) 不是反映留存收益的账户。

A. 盈余公积　　B. 本年利润　　C. 利润分配　　D. 资本公积

2. 应在账户借方核算的是 (　　)。

A. 负债类账户的增加额　　B. 所有者权益类账户的增加额

C. 收入类账户的增加额　　D. 成本类账户的增加额

3. 一借一贷的会计分录形式属于 (　　)。

A. 简单会计分录　　B. 复合会计分录　　C. 合成会计分录　　D. 无法确定

4. 下列属于原始凭证的是 (　　)。

A. 购货合同　　B. 生产计划　　C. 增值税专用发票　　D. 银行对账单

5. 为了分清会计事项处理的先后顺序，便于记账凭证和会计账簿之间的核对，确保记账凭证的完整无缺，填制记账凭证时，应当 (　　)。

A. 依据真实　　B. 日期正确　　C. 连续编号　　D. 简明扼要

6. 某企业月初结存存货实际数量为 2 000 件，平均单价为 10 元；本月收入存货数量为 8 000 件，购入单价为 10.5 元，则在加权平均法下该存货月末的加权平均单价是 (　　) 元。

A. 10　　B. 10.2　　C. 10.4　　D. 10.5

7. 甲企业收到乙企业作为资本投入的不需要安装的机器设备 1 台，该设备按投资合同或协议约定的价值为 35 000 元。另外，乙企业账面上该设备的历史成本是 60 000 元，该设备的账面净值是 40 000 元。那么，甲企业在编制会计分录时该设备的入账金额是 (　　)。

A. 35 000 元　　B. 60 000 元　　C. 40 000 元　　D. 无法确定

8. 下列选项中，不能确认为固定资产核算的是 (　　)。

A. 经营性租出设备　B. 融资租入设备　　C. 闲置的厂房　　D. 土地使用权

9. 某企业采用双倍余额递减法计提固定资产折旧。2006 年 12 月份购入设备 1 台，该设备原值为 80 000 元，预计可使用年限 5 年，预计该设备报废时的净残值收入为 3 000 元，请计算该设备在 2010 年应该计提的折旧额为 (　　) 元。

A. 20 900　　B. 19 200　　C. 11 520　　D. 8 640

10. 某企业以自产的产品 A 作为非货币性福利发放给公司车间部门生产工人，已知产品 A 的市场售价为 20 000 元，增值税税率为 17%，产品 A 的成本共计 15 000 元。那么对此项经济业务的会计处理应该是 (　　)。

A. 借：管理费用　　23 400　　　　B. 借：管理费用　　20 000

　贷：应付职工薪酬　　23 400　　　　贷：应付职工薪酬　　20 000

C. 借：生产成本　　23 400　　　D. 借：生产成本　　20 000
　贷：应付职工薪酬　　23 400　　　贷：应付职工薪酬　　20 000

11. 将账簿划分为序时账簿、分类账簿、备查账簿的依据是（　　）。

A. 账簿的登记方式 B. 账簿的用途　C. 账簿登记的内容　D. 账簿的外形特征

12. “营业外支出”明细账应该采用的格式是（　　）。

A. 三栏式　B. 多栏式　C. 数量金额式　D. 任意格式

13.以下各项不是对账的内容的是（　　）。

A. 账证核对　B. 账账核对　C. 账实核对　D. 证证核对

14. 在结账之前，如果发现账簿记录有错误，而记账凭证填制正确，更正时可用（　　）。

A. 红字更正法　B. 划线更正法　C. 补充登记法　D. 更换账页法

15. 各种账务处理程序之间的区别在于（　　）。

A. 总账的格式不同　B. 登记总账的程序和方法不同

C. 会计凭证的种类不同　D. 编制会计凭证的依据不同

16. 采用永续盘存制时，财产清查的目的是（　　）。

A. 检查账实是否相符　B. 检查账证是否相符

C. 检查账账是否相符　D. 检查账表是否相符

17. 规模小、部门机构设置简单的企业适用的会计核算形式为（　　）。

A. 集中核算形式　B. 分散核算形式

C. 两种会计形式都可以　D. 视情况而定

18. 下列业务的处理符合权责发生制的是（　　）。

A. 本月根据销售合同发出商品1批，售价10 000元，但本月没有收到货款，因此不能将其确认为本月收入

B. 本月收到上月销售商品款50 000元，因此确认本月收入为50 000元

C. 本月发生广告费用3 000元但尚未支付，确认本月销售费用3 000元

D. 根据销售合同预收客户定金10 000元，因此确认本月销售收入10 000元

19. 下列经济活动中，会引起资产和负债同时增加的是（　　）。

A. 以银行存款支付购入材料价款　B. 资本公积转增实收资本

C. 发行债券，收到的款项存入银行　D. 收到现金股利

20. 某企业销售产品价值为23 581.79元，销售发票上的正确中文大写金额是人民币（　　）。

A. 二万三千五百八十一元七角九分　B. 贰万叁仟伍佰捌拾壹元柒角玖分

C. 贰万叁仟伍佰捌拾壹元柒角玖分整　D. 贰万叁仟伍佰捌拾壹元柒角玖分正

21. X企业2012年12月31日银行存款日记账余额为500 000元，银行对账单余额为600 000元，经逐笔核对，存在以下未达账项。

（1）公司于月末开出转账支票3万元，企业已记账，银行未记账。

（2）银行代企业收回7万元，银行已入账，企业未收到收账通知，尚未入账。根据资料，2012年底X企业可动用的银行存款为（　　）元。

A. 500 000　B. 600 00　C. 570 000　D. 630 000

22. 在一定时期内连续记载许多同类经济业务的会计凭证，称为（　　）。

A. 原始凭证汇总表 B. 累计凭证　C. 汇总记账凭证　D. 复式记账凭证

23. 资产类账户的结构与权益类账户的结构（　　）。

A. 无关　B. 相同　C. 相反　D. 基本相同

24. 下列情况下，适合采用局部清查的方法进行财产清查的是（　　）。

A. 年终结算前　B. 企业实行股份制改造前

C. 企业开展资产评估前　D. 银行存款的清查

25. 银行结算凭证是（　　）。

A. 一次凭证　B. 二次凭证　C. 累计凭证　D. 汇总原始凭证

单选题答案及解析

1.【答案】D　【考点】所有者权益类账户

【答案解析】按照所有者权益的来源不同，所有者权益账户又可以分为反映投入资本的账户和反映留存收益的账户。反映投入资本的账户，如“实收资本”“资本公积”等账户；反映留存收益的账户，如“盈余公积“本年利润”“利润分配”等账户。故选D。

2.【答案】D　【考点】账户的基本结构

【答案解析】根据借贷记账法的原则，账户的基本结构分为左右两方，一方为借方，另一方为贷方。至于借方是登记增加额还是登记减少额，依据账户的性质来决定。资产类、成本类和费用类账户的借方登记增加额，贷方登记减少额；负债类、所有者权益类和收入类账户借方登记减少额，贷方登记增加额。故选D。

3.【答案】A　【考点】简单会计分录

【答案解析】会计分录按照所涉及账户的多少，可以分为简单会计分录和复合会计分录。简单会计分录是指只涉及一个账户借方和另一个账户贷方的会计分录，即一借一贷的会计分录。故选A。

4.【答案】C　【考点】原始凭证

【答案解析】原始凭证又称单据，是在经济业务发生或完成时取得或填制的，用以记录或证明经济业务的发生或完成情况的文字凭据。增值税专用发票属于原始凭证中的通用凭证。根据原始凭证的定义，A、B、D选项不符合题意。故选C。

5.【答案】C　【考点】记账凭证的编制要求

【答案解析】记账凭证应连续编号以分清会计事项处理的先后顺序。故选C。

6.【答案】C　【考点】加权平均法的计算

【答案解析】加权平均法下的加权平均单价计算公式为：加权平均单价=(月初结存存货实际成本＋本月收入存货实际成本)÷(月初结存存货数量＋本月收入存货数量)=(2 000×10＋8 000×10.5)÷(2 000+8 000)=104 000÷10 000=10.4(元)。故选C。

7.【答案】A　【考点】固定资产取得的会计核算

【答案解析】投资者投入的固定资产，应当按照投资合同约定或协议约定的价值，作为固定资产的入账价值，借记固定资产科目。因此，本题中设备的入账价值既不是设备的历史成本，也不是账面净值，而是双方协议约定的价值，即35 000元。故选A。

8.【答案】D　【考点】固定资产的定义

【答案解析】A、B、C项都符合固定资产的定义。企业的土地使用权由于不具有实物形态，不符合固定资产定义，所以不能作为固定资产核算。故选D。

9.【答案】D　【考点】双倍余额递减法

【答案解析】在使用双倍余额递减法计提固定资产折旧时，一般应在其折旧年限到期前两年内，将固定资产账面净值扣除预计净残值后的余额平均摊销。因为双倍直线折旧率为2/5×100%=40%，所以2007年固定资产折旧额=80 000×40%=32 000（元），2008年折旧额=(80 000－32 000)×40%=19 200（元），2009年固定资产折旧额=(80 000－32 000－19 200)×40%=11 520（元）。因为该固定资产于2006年12月购入，所以计提折旧从2007年1月份开始，又预计折旧年限为5年，所以2010年和2011年的折旧额均为(80 000－32 000－19 200－11 520)÷2=8 640（元）。故选D。

10.【答案】C 【考点】自产产品作为非货币性福利发放的会计处理

【答案解析】企业以自产的产品作为非货币性福利发放给车间部门生产人员的，应当按照该产品的公允价值，计入生产成本，同时确认应付职工薪酬。所以本题中，应付职工薪酬的贷方科目和生产成本的借方科目的金额应该是产品A的售价和增值税额之和，也就是20 000×17%+20 000=23 400(元)。故选C。

11.【答案】B 【考点】账簿的分类

【答案解析】账簿按用途可划分为序时账簿、分类账簿和备查账簿，按外形特征分为订本账、活页账和卡片账；按账页格式可划分为两栏式账簿、三栏式账簿、多栏式账簿和数量金额式账簿。故选B。

12.【答案】B 【考点】明细分类账的格式

【答案解析】明细分类账的账页格式有三栏式、多栏式、数量金额式等多种格式。多栏式明细分类账一般适用于登记明细项目多、借贷方向单一的费用成本账户的明细核算，如生产成本、管理费用、营业外支出等账户。故选B。

13.【答案】D 【考点】对账的内容

【答案解析】《中华人民共和国会计法》第十七条规定，各单位应当定期将会计账簿记录与实物、款项及有关资料相互核对，保证会计账簿记录与实物及款项的实有数额相符、会计账簿记录与会计凭证的有关内容相符、会计账簿之间相对应的记录相符、会计账簿记录与会计报表的有关内容相符。故要进行账实核对、账证核对、账账核对、账表核对。故选D。

14.【答案】B 【考点】错账更正方法

【答案解析】在结账之前，如果发现账簿记录有错误，而记账凭证填制正确，应当采用划线更正法。故选B。

15.【答案】B 【考点】账务处理程序的分类

【答案解析】一种账务处理程序区别于另一种账务处理程序，在于登记总账的程序和方法不同。故选B。

16.【答案】A 【考点】财产清查的制度

【答案解析】采用永续盘存制，主要是通过设置各种财产物资的明细账，平时对各项财产物资的收入和发出逐日逐笔连续登记，并随时结出账面结存数的核算方法，以便及时查明账实是否相符或账实不符的原因。故选A。

17.【答案】A 【考点】会计核算形式

【答案解析】在实际工作中，会计核算有两种形式：一种是集中核算形式，另一种是分散核算形式。集中核算形式适合那些规模小、部门机构设置简单的企业；分散核算形式适合于具备一定规模的企业。故选A。

18.【答案】C 【考点】权责发生制

【答案解析】权责发生制要求：凡是当期已经实现的收入和已经发生或应当负担的费用，无论款项是否收付，都应当作为当期的收入和费用予以确认记入利润表。故答案为C。

19.【答案】C　　　　　　【考点】借贷记账法

【答案解析】A项经济业务的借贷方均为资产类账户，不会引起资产和负债的变动；B项是所有者权益内部的增减变动；C项使得应付债券增加，银行存款增加；D项使得资产和所有者权益增加。所以答案为C。

20.【答案】B　　　　　　【考点】原始凭证的填制要求

【答案解析】原始凭证填写要规范。大写金额用汉字“壹、贰、叁、肆、伍、陆、柒、捌、玖、拾、佰、仟、万、亿、元、角、分、零”等。大写金额写到元或角为止的，后面要填写“整”或“正”字；有分的，不写“整”或“正”字。因此正确的选项为B项。

21.【答案】C　　　　　　【考点】银行存款的清查

【答案解析】企业和银行间未达账项可分为两种情况：①企业已入账，银行未入账；②企业未入账，银行已入账。其编制通过余额调节表进行。调整后，余额相等，说明双方记账相符。本题中，第（1）笔业务为企业已入账而银行未入账，银行对账单金额应减去3万元；第（2）笔业务为企业未入账而银行已入账，企业银行存款数应加上7万元。调整后为570 000元。故选C。

22.【答案】B　　　　　　【考点】累计凭证

【答案解析】累计凭证是指在规定期限（如1个月）内，随着经济业务的多次、连续发生，分次填列，连续反映相同性质的经济业务，能够多次使用的自制原始凭证。常用的累计凭证有限额领料单、费用登记表等。故选B。

23.【答案】C　　　　　　【考点】账户结构

【答案解析】资产类账户的结构和权益类账户的结构正好相反。故选C。

24.【答案】D　　　　　　【考点】局部清查的特点

【答案解析】局部清查范围小、涉及人员少，其清查对象主要是流动性较强的财产。如库存现金、银行存款等。题中，A、B、C三项都适用于全面清查。故选D。

25.【答案】A　　　　　　【考点】原始凭证的种类

【答案解析】原始凭证按填制手续及内容分为一次凭证、累计凭证和汇总凭证。一次凭证是指一次填制完成、只记录一笔经济业务的原始凭证，如收据、领料单、收料单、发货票、贷款单、银行结算凭证等。故选A。

二、多项选择题（下列各题，有两个或两个以上符合题意的正确答案。不选、错选、多选、少选均不得分。本类题共10题，每小题2分，共20分）

1. X企业2010年首次计提坏账准备，年末应收账款为40万元，坏账准备的提取比例为5%，则下列各项中正确的是（　　）。

A. 这种方法是余额百分比法　　　　B. 应计提的坏账准备为20 000元

C. 应确认的资产减值损失为20 000元　　D. 应收账款账面价值减少了20 000元

2. X企业销售一批产品给Y企业，货已发出，货款10 000元，增值税额为1 700元。按合同约定3个月以后付款，Y企业交给X企业一张3个月到期的商业承兑汇票，票面金额为11 700元，则（　　）。

A. X企业收到该票据时，应确认主营业务收入10 000元

B. 3个月后，该应收票据到期，X企业收回款项11 700元，应借记银行存款11 700元

C. 如果票据到期，Y企业无力偿还，则X企业应将应收票据转入应收账款

D. 无须确认增值税额

3. X企业于2011年1月1日取得银行借款100 000元，期限9个月，年利率6%，该借款到期后按期如数偿还，利息分月预提，按季支付，则（　　）。

A. 1月1日取得借款时，确认短期借款100 000元

B. 1月末计提利息时，确认财务费用500元

C. 3月末支付本季度利息时，贷记银行存款1 500元

D. 6月末支付本季度利息时，贷记银行存款1 500元

4. 对库存现金和应收账款进行清查时应采用的方法，下面说法正确的是（　　）。

A. 对库存现金的清查应采用倒挤法　B. 对库存现金的清查应采用实地盘存法

C. 对应收账款的清查应采用函证法　D. 对应收账款的清查应采用技术推算法

5. X企业的财产清查中发现甲商品溢余50件，每件单价20元，乙商品盘亏100千克，每千克30元，则应（　　）。

A. 借记"库存商品——甲商品"1 000元　B. 贷记"待处理财产损溢"1 000元

C. 借记"待处理财产损溢"3 000元　D. 贷记"库存商品——乙商品"3 000元

6. 下列属于资产的是（　　）。

A. 企业已购买的设备　B. 企业将要购买的设备

C. 企业采用融资租赁方式租入的固定资产　D. 企业采用经营租赁方式租入的固定资产

7. 关于借贷记账法，下列说法正确的是（　　）。

A. 有借必有贷　B. 借贷必相等　C. 只可一借一贷　D. 可一借多贷

8. 下列对原始凭证的处理正确的是（　　）。

A. 对于审核通过的原始凭证，要及时编制记账凭证

B. 对于有错误的原始凭证，应退回给经办人员

C. 退回的原始凭证由相关经办人员负责将有关凭证补充完整、更正错误或重开后，再办理正式会计手续

D. 对于不真实、不合法的原始凭证，会计机构和会计人员有权不予接受

9. 下列账簿中，通常采用三栏式账页格式的有（　　）。

A. 现金日记账　B. 银行存款日记账　C. 总分类账　D. 管理费用明细账

10. 下列各项中关于会计账簿的基本内容中，说法正确的有（　　）。

A. 账簿的封面主要注明账簿的名称

B. 账簿的扉页主要用来标明会计账簿的使用信息

C. 账簿的账页是用来记录经济业务事项的载体

D. 账簿的账页格式因反映经济业务内容的不同而不同

多选题答案及解析

1.【答案】ABCD　【考点】坏账损失核算

【答案解析】提取坏账准备时，借记资产减值损失，贷记坏账准备。40 × 5%=2(万元)。所以B、C项正确；此外，应收账款账面价值等于"应收账款"科目余额扣除"坏账准备"余额。故选ABCD。

2.【答案】ABC　【考点】应收票据核算

【答案解析】该笔业务涉及的会计分录如下。

（1）X企业收到票据。

借：应收票据　　　　　　　　11 700

　　贷：主营业务收入　　　　　　　10 000

应交税费——应交增值税（销项税额）　　1 700

（2）3个月后，“应收票据”到期，X企业收回款项，存入银行。

借：银行存款　　　　11 700

　　贷：应收票据　　　　11 700

（3）票据到期，无力偿还的情况。

借：应收账款 11 700

　　贷：应收票据 11 700

故选ABC。

3.【答案】ABCD　　　　　　　【考点】短期借款利息核算

【答案解析】短期借款利息通过“财务费用”核算。每个月应确认的财务费用为100 000×6%÷12=500(元)，每个季度末支付1 500元的利息。故全选。

4.【答案】BC　　　　　　　【考点】财产清查方法的适用

【答案解析】为了确定库存现金实际的结存数量，对库存现金的清查应采用实地盘存法；而对应收账款进行清查，主要是和债务单位进行对账，应采用函证法。故选BC。

5.【答案】ABCD　　　　　　　【考点】财产清查结果核算

【答案解析】这项业务应做的会计处理为

借：库存商品——甲商品 1 000

　　贷：待处理财产损溢　　1 000

借：待处理财产损溢　　　3 000

　　贷：库存商品——乙商品 3 000

故全选。

6.【答案】AC　　　　　　　【考点】资产的概念

【答案解析】资产是指过去的交易或者事项形成的、并由企业拥有或控制的、预期会给企业带来经济利益的资源。其中，B项是未来的事项，D项是企业没有掌握资产的实际控制权。故选AC。

7.【答案】ABD　　　　　　　【考点】借贷记账法

【答案解析】借贷记账法下，记账规则是“有借必有贷，借贷必相等”。既可以是一借一贷，也可以是一借多贷或者一贷多借。故选ABD。

8.【答案】ABCD　　　　　　　【考点】原始凭证的审核

【答案解析】原始凭证的审核是一项政策性很强的工作，经审核的原始凭证都应根据情况做及时的处理：对于真实、合法、合理但内容不够完整、填写有错误的原始凭证，应退回给经办人员，由其负责将有关凭证补充完整、更正错误或重开后，再办理正式会计手续；对于不真实、不合法的原始凭证，会计机构和会计人员除有权不接受之外还要向单位负责人报告。故全选。

9.【答案】ABC　　【考点】会计账簿的登记格式

【答案解析】管理费用明细账采用多栏式账页。故选ABC。

10.【答案】ABCD　　【考点】会计账簿的基本内容

【答案解析】各种主要会计账簿都应具备的内容有：封面、扉页和账页。封面主要标明账簿的名称；扉页主要标明会计账簿的使用信息，如科目索引、账簿启用和经管人员一览表等；账页是账簿用来记录经济业务事项的载体，其格式因反映的经济业务内容不同而有所不同。故全选。

三、判断题（本类题共25题，每小题1分，共25分。判断正确的得分，判断错误或不作判断的，不得分也不扣分）

1. 收款凭证又分为现金收款凭证和银行存款收款凭证，应分别根据现金或银行存款付出的原始凭证填制。（　　）

2. 如果企业银行存款日记账余额与银行对账单余额相等，则说明不存在未达账项。（　　）

3. 凡是特定主体能够以货币表现的经济活动，都是会计核算和监督的内容，也就是会计的对象。（　　）

4. 根据收付实现制的要求，当期已经实现的收入和已经发生或应当负担的费用，无论款项是否收付，都不应当作为当期的收入和费用计入利润表。（　　）

5. 企业购入需要安装的固定资产买价以及发生的安装费用等，均应通过“在建工程”账户核算。待安装完毕达到预定可使用状态时，再按其实际成本从“在建工程”账户转入“固定资产”账户。（　　）

6. 在实际工作中，科目汇总表中所有科目本期借方发生额合计数可能不等于所有科目本期贷方发生额合计数。（　　）

7. 个别计价法便于逐笔结转发出存货成本，计算比较正确，且工作量较小，尤其适用于进货批次少，能分清发货批次的品种。（　　）

8. 可变现净值是指在正常生产经营过程中，以预计售价减去进一步加工成本和预计销售费用以及相关税费后的净值。（　　）

9. 某一特定主体的资金运动，主要包括资金的投入和折算、循环与收回、支付与赔偿。（　　）

10. 利得和损失可能计入所有者权益，也可能计入当期损益。（　　）

11. Y企业2010年发生亏损，且以前年度亏损仍未弥补完，当年仍可以向投资者分配利润。（　　）

12. 利润表反映了企业一定会计期间的经营成果，现金流量表反映了一定会计期间现金和现金等价物流入和流出情况，二者都属于动态财务报表。（　　）

13. 对于在资产负债表日起一年内到期的负债，即使企业预计能够自主地将清偿义务的时间延迟至一年以后，也应被确认为流动负债。（　　）

14. “长期借款”与“长期待摊费用”账户在编制资产负债表上相同的地方在于都要根据总账账户和明细账户的余额分析计算填列。（　　）

15. 利润表反映了一个综合的经营成果信息，管理当局如果要把握企业具体经营成果的变化，如收入、成本、费用与利润之间的关系，就需要到会计账簿中去了解。（　　）

16. 对内财务报表，也叫管理报表，是企业自行设计和编制的报表。( )

17. 按税法规定允许弥补的亏损和准予免税的项目，如可在税前扣除的前五年内的未弥补亏损和国债利息收入属于所得税纳税调减额。( )

18. 利润总额和营业利润的差异在于利润总额包含了营业外收入和营业外支出。( )

19. 企业销售商品时，如估计价款收回的可能性不大时，即使收入确认的其他条件均已满足，也不应当确认收入。( )

20. 企业处置固定资产、无形资产等非流动资产形成的经济利益的总流出属于费用。( )

21. 期末结账时，如果企业有一部分客户享受现金折扣，企业的应收账款和销售收入就会因为入账时按总价确认而虚增。( )

22. 企业持有的应收票据是一项短期债权，在资产负债表上列示为流动资产。( )

23. 商业汇票到期，如企业无力支付票款，应按应付票据的账面余额，借记“应付票据”，贷记“应付账款”。( )

24. 短期借款是企业的流动负债，一般用于补充企业生产经营的流动资金。( )

25. 如果长期借款用于购建固定资产，在固定资产达到预定可使用状态前后发生的所有利息支出，都应计入在建工程成本。( )

判断题答案及解析

1.【答案】× 【考点】收款凭证

【答案解析】收款凭证是指用于记录现金和银行存款、收款业务的记账凭证。收款凭证又可分为现金收款凭证和银行存款收款凭证，分别根据现金或银行存款收入业务的原始凭证填制，是登记库存现金日记账、银行存款日记账以及有关明细账和总账等账簿的依据。

2.【答案】× 【考点】银行存款余额调节表

【答案解析】银行存款余额调节表，是指在银行对账单余额与企业账面余额的基础上，各自加上对方已收、本单位未收账项数额，减去对方已付、本单位未付账项数额，以调整双方余额使其一致的一种调节方法。所以，即使未达账项的“企业已收、银行未收”和“银行已收、企业未收”，在金额恰巧相等，使得银行对账单余额和企业账面余额相等，也可能存在未达账项。

3.【答案】√ 【考点】会计对象的理解

【答案解析】会计对象是指在社会主义再生产过程中能以货币表现的资金及其资金运动。凡是特定主体能够以货币表现的资金运动，都是会计核算和会计监督的内容，也就是会计的对象。

4.【答案】× 【考点】收付实现制

【答案解析】收付实现制是指以款项的实际收付为标准来处理经济业务，确定本期收入和费用，计算本期盈亏的会计处理基础。权责发生制是指在本期内已经收到和已经发生或应当负担的一切费用，不论其款项是否收到或付出，都作为本期的收入和费用处理。

5.【答案】√ 【考点】固定资产的核算

【答案解析】外购固定资产分为购入不需要安装的固定资产和购入需要安装的固定资产两类。企业购入需要安装的固定资产，先记入“在建工程”账户；安装完成交付使用时，根据固定资产交付使用明细表作记账凭证，再转入“固定资产”账户。

6.【答案】√ 【考点】科目汇总表的账务处理 【答案解析】略

7.【答案】× 【考点】个别计价法的优缺点

【答案解析】个别计价法的优点是能计算发出存货的成本和期末存货的成本比较合理、准确；其缺点是使得实务操作的工作量繁重，困难较大。该方法适用于容易识别、存货品种数量不多、单位成本较高的存货计价。

8.【答案】✓ 【考点】可变现净值的概念 【答案解析】略

9.【答案】× 【考点】会计核算的内容

【答案解析】会计核算的内容是指会计主体的资金运动，包括资金的投入、资金的循环与周转、资金的退出3个阶段，因此本题说法错误。

10.【答案】✓ 【考点】利得与损失的核算

【答案解析】根据我国新《企业会计准则》的规定，企业利得和损失分为直接计入所有者权益的利得和损失以及直接计入当期利润的利得和损失。故题干所述正确。

11.【答案】× 【考点】利润分配

【答案解析】企业如果以前年度亏损未弥补完，不能提取法定盈余公积金；在提取法定盈余公积金之前，不得向投资者分配利润。

12.【答案】✓ 【考点】财务报表的内涵

【答案解析】资产负债表是静态财务报表，反映了企业在某一特定日期财务状况。现金流量表和利润表是动态财务报表，现金流量表反映了企业一定会计期间的现金和现金等价物变动情况，利润表反映了企业一定会计期间的经营成果。

13.【答案】× 【考点】资产负债表的内容

【答案解析】对于在资产负债表日起一年内到期的负债，企业预计能够自主地将清偿义务延迟至资产负债表日后一年以上的，应当归类为非流动负债。

14.【答案】✓ 【考点】资产负债表的编制

【答案解析】"长期借款"需要根据"长期借款"总账账户余额扣除"长期借款"账户下属的明细账户中反映的将于一年内到期的长期借款部分计算填列；"长期待摊费用"中将于一年内摊销完毕的部分，应当在流动资产下"一年内到期的非流动资产"项目中反映。

15.【答案】× 【考点】利润表的作用

【答案解析】企业管理当局通过比较和分析利润表中的各种构成要素，可以把握各项收入、成本、费用与利润之间的此消彼长关系，发现工作中存在的问题，揭露缺点，找出差距，采取措施，改善经营管理。

16.【答案】✓ 【考点】财务报表的含义

【答案解析】对内财务报表是为了适应企业内部经营管理的需要，自行设计、编制的报表，没有统一规定的格式和指标体系。

17.【答案】✓ 【考点】所得税费用的核算

【答案解析】纳税调增额主要包括税法规定允许扣除项目中企业以计入当期费用，但超过税法规定扣除标准的金额，以及税法规定不允许扣除项目的金额。纳税调减额的主要内容即题中所述。

18.【答案】✓ 【考点】营业利润与利润总额

【答案解析】两个公式如下：营业利润=营业收入−营业成本−税金及附加−销售费用−管理费用−财务费用−资产减值损失+公允价值变动收益(−公允价值变动损失)+投资收益(−投资损失)；利润总额=营业利润+营业外收入−营业外支出。故题中所述正确。

19.【答案】✓　　　　　　　　　　【考点】收入的确认和计量

【答案解析】收入的确认条件之一是与交易相关的经济利益能够流入企业，题中所述情况不符合这个条件，因此不应当确认收入。

20.【答案】×　　　　　　　　　　【考点】费用的特征

【答案解析】费用的特征之一是企业在日常活动中发生的经济利益的总流出，企业处置固定资产、无形资产等非流动资产是偶发事件，形成的经济利益的总流出属于企业的损失而不是费用。

21.【答案】✓　　　　　　　　　　【考点】现金折扣

【答案解析】期末结账时，有些应收账款还没有超过折扣期限，销售企业无法得知客户是否会享受现金折扣。这时，如果有一部分客户享受现金折扣，企业的应收账款和销售收入就会因为入账时按总价确认而虚增。

22.【答案】✓　　　　　　　　　　【考点】应收票据的含义与内容

【答案解析】应收票据是指企业因销售商品，提供劳务等而收到的商业汇票。根据我国现行法规的规定，商业汇票的付款期限为由交易双方商定，但最长不得超过6个月。因此，企业持有的应收票据是一项短期债权，在资产负债表上列为一项流动资产。

23.【答案】×　　　　　　　　　　【考点】应付票据的核算

【答案解析】如果为商业承兑汇票，则借记“应付票据”，贷记“应付账款”；如为银行承兑汇票，则借记“应付票据”，贷记“短期借款”。

24.【答案】✓　　　　　　　　　　【考点】短期借款的内涵

【答案解析】短期借款是企业向银行或其他金融机构借入的期限在一年以下的各种借款，一般用来补充企业生产经营的流动资金。

25.【答案】×　　　　　　　　　　【考点】长期借款利息的核算

【答案解析】如果长期借款用于购建固定资产的，在固定资产尚未达到预定可使用状态前，所发生的应当资本化的利息支出数，计入在建工程成本；固定资产达到预定可使用状态后发生的利息支出，计入财务费用。

附录 4

综合模拟实训案例（学生操作）

一、模拟企业基本情况

企业名称：山东泰山有限责任公司　　企业类型：工业企业

注册资本：500 万元人民币　　开户银行：中国银行济南市历下区支行

账　　号：0101020304　　税务登记号：370102169354239

联系电话：0531-88954536　　公司地址：山东省济南市

二、模拟企业会计政策简介

1. 该公司存货发出采用先进先出法。

2. 公司采购材料和销售产品的价格均为不含税价格，增值税税率为 16%。公司适用的所得税税率为 25%。

3. 职工保险费的提取比例为工资总额的 16%。

4. 法定盈余公积提取比例为 10%。应付给投资者的利润按可供投资者分配利润的 10%提取。

三、工作要求

1. 建立下列账簿：总账；“应收账款”“应付账款”“原材料”“库存商品”“生产成本”明细账；并登记其期初余额。

2. 填制部分原始凭证。

3. 分析原始凭证，并据以编制记账凭证。

4. 根据记账凭证、原始凭证，逐笔登记上述账簿的发生额，并进行结账。

5. 编制 20×5 年度资产负债表（只登记期末余额）、20×5 年度利润表（只登记本期金额）。

6. 整理、装订会计凭证（手工操作所需原始凭证从“操作裁剪用凭证”附册中获取，记账凭证自行购买）。

四、期初资料、本期业务及其他资料

（一）该公司 20×5 年 12 月初有关资料见表 C4.1～表 C4.5。

（二）12 月发生如下经济业务。

（1）3 日，采购材料，验收入库，原始凭证参见图 C4.1～图 4.4。

表 C4.1　账户期初余额表　　（单位：元）

账户名称		借　方	贷　方
库存现金		6 000	
银行存款		1 190 899	
其他货币资金		140 400	
应收票据		185 200	
应收账款	光明公司	680 000	
	蓝天公司	308 000	
	合　计	988 000	
预付账款		120 000	
其他应收款		6 000	
在途物资		15 760	
原材料		498 800	
库存商品		540 600	
生产成本		76 320	
长期股权投资		537 777	
固定资产		6 456 000	
累计折旧			1 758 000
在建工程		636 000	
无形资产		1 259 280	
短期借款			560 000
应付账款	新海股份有限公司		204 100
	大宇公司		118 300
	合　计		322 400
应付职工薪酬			254 400
应交税费（增）			115 636
其他应付款			11 564
应付利息			14 836
长期借款			1 220 000
实收资本			4 000 000
盈余公积			1 706 200
本年利润			1 910 000
利润分配——未分配利润			784 000
合　计		12 657 036	12 657 036

表 C4.2　20×5 年 1～11 月份损益类账户发生额
（单位：元）

科目名称	借方发生额	贷方发生额
主营业务收入		8 700 000
其他业务收入		49 000
主营业务成本	4 740 000	
其他业务成本	33 000	
管理费用	790 000	
销售费用	610 000	
营业外支出	666 000	

表 C4.3　“原材料”明细账户期初余额
（金额单位：元）

总账科目	明细科目	计量单位	数量	单价	金额
原材料	A 材料	千克	11 300	18	203 400
	B 材料	千克	9 800	12	117 600
	C 材料	千克	17 780	10	177 800

表 C4.4　“库存商品”明细账户期初余额
（金额单位：元）

总账科目	明细科目	计量单位	数量	单价	金额
库存商品	甲产品	件	2 100	200	420 000
	乙产品	件	1 206	100	120 600

表 C4.5　“生产成本”明细账户期初余额

总账科目	明细科目	计量单位	数量	成本项目			
				直接材料（元）	直接人工（元）	制造费用（元）	合计（元）
生产成本	甲产品	件	400	45 200	19 090	12 030	76 320

山东省增值税专用发票

发票联

№5432132

开票日期：20×5年12月03日

购货单位	名称：山东泰山有限责任公司 纳税人识别号：370102169354239 地址 电话：山东省济南市 0531-88954536 开户银行及账号：中国银行济南市历下区支行 0101020304				密码区	略	
货物或应税劳务名称	规格型号	单位	数量	单价	金额	税率	税额
A材料		千克	5 000	20	100 000.00	16%	16 000.00
合计					100 000.00		16 000.00
价税合计（大写）	人民币壹拾壹万陆仟元整				（小写）¥116 000.00		
销货单位	名称：新海股份有限公司 纳税人识别号：370705639548781 地址 电话：山东省潍坊市 0536-4600077 开户银行及账号：中国银行潍坊市幸福街支行 0102023256				备注		

收款人：潘悦　复核：张秀贵　开票人：张如倩　销货单位：（章）

第三联 发票联 购货方记账凭证

图C4.1 原始凭证C4.1

发票号码：5432131

收料单

供应单位：新海股份有限公司　收料单编号：963631

材料类别：　20×5年12月03日　收料仓库：材料库

编号	名称	规格	单位	数量		实际成本					备注
				应收	实收	买价		运杂费	其他	合计	
						单价	金额				
	A材料		千克	5 000	5 000	20	100 000.00	200.00		100 200.00	
合计							100 000.00	200.00		100 200.00	

主管：赵宏　检验员：郑一　保管员：温暖　会计：王芸

②会计记账联

图C4.2 原始凭证C4.2

山东省公路运输发票

20×5年12月03日

发货单位：新海股份有限公司

发站：潍坊站		到站：济南站	
货物名称	数量（千克）	类别	金额（元）
A材料	5 000	运杂费	200.00
合计金额（大写）：人民币贰佰元整			
收货单位：山东泰山有限责任公司		经办人：温暖	

图C4.3 原始凭证C4.3

中国银行

转账支票存根（鲁）

10403720

01018031

附加信息

出票日期：20×5 年 12 月 03 日

收款人：新海股份有限责任公司
金　额：¥116 200.00
用　途：采购 A 材料

单位主管：　　　　会计：

图 C4.4　原始凭证 C4.4

（2）4 日，收到前欠货款，原始凭证见图 C4.5。

（3）8 日，采购 B 材料原始凭证见图 C4.6、图 C4.7。

（4）9 日，发放工资，原始凭证见图 C4.8、图 C4.9。

中国银行委托收款凭证（汇款依据或收款通知）4

委托日期 20×5 年 12 月 04 日

付款人	全　称	光明公司	收款人	全　称	山东泰山有限责任公司
	账　号	8306613222		账　号	0101020304
	开户银行	中国银行文化路支行		开户银行	中国银行济南市历下区支行

托收金额	人民币（大写）	陆拾捌万元整	千	百	十	万	千	百	十	元	角	分
				¥	6	8	0	0	0	0	0	0

款项内容	货款	托收凭证名称	销售合同	附寄单证张数	1 张
商品发运情况	已发运	合同名称号码			04763

备注： 复核　　记账	上列款项已划回收入你方账户内。 收款人开户银行签章 20×5 年 12 月 04 日

中行济南支行

2011.12.04

图 C4.5　原始凭证 C4.5

山东省增值税专用发票

发票联

№3296231

开票日期：20×5 年 12 月 08 日

购货单位	名称：山东泰山有限责任公司 纳税人识别号：370102169354239 地址 电话：山东省济南市 0531-88954536 开户银行及账号：中国银行济南市历下区支行 0101020304					密码区	略
货物或应税劳务名称	规格型号	单位	数量	单价	金额	税率	税额
B 材料		千克	2 000	12	24 000.00	16%	3 840.00
合 计					24 000.00		3 840.00
价税合计（大写）	人民币贰万柒仟捌佰肆拾元整						（小写）¥ 27 840.00
销货单位	名称：潍坊大华有限责任公司 纳税人识别号：37070564532453 地址 电话：山东省潍坊市 0536-2600137 开户行及账号：中国银行潍坊市四平路支行 0102023232					备注	

收款人：刘亮 复核：萧雄 开票人：王梅 销货单位：（章）

第三联 发票联 购货方记账凭证

图 C4.6 原始凭证 C4.6

中国银行

转账支票存根（鲁）

10403720

01018032

附加信息

出票日期：20×5 年 12 月 08 日

收款人：潍坊大华有限责任公司
金 额：¥27 840.00
用 途：采购 B 材料

单位主管： 会计：

图 C4.7 原始凭证 C4.7

工资结算汇总表

制作单位：山东泰山有限责任公司 20×5 年 12 月 （单位：元）

部门 \ 项目		基本工资	岗位工资	各种补贴	生产奖金	应付工资	代扣款项	实发工资
生产车间	生产工人	70 000	12 200	5 900	5 380	93 480	9 910	83 570
	管理人员	33 000	4 400	2 200	4 280	43 880	5 410	38 470
	小 计	103 000	16 600	8 100	9 660	137 360	15 320	122 040
管理部门		56 000	9 500	5 200	3 200	73 900	9540	64 360
销售部门		36 000	6 000	3 200	3 220	48 420	5610	42 810
合 计		195 000	32 100	16 500	16 080	259 680	30 470	229 210

图 C4.8 原始凭证 C4.8

中国银行

转账支票存根（鲁）

10403720

01018078

附加信息

出票日期：20×5 年 12 月 09 日

收款人：山东泰山有限责任公司 员工工资账户
金　额：¥ 229 210.00
用　途：支付工资

单位主管：　　　会计：

图 C4.9　原始凭证 C4.9

（5）10 日，8 日采购的 B 材料入库，原始凭证见图 C4.10。

收 料 单

发票号码：3296231

供应单位：潍坊大华有限责任公司　　　收料单编号：93634

材料类别：　　　20×5 年 12 月 10 日　　　收料仓库：材料库

编号	名称	规格	单位	数量		实际成本					备注
				应收	实收	买价		运杂费	其他	合计	
						单价	金额				
	B 材料		千克	2 000	2 000	12	24 000.00			24 000.00	
合　计							24 000.00			24 000.00	

②会计记账联

主管：刘 辉　　检验员：郑 一　　保管员：温 暖　　会计：王 芸

图 C4.10　原始凭证 C4.10

（6）11 日，领用材料，生产甲产品 2 000 件，原始凭证见图 C4.11。

领 料 单

领料单位：生产车间　　　编号：625137

用　　途：生产甲产品　　　20×5 年 12 月 11 日　　　仓库：材料库

材料编号	材料名称及规格	计量单位	数量		成本		备注
			请领	实领	单位成本	金额	
	A 材料	千克	10 000	10 000			
	B 材料	千克	4 000	4 000			
	C 材料	千克	3 500	3 500			

领料单位负责人：刘 辉　　领料人：赵 洋　　发料人：刘 静　　制单：孟红伟

图 C4.11　原始凭证 C4.11

（7）14 日，销售乙产品，原始凭证见图 C4.12、图 C4.13、图 C4.14。

（8）领用材料，生产乙产品 1 600 件，原始凭证见图 C4.15。

（9）29 日，销售多余材料，原始凭证见图 C4.16、图 C4.17、图 C4.18。

（10）30 日，销售甲产品，原始凭证见图 C4.19、图 C4.20。

山东省增值税专用发票

记账联

№ 096872114

开票日期：20×5 年 12 月 14 日

购货单位	名　　称：潍坊大华有限责任公司 纳税人识别号：37070564532453 地 址 电 话：山东省潍坊市 0536-2600137 开户行及账户：中国银行潍坊市四平路支行　0102023232					密码区	略	
货物或应税劳务名称	规格型号	单位	数量	单价	金额	税率	税额	
乙产品		件	1 000	300.00	300 000.00	16%	48 000.00	
合　计					300 000.00		48 000.00	
价税合计（大写）	人民币叁拾肆万捌仟元整					（小写）¥348 000.00		
销货单位	名　　称：山东泰山有限责任公司 纳税人识别号：370102169354239 地 址 电 话：山东省济南市 0531-88954536 开户银行及账号：中国银行济南市历下区支行 0101020304					备注	山东泰山有限责任公司 370704169354239 发票专用章	

第一联　记账联　销货方记账凭证

收款人：王芸　　复核：刘岚　　开票人：洪丽　　销货单位：（章）

图 C4.12　原始凭证 C4.12

商品出库单

购货单位：潍坊大华有限责任公司　　20×5 年 12 月 14 日　　编号：276818

商品名称及规格	单　位	数　量
乙产品	件	1 000

会计主管：刘岚　　保管员：严谨　　记账：　　制单：温暖

图 C4.13　原始凭证 C4.13

中国银行委托收款凭证（回单）

委邮　　委托日期 2011 年 12 月 14 日　　委托号码 567

付款人	全　称	潍坊大华有限责任公司	收款人	全　称	山东泰山有限责任公司
	账　号	0102023232		账　号	0101020304
	开户银行	中国银行潍坊市四平路支行		开户银行	中国银行济南市历下区支行
委托金额	人民币（大写）	叁拾伍万壹仟元整		千百十万千百十元角分	¥ 3 5 1 0 0 0 0 0
款项内容	货款	委托收款凭据名称	销售合同	附单证张数	1
备注：	收款单位开户行盖章 20×5 年 12 月 14 日				

中行济南支行　20×5.12.14　收讫

此联是回单

图 C4.14　原始凭证 C4.14

领料单位：生产车间　　　　**领 料 单**　　　　编号：625137

用　　途：生产乙产品　　　　20×5 年 12 月 20 日　　　　仓库：材料库

材料编号	材料名称及规格	计量单位	数量		成本		备注
			请领	实领	单位成本	金额	
	A 材料	千克	2 400	2 400			
	C 材料	千克	3 600	3 600			

领料单位负责人：刘 辉　　领料人：赵 洋　　发料人：刘 静　　制单：孟红伟

图 C4.15　原始凭证 C4.15

山东省增值税专用发票

（印章：全国统一发票监制章　山东省　国家税务局监制）

记账联

№096872206

开票日期：20×5 年 12 月 29 日

购货单位	名　　称：北辰机械厂 纳税人识别号：370705198901603 地 址 电 话：山东省潍坊市 0536-7600027 开户行及账户：中国工商银行东方路支行 1088000845	密码区	略

货物或应税劳务名称	规格型号	单位	数量	单价	金额	税率	税额
C 材料		千克	300	15.00	4 500.00	16%	720.00
合　计			300		4 500.00		720.00
价税合计（大写）	伍仟贰佰贰拾元整					（小写）¥5 220.00	

销货单位	名　　称：山东泰山有限责任公司 纳税人识别号：370102169354239 地 址 电 话：山东省济南市 0531-88954536 开户银行及账号：中国银行济南市历下区支行 0101020304	备注	（印章：山东泰山有限责任公司 370704169354239 发票专用章）

收款人：王 芸　　复核：刘 岚　　开票人：洪 丽　　销货单位：（章）

第一联 记账联 销货方记账凭证

图 C4.16　原始凭证 C4.16

材料出库单

购货单位：北辰机械厂　　　　20×5 年 12 月 29 日　　　　编号 276906

编号	名称及规格	单位	数量	单位成本	总成本	备注
	C 材料	千克	300	10	3 000	多余原材料
合　计					3 000	

会计主管：刘 岚　　仓库主管：赵 宏　　保管：温 暖　　制单：孟宏伟

图 C4.17　原始凭证 C4.17

中国银行 电划代收补充报单（收账通知）

20×5年12月29日

业务类型		委托收款（□邮划、□电划）			托收承付（□邮划、□电划）		
付款人	全　称	北辰机械厂			收款人	全　称	山东泰山有限责任公司
	账　号	1088000169685				账号或地址	0101020304
	开户银行	中国银行潍坊支行	行号	35875		开户银行	中国银行潍坊支行

托收金额	人民币（大写）	伍仟贰佰陆拾伍元整	千	百	十	万	千	百	十	元	角	分
						¥	5	2	6	5	0	0

款项内容	支付货款	
备注 验单付款 复核：　记账：	上列款项已划回，收入你方账户内。	中行潍坊支行 20×5.12.29 收讫 收款人开户行盖章 年　月　日

此联作收款人开户银行给收款人的受理回单

图C4.18　原始凭证C4.18

山东省增值税专用发票

记账联

山东省

№ 096872111

开票日期：20×5年12月30日

购货单位	名　称：山东光明有限责任公司 纳税人识别号：370306092854421 地址　电话：山东省淄博市 0533-8200056 开户行及账户：中国工商银行临淄支行 0102367456					密码区	略
货物或应税劳务名称	规格型号	单位	数量	单价	金额	税率	税额
甲产品		件	1 000	500.00	500 000.00	16%	80 000.00
合　计					500 000.00		80 000.00
价税合计（大写）	人民币伍拾捌万元整				（小写）¥580 000.00		
销货单位	名　称：山东泰山有限责任公司 纳税人识别号：370102169354239 地址　电话：山东省济南市 0531-88954536 开户银行及账号：中国银行济南市历下区支行 0101020304					备注	山东泰山有限责任公司 370704169354239 发票专用章

第一联　记账联　销货方记账凭证

收款人：王芸　复核：刘岚　开票人：洪丽　销货单位：（章）

图C4.19　原始凭证C4.19

商品出库单

购货单位：山东光明有限责任公司　20×5年12月30日　编号：276812

商品名称及规格	单位	数量
甲产品	件	1 000

会计主管：刘岚　保管员：严谨　记账：　制单：温暖

图C4.20　原始凭证C4.20

（11）31 日，分配本月工资费用，原始凭证见图 C4.21。

工资费用分配汇总表

20×5 年 12 月 31 日

车间及部门		应付职工薪酬——工资			应付职工薪酬——职工保险费（16%）	合计（元）
		生产工时	分配率	分配额		
一车间	甲产品工人	12 000				
	乙产品工人	8 000				
	小　计	20 000				
	车间管理人员					
管理部门						
销售部门						
合　计						

会计主管：刘 岚　　复核：张 山　　制单：洪 丽

图 C4.21　原始凭证 C4.21

（12）计提固定资产折旧，原始凭证见图 C4.22。

固定资产折旧计算表

20×5 年 12 月 31 日　（单位：元）

使用部门	固定资产项目	上月折旧额	上月增加固定资产		上月减少固定资产		本月折旧额	分配费用
			原价	折旧额	原价	折旧额		
生产车间	厂房	50 000					50 000	制造费用
	机器设备	34 000					34 000	
	其他设备	6 000					6 000	
	小　计	90 000					90 000	
管理部门	房屋建筑物	40 000					40 000	管理费用
	运输工具	20 000					20 000	
	小　计	60 000					60 000	
合 计		150 000					150 000	

图 C4.22　原始凭证 C4.22

（13）31 日，分配制造费用，原始凭证见图 C4.23。

制造费用分配表

20×5 年 12 月 31 日

产品名称	生产工时（小时）	分配率	分配金额
甲产品	12 000		
乙产品	8 000		
合　计	20 000		

图 C4.23　原始凭证 C4.23

（14）31 日，甲、乙产品全部完工入库，原始凭证见图 C4.24、图 C4.25。

（15）31 日，结转本月销售成本，原始凭证见图 C4.26。

（16）31 日，结转本月损益类账户，原始凭证见图 C4.27。

（17）31 日，计算并结转本年所得税（无纳税调整因素），原始凭证见图 C4.28。

（18）31 日，进行利润分配，原始凭证见图 C4.29、图 C4.30。

完工产品成本计算表

20×5年12月31日

产品名称	计量单位	产量	直接材料	直接人工	制造费用	总成本	单位成本（小数点后两位）
甲产品	件	2 400					
乙产品	件	1 600					
合计							

验收：文君　　　　制表：康旭

图 C4.24　原始凭证 C4.24

产成品入库单

入库部门：　　　　20×5年12月31日

类别	编号	名称及规格	计量单位	实收数量	单位成本	总成本	
		甲产品	件	2 400			附注：
		乙产品	件	1 600			
合计							

制表：康旭　　　　保管：严谨　　　　检验：文君

注：一式三联，一联产成品库存单，一联交基本生产车间，一联交财务部

图 C4.25　原始凭证 C4.25

主营业务成本计算单

20×5年12月31日

产品名称	期初结存			本期完工入库			本期销售		
	数量	单位成本	总成本	数量	单位成本	总成本	数量	单位成本	总成本
甲产品	2 100	200	420 000	2 400					
乙产品	1 206	100	120 600	1 600					

图 C4.26　原始凭证 C4.26

损益类账户结转表

20×5年12月31日

科目名称	借方发生额	贷方发生额
主营业务收入		800 000
主营业务成本	308 772.7	
税金及附加	0	
销售费用	55 198.8	
管理费用	144 246	
财务费用	0	
其他业务收入		4 500
其他业务成本	3 000	
投资收益		0
营业外收入		0
营业外支出	0	
合计	511 217.5	804 500

图 C4.27　原始凭证 C4.27

应交所得税计算表

项目	计税依据（全年利润总额）	税率	税额
应交所得税		25%	
合计			

图 C4.28　原始凭证 C4.28

本年提取盈余公积金计算表

企业名称：山东泰山有限责任公司　　　　20×5年度（单位：元）

项目	金额（小数点后两位）
本年净利润	
减：弥补企业以前年度亏损	
计提盈余公积基数	
本年应计提法定盈余公积	

会计主管：刘岚　　审核：张山　　制表：张翔

图 C4.29　原始凭证 C4.29

应付利润计算表

企业名称：山东泰山有限责任公司　　20×5 年度　　（单位：元）

上年未分配利润	本年可分配利润	可供投资者分配利润	分配比例	应付利润总额
			10%	

会计主管：刘 岚　　审核：张 山　　制表：张 翔

图 C4.30 原始凭证 C4.30

（19）计算并结转未分配利润，原始凭证见图 C4.31。

未分配利润计算表

20×5 年 12 月 31 日　　（单位：元）

项　目	金　额
利润总额	
所得税费用	
净利润	
提取法定盈余公积	
向投资者分配现金股利	
未分配利润	

会计主管：刘 岚　　审核：张 山　　制表：张 翔

图 C4.31 原始凭证 C4.31

附录 5

会计基础工作规范

财会字〔1996〕19 号

第一章　总　　则

第一条　为了加强会计基础工作，建立规范的会计工作秩序，提高会计工作水平，根据《中华人民共和国会计法》的有关规定，制定本规范。

第二条　国家机关、社会团体、企业、事业单位、个体工商户和其他组织的会计基础工作，应当符合本规范的规定。

第三条　各单位应当依据有关法律、法规和本规范的规定，加强会计基础工作，严格执行会计法规制度，保证会计工作依法有序地进行。

第四条　单位领导人对本单位的会计基础工作负有领导责任。

第五条　各省，自治区、直辖市财政厅（局）要加强对会计基础工作的管理和指导，通过政策引导、经验交流、监督检查等措施，促进基层单位加强会计基础工作，不断提高会计工作水平。国务院各业务主管部门根据职责权限管理本部门的会计基础工作。

第二章　会计机构和会计人员

第一节　会计机构设置和会计人员配备

第六条　各单位应当根据会计业务的需要设置会计机构；不具备单独设置会计机构条件的，应当在有关机构中配备专职人员。事业行政单位会计机构的设置和会计人员的配备，应当符合国家统一事业行政单位会计制度的规定。设置会计机构，应当配备会计机构负责人；在有关机构中配备专职会计人员，应当在专职会计人员中指定会计主管人员。会计机构负责人、会计主管人员的任免，应当符合《中华人民共和国会计法》和有关法律的规定。

第七条　会计机构负责人、会计主管人员应当具备下列基本条件：（一）坚持原则，廉洁奉公；（二）具有会计专业技术资格；（三）主管一个单位或者单位内一个重要方面的财务会计工作时间不少于 2 年；（四）熟悉国家财经法律、法规、规章和方针、政策，掌握本行业业务管理的有关知识；（五）有较强的组织能力；（六）身体状况能够适应本职工作的要求。

第八条　没有设置会计机构和配备会计人员的单位，应当根据《代理记账管理暂行办法》委托会计师事务所或者持有代理记账许可证书的其他代理记账机构进行代理记账。

第九条　大、中型企业、事业单位、业务主管部门应当根据法律和国家有关规定设置总会计师。总会计师由具有会计师以上专业技术资格的人员担任。总会计师行使《总会计师条例》规定的职责、权限。总会计师的任命（聘任）、免职（解聘）依照《总会计师条例》和有关法律的规定办理。

第十条　各单位应当根据会计业务需要配备持有会计证的会计人员。未取得会计证的人员，不得从事会计工作。

第十一条　各单位应当根据会计业务需要设置会计工作岗位。会计工作岗位一般可分为：会计机构负责人或者会计主管人员，出纳，财产物资核算，工资核算，成本费用核算；财务成果核算，资金核算，往来结算，总账报表，稽核，档案管理等。开展会计电算化和管理会计的单位，可以根据需要设置相应工作岗位，也可以与其他工作岗位相结合。

第十二条　会计工作岗位，可以一人一岗、一人多岗或者一岗多人。但出纳人员不得兼管稽核、会计档案保管和收入、费用、债权债务账目的登记工作。

第十三条　会计人员的工作岗位应当有计划地进行轮换。

第十四条　会计人员应当具备必要的专业知识和专业技能，熟悉国家有关法律、法规，规章和国家统一会计制度，遵守职业道德。会计人员应当按照国家有关规定参加会计业务的培训。各单位应当合理安排会计人员的培训，保证会计人员每年有一定时间用于学习和参加培训。

第十五条　各单位领导人应当支持会计机构、会计人员依法行使职权；对忠于职守，坚持原则，做出显著成绩的会计机构、会计人员，应当给予精神的和物质的奖励。

第十六条　国家机关、国有企业、事业单位任用会计人员应当实行回避制度。单位领导人的直系亲属不得担任本单位的会计机构负责人、会计主管人员。会计机构负责人，会计主管人员的直系亲属不得在本单位会计机构中担任出纳工作。需要回避的直系亲属为：夫妻关系、直系血亲关系、三代以内旁系血亲以及配偶亲关系。

第二节　会计人员职业道德

第十七条　会计人员在会计工作中应当遵守职业道德，树立良好的职业品质、严谨的工作作风，严守工作纪律，努力提高工作效率和工作质量。

第十八条　会计人员应当热爱本职工作，努力钻研业务，使自己的知识和技能适应所从事工作的要求。

第十九条　会计人员应当熟悉财经法律、法规、规章和国家统一会计制度，并结合会计工作进行广泛宣传。

第二十条　会计人员应当按照会计法律、法规和国家统一会计制度规定的程序和要求进行会计工作，保证所提供的会计信息合法、真实、准确、及时、完整。

第二十一条　会计人员办理会计事务应当实事求是、客观公正。

第二十二条　会计人员应当熟悉本单位的生产经营和业务管理情况，运用掌握的会计信息和会计方法，为改善单位内部管理、提高经济效益服务。

第二十三条　会计人员应当保守本单位的商业秘密。除法律规定和单位领导人同意外，不能私自向外界提供或者泄露单位的会计信息。

第二十四条　财政部门、业务主管部门和各单位应当定期检查会计人员遵守职业道德的情况，并作为会计人员晋升、晋级、聘任专业职务、表彰奖励的重要考核依据。会计人员违反职业道德的，由所在单位进行处罚；情节严重的，由会计证发证机关吊销其会计证。

第三节　会计工作交接

第二十五条　会计人员工作调动或者因故离职，必须将本人所经管的会计工作全部移交给接替人员。没有办清交接手续的，不得调动或者离职。

第二十六条　接替人员应当认真接管移交工作，并继续办理移交的未了事项。

第二十七条　会计人员办理移交手续前，必须及时做好以下工作：（一）已经受理的经济业务尚未填制会计凭证的，应当填制完毕。（二）尚未登记的账目，应当登记完毕，并在最后一笔余额后加盖经办人员印章。（三）整理应该移交的各项资料，对未了事项写出书面材料。（四）编制移交清册，列明应当移交的会计凭证、会计账簿、会计报表、印章、现金、有价证券、支票簿、发票、文件、其他会计资料和物品等内容；实行会计电算化的单位，从事该项工作的移交人员还应当在移交清册中列明会计软件及密码、会计软件数据磁盘（磁带等）及有关资料、实物等内容。

第二十八条　会计人员办理交接手续，必须有监交人负责监交。一般会计人员交接，由单位会计机构负责人、会计主管人员负责监交；会计机构负责人、会计主管人员交接，由单位领导人负责监交，必要时可由上级主管部门派人会同监交。

第二十九条　移交人员在办理移交时，要按移交清册逐项移交；接替人员要逐项核对点收。（一）现金、有价证券要根据会计账簿有关记录进行点交。库存现金、有价证券必须与会计账簿记录保持一致。不一致时，移交人员必须限期查清。（二）会计凭证、会计账簿、会计报表和其他会计资料必须完整无缺。如有短缺，必须查清原因，并在移交清册中注明，由移交人员负责。（三）银行存款账户余额要与银行对账单核对，如不一致，应当编制银行存款余额调节表调节相符，各种财产物资和债权债务的明细账户余额要与总账有关账户余额核对相符；必要时，要抽查个别账户的余额，与实物核对相符，或者与往来单位、个人核对清楚。（四）移交人员经管的票据、印章和其他实物等，必须交接清楚；移交人员从事会计电算化工作的，要对有关电子数据在实际操作状态下进行交接。

第三十条　会计机构负责人、会计主管人员移交时，还必须将全部财务会计工作、重大财务收支和会计人员的情况等，向接替人员详细介绍。对需要移交的遗留问题，应当写出书面材料。

第三十一条　交接完毕后，交接双方和监交人员要在移交注册上签名或者盖章，并应在移交注册上注明：单位名称，交接日期，交接双方和监交人员的职务、姓名，移交清册页数以及需要说明的问题和意见等。移交清册一般应当填制一式三份，交接双方各执一份，存档一份。

第三十二条　接替人员应当继续使用移交的会计账簿，不得自行另立新账，以保持会计记录的连续性。

第三十三条　会计人员临时离职或者因病不能工作且需要接替或者代理的，会计机构负责人、会计主管人员或者单位领导人必须指定有关人员接替或者代理，并办理交接手续。临时离职或者因病不能工作的会计人员恢复工作的，应当与接替或者代理人员办理交接手续。移交人员因病或者其他特殊原因不能亲自办理移交的，经单位领导人批准，可由移交人员委托他人代办移交，但委托人应当承担本规范第三十五条规定的责任。

第三十四条　单位撤销时，必须留有必要的会计人员，会同有关人员办理清理工作，编制决算。未移交前，不得离职。接收单位和移交日期由主管部门确定。单位合并、分立的，其会计工作交接手续比照上述有关规定办理。

第三十五条　移交人员对所移交的会计凭证、会计账簿、会计报表和其他有关资料的合法性、真实性承担法律责任。

第三章　会 计 核 算

第一节　会计核算一般要求

第三十六条　各单位应当按照《中华人民共和国会计法》和国家统一会计制度的规定建立会计账册，进行会计核算，及时提供合法、真实、准确、完整的会计信息。

第三十七条　各单位发生的下列事项，应当及时办理会计手续、进行会计核算：（一）款项和有价证券的收付；（二）财物的收发、增减和使用；（三）债权债务的发生和结算；（四）资本、基金的增减；（五）收入、支出、费用、成本的计算；（六）财务成果的计算和处理；（七）其他需要办理会计手续、进行会计核算的事项。

第三十八条　各单位的会计核算应当以实际发生的经济业务为依据，按照规定的会计处理方法进行，保证会计指标的口径一致、相互可比和会计处理方法的前后各期相一致。

第三十九条　会计年度自公历 1 月 1 日起至 12 月 31 日止。

第四十条　会计核算以人民币为记账本位币。收支业务以外国货币为主的单位，也可以选定某种外国货币作为记账本位币，但是编制的会计报表应当折算为人民币反映。境外单位向国内有关部门编报的会计报表，应当折算为人民币反映。

第四十一条　各单位根据国家统一会计制度的要求，在不影响会计核算要求、会计报表指标汇总和对外统一会计报表的前提下，可以根据实际情况自行设置和使用会计科目。事业行政单位会计科目的设置和使用，应当符合国家统一事业行政单位会计制度的规定。

第四十二条　会计凭证、会计账簿、会计报表和其他会计资料的内容和要求必须符合国家统一会计制度的规定，不得伪造、变造会计凭证和会计账簿，不得设置账外账，不得报送虚假会计报表。

第四十三条　各单位对外报送的会计报表格式由财政部统一规定。

第四十四条　实行会计电算化的单位，对使用的会计软件及其生成的会计凭证、会计账簿、会计报表和其他会计资料的要求，应当符合财政部关于会计电算化的有关规定。

第四十五条　各单位的会计凭证、会计账簿、会计报表和其他会计资料，应当建立档案，妥善保管。会计档案建档要求、保管期限、销毁办法等依据《会计档案管理办法》的规定进行。实行会计电算化的单位，有关电子数据、会计软件资料等应当作为会计档案进行管理。

第四十六条　会计记录的文字应当使用中文，少数民族自治地区可以同时使用少数民族文字。中国境内的外商投资企业、外国企业和其他外国经济组织也可以同时使用某种外国文字。

第二节　填制会计凭证

第四十七条　各单位办理本规范第三十七条规定的事项，必须取得或者填制原始凭证，并及时送交会计机构。

第四十八条　原始凭证的基本要求如下。

（一）原始凭证的内容必须具备：凭证的名称；填制凭证的日期；填制凭证单位名称或者填制人姓名；经办人员的签名或者盖章；接受凭证单位名称；经济业务内容；数量、单价和金额。

（二）从外单位取得的原始凭证，必须盖有填制单位的公章；从个人取得的原始凭证，必须有填制人员的签名或者盖章。自制原始凭证必须有经办单位领导人或者其指定的人员签名或者盖章。对外开出的原始凭证，必须加盖本单位公章。

（三）凡填有大写和小写金额的原始凭证，大写与小写金额必须相符。购买实物的原始凭证，必须有验收证明。支付款项的原始凭证，必须有收款单位和收款人的收款证明。

（四）一式几联的原始凭证，应当注明各联的用途，只能以一联作为报销凭证。一式几联的发票和收据，必须用双面复写纸（发票和收据本身具备复写纸功能的除外）套写，并连续编号。作废时应当加盖“作废”戳记，连同存根一起保存，不得撕毁。

（五）发生销货退回的，除填制退货发票外，还必须有退货验收证明；退款时，必须取得对方的收款收据或者汇款银行的凭证，不得以退货发票代替收据。

（六）职工公出借款凭据，必须附在记账凭证之后。收回借款时，应当另开收据或者退还借据副本，不得退还原借款收据。

（七）经上级有关部门批准的经济业务，应当将批准文件作为原始凭证附件。如果批准文件需要单独归档的，应当在凭证上注明批准机关名称、日期和文件字号。

第四十九条　原始凭证不得涂改、挖补。发现原始凭证有错误的，应当由开出单位重开或者更正，更正处应当加盖开出单位的公章。

第五十条　会计机构、会计人员要根据审核无误的原始凭证填制记账凭证。记账凭证可以分为收款凭证、付款凭证和转账凭证，也可以使用通用记账凭证。

第五十一条　记账凭证的基本要求是：

（一）记账凭证的内容必须具备：填制凭证的日期；凭证编号；经济业务摘要；会计科目；金额；所附原始凭证张数；填制凭证人员、稽核人员、记账人员、会计机构负责人、会计主管人员签名或者盖章。收款和付款记账凭证还应当由出纳人员签名或者盖章。以自制的原始凭证或者原始凭证汇总表代替记账凭证的，也必须具备记账凭证应有的项目。

（二）填制记账凭证时，应当对记账凭证进行连续编号。一笔经济业务需要填制两张以上记账凭证的，可以采用分数编号法编号。

（三）记账凭证可以根据每一张原始凭证填制，或者根据若干张同类原始凭证汇总填制，也可以根据原始凭证汇总表填制。但不得将不同内容和类别的原始凭证汇总填制在一张记账凭证上。

（四）除结账和更正错误的记账凭证可以不附原始凭证外，其他记账凭证必须附有原始凭证。如果一张原始凭证涉及几张记账凭证，可以把原始凭证附在一张主要的记账凭证后面，并在其他记账凭证上注明附有该原始凭证的记账凭证的编号或者附原始凭证复印件。一张原始凭证所列支出需要几个单位共同负担的，应当将其他单位负担的部分，开给对方原始凭证分割单，进行结算。原始凭证分割单必须具备原始凭证的基本内容：凭证名称、填制凭证日期、填制凭证单位名称或者填制人姓名、经办人的签名或者盖章、接受凭证单位名称、经济业务内容、数量、单价、金额和费用分摊情况等。

（五）如果在填制记账凭证时发生错误，应当重新填制。已经登记入账的记账凭证，在当年内发现填写错误时，可以用红字填写一张与原内容相同的记账凭证，在摘要栏注明"注销某月某日某号凭证"字样，同时再用蓝字重新填制一张正确的记账凭证，注明"订正某月某日某号凭证"字样。如果会计科目没有错误，只是金额错误，也可以将正确数字与错误数字之间的差额，另编一张调整的记账凭证，调增金额用蓝字，调减金额用红字。发现以前年度记账凭证有错误的，应当用蓝字填制一张更正的记账凭证。

（六）记账凭证填制完经济业务事项后，如有空行，应当自金额栏最后一笔金额数字下的空行处至合计数上的空行处画线注销。

第五十二条　填制会计凭证，字迹必须清晰、工整，并符合下列要求。

（一）阿拉伯数字应当一个一个地写，不得连笔写。阿拉伯金额数字前面应当书写货币币种符号或者货币名称简写和币种符号。币种符号与阿拉伯金额数字之间不得留有空白。凡阿拉伯数字前写有币种符号的，数字后面不再写货币单位。

（二）所有以元为单位（其他货币种类为货币基本单位，下同）的阿拉伯数字，除表示单价等情况外，一律填写到角分；无角分的，角位和分位可写"00"，或者符号"–"；有角无分的，分位应当写"0"，不得用符号"–"代替。

（三）汉字大写数字金额如零、壹、贰、叁、肆、伍、陆、柒、捌、玖、拾、佰、仟、万、亿等，一律用正楷或者行书体书写，不得用〇、一、二、三、四、五、六、七、八、九、十等简化字代替，不得任意自造简化字。大写金额数字到元或者角为止的，在"元"或者"角"字之后应当写"整"字或者"正"字；大写金额数字有分的，分字后面不写"整"或者"正"字。

（四）大写金额数字前未印有货币名称的，应当加填货币名称，货币名称与金额数字之间不得留有空白。

（五）阿拉伯金额数字中间有"0"时，汉字大写金额要写"零"字；阿拉伯数字金额中间连续有几个"0"时，汉字大写金额中可以只写一个"零"字；阿拉伯金额数字元位是"0"，或者数字中间连续有几个"0"、元位也是"0"但角位不是"0"时，汉字大写金额可以只写一个"零"字，也可以不写"零"字。

第五十三条　实行会计电算化的单位，对于机制记账凭证，要认真审核，做到会计科目使用正确，数字准确无误。打印出的机制记账凭证要加盖制单人员、审核人员、记账人员及会计机构负责人、会计主管人员印章或者签字。

第五十四条　各单位会计凭证的传递程序应当科学、合理，具体办法由各单位根据会计业务需要自行规定。

第五十五条　会计机构、会计人员要妥善保管会计凭证。

（一）会计凭证应当及时传递，不得积压。

（二）会计凭证登记完毕后，应当按照分类和编号顺序保管，不得散乱丢失。

（三）记账凭证应当连同所附的原始凭证或者原始凭证汇总表，按照编号顺序，折叠整齐，按期装订成册，并加具封面，注明单位名称、年度、月份和起讫日期、凭证种类、起讫号码，由装订人在装订线封签外签名或者盖章。对于数量过多的原始凭证，可以单独装订保管，在封面上注明记账凭证日期、编号、种类，同时在记账凭证上注明“附件另订”和原始凭证名称及编号。各种经济合同、存出保证金收据以及涉外文件等重要原始凭证，应当另编目录，单独登记保管，并在有关的记账凭证和原始凭证上相互注明日期和编号。

（四）原始凭证不得外借，其他单位如因特殊原因需要使用原始凭证时，经本单位会计机构负责人、会计主管人员批准，可以复制。向外单位提供的原始凭证复制件，应当在专设的登记簿上登记，并由提供人员和收取人员共同签名或者盖章。

（五）从外单位取得的原始凭证如有遗失，应当取得原开出单位盖有公章的证明，并注明原来凭证的号码、金额和内容等，由经办单位会计机构负责人、会计主管人员和单位领导人批准后，才能代作原始凭证。如果确实无法取得证明的，如火车、轮船、飞机票等凭证，由当事人写出详细情况，由经办单位会计机构负责人、会计主管人员和单位领导人批准后，代作原始凭证。

第三节　登记会计账簿

第五十六条　各单位应当按照国家统一会计制度的规定和会计业务的需要设置会计账簿。会计账簿包括总账、明细账、日记账和其他辅助性账簿。

第五十七条　现金日记账和银行存款日记账必须采用订本式账簿。不得用银行对账单或者其他方法代替日记账。

第五十八条　实行会计电算化的单位，用计算机打印的会计账簿必须连续编号，经审核无误后装订成册，并由记账人员和会计机构负责人、会计主管人员签字或者盖章。

第五十九条　启用会计账簿时，应当在账簿封面上写明单位名称和账簿名称。在账簿扉页上应当附启用表，内容包括：启用日期、账簿页数、记账人员和会计机构负责人、会计主管人员姓名，并加盖名章和单位公章。记账人员或者会计机构负责人、会计主管人员调动工作时，应当注明交接日期、接办人员或者监交人员姓名，并由交接双方人员签名或者盖章。启用订本式账簿，应当从第一页到最后一页顺序编定页数，不得跳页、缺号。使用活页式账页，应当按账户顺序编号，并须定期装订成册。装订后再按实际使用的账页顺序编定页码。另加目录，记明每个账户的名称和页次。

第六十条　会计人员应当根据审核无误的会计凭证登记会计账簿。登记账簿的基本要求如下。

（一）登记会计账簿时，应当将会计凭证日期、编号、业务内容摘要、金额和其他有关资料逐项记入账内；做到数字准确、摘要清楚、登记及时、字迹工整。

（二）登记完毕后，要在记账凭证上签名或者盖章，并注明已经登账的符号，表示已经记账。

（三）账簿中书写的文字和数字上面要留

有适当空格，不要写满格；一般应占格距的二分之一。

（四）登记账簿要用蓝黑墨水或者碳素墨水书写，不得使用圆珠笔（银行的复写账簿除外）或者铅笔书写。

（五）下列情况，可以用红色墨水记账：

1. 按照红字冲账的记账凭证，冲销错误记录；

2. 在不设借贷等栏的多栏式账页中，登记减少数；

3. 在三栏式账户的余额栏前，如未印明余额方向的，在余额栏内登记负数余额；

4. 根据国家统一会计制度的规定可以用红字登记的其他会计记录。

（六）各种账簿按页次顺序连续登记，不得跳行、隔页。如果发生跳行、隔页，应当将空行、空页画线注销，或者注明“此行空白”“此页空白”字样，并由记账人员签名或者盖章。

（七）凡需要结出余额的账户，结出余额后。应当在“借或贷”等栏内写明“借”或者“贷”等字样。没有余额的账户，应当在“借或贷”等栏内写“平”字，并在余额栏内用“ θ ”表示。现金日记账和银行存款日记账必须逐日结出余额。

（八）每一账页登记完毕结转下页时，应当结出本页合计数及余额，写在本页最后一行和下页第一行有关栏内，并在摘要栏内注明“过次页”和“承前页”字样；也可以将本页合计数及金额只写在下页第一行有关栏内，并在摘要栏内注明“承前页”字样。对需要结计本月发生额的账户，结计“过次页”的本页合计数应当为自本月初起至本页末止的发生额合计数；对需要结计本年累计发生额的账户，结计“过次页”的本页合计数应当为自年初起至本页末止的累计数；对既不需要结计本月发生额也不需要结计本年累计发生额的账户，可以只将每页末的余额结转次页。

第六十一条　实行会计电算化的单位，总账和明细账应当定期打印。发生收款和付款业务的，在输入收款凭证和付款凭证的当天必须打印出现金日记账和银行存款日记账，并与库存现金核对无误。

第六十二条　账簿记录发生错误，不准涂改、挖补、刮擦或者用药水消除字迹，不准重新抄写，必须按照下列方法进行更正。

（一）登记账簿时发生错误，应当将错误的文字或者数字画红线注销，但必须使原有字迹仍可辨认；然后在画线上方填写正确的文字或者数字，并由记账人员在更正处盖章。对于错误的数字，应当全部画红线更正，不得只更正其中的错误数字。对于文字错误，可只画去错误的部分。

（二）由于记账凭证错误而使账簿记录发生错误，应当按更正的记账凭证登记账簿。

第六十三条　各单位应当定期对会计账簿记录的有关数字与库存实物、货币资金、有价证券、往来单位或者个人等进行相互核对，保证账证相符、账账相符、账实相符。对账工作每年至少进行一次。

（一）账证核对。核对会计账簿记录与原始凭证、记账凭证的时间、凭证字号、内容、金额是否一致，记账方向是否相符。

（二）账账核对。核对不同会计账簿之间的账簿记录是否相符，包括：总账有关账户的余额核对，总账与明细账核对，总账与日记账核对，会计部门的财产物资明细账与财产物资保管和使用部门的有关明细账核对等。

（三）账实核对。核对会计账簿记录与财产等实有数额是否相符。包括：现金日记账账面余额与现金实际库存数相核对；银行存款日记账账面余额定期与银行对账单相核对；各种财物明细账账面余额与财物实存数额相核对；各种应收、应付款明细账账面余额与有关债务、债权单位或者个人核对等。

第六十四条　各单位应当按照规定定期结账。

（一）结账前，必须将本期内所发生的各项经济业务全部登记入账。

（二）结账时，应当结出每个账户的期末余额。需要结出当月发生额的，应当在摘要栏内注明“本月合计”字样，并在下面通栏画单红线。需要结出本年累计发生额的，应当在摘要栏内注明“本年累计”字样，并在下面通栏画单红线；十二月末的“本年累计”就是全年累计发生额。全年累计发生额下面应当通栏画双红线。年度终了结账时，所有总账账户都应当结出全年发生额和年末余额。

（三）年度终了，要把各账户的余额结转到下一会计年度，并在摘要栏注明“结转下年”字样；在下一会计年度新建有关会计账簿的第一行余额栏内填写上年结转的余额，并在摘要栏注明“上年结转”字样。

第四节　编制财务报告

第六十五条　各单位必须按照国家统一会计制度的规定，定期编制财务报告。财务报告包括会计报表及其说明。会计报表包括会计报表主表、会计报表附表、会计报表附注。

第六十六条　各单位对外报送的财务报告应当根据国家统一会计制度规定的格式和要求编制。单位内部使用的财务报告，其格式和要求由各单位自行规定。

第六十七条　会计报表应当根据登记完整、核对无误的会计账簿记录和其他有关资料编制，做到数字真实、计算准确、内容完整、说明清楚。任何人不得篡改或者授意、指使、强令他人篡改会计报表的有关数字。

第六十八条　会计报表之间、会计报表各项目之间，凡有对应关系的数字，应当相互一致。本期会计报表与上期会计报表之间有关的数字应当相互衔接。如果不同会计年度会计报表中各项目的内容和核算方法有变更的，应当在年度会计报表中加以说明。

第六十九条　各单位应当按照国家统一会计制度的规定认真编写会计报表附注及其说明，做到项目齐全，内容完整。

第七十条　各单位应当按照国家规定的期限对外报送财务报告。对外报送的财务报告，应当依次编定页码，加具封面，装订成册，加盖公章。封面上应当注明：单位名称，单位地址，财务报告所属年度、季度、月度，送出日期，并由单位领导人、总会计师、会计机构负责人、会计主管人员签名或者盖章。单位领导人对财务报告的合法性、真实性负法律责任。

第七十一条　根据法律和国家有关规定应当对财务报告进行审计的，财务报告编制单位应当先行委托注册会计师进行审计，并将注册会计师出具的审计报告随同财务报告按照规定的期限报送有关部门。

第七十二条　如果发现对外报送的财务报告有错误，应当及时办理更正手续。除更正本单位留存的财务报告外，并应同时通知接受财务报告的单位更正。错误较多的，应当重新编报。

第四章　会计监督

第七十三条　各单位的会计机构、会计人员对本单位的经济活动进行会计监督。

第七十四条　会计机构、会计人员进行会计监督的依据如下。

（一）财经法律、法规、规章；

（二）会计法律、法规和国家统一会计制度；

（三）各省、自治区、直辖市财政厅（局）和国务院业务主管部门根据《中华人民共和国会计法》和国家统一会计制度制定的具体实施办法或者补充规定；

（四）各单位根据《中华人民共和国会计法》和国家统一会计制度制定的单位内部会计管理制度；

（五）各单位内部的预算、财务计划、经济计划、业务计划。

第七十五条　会计机构、会计人员应当对原始凭证进行审核和监督。对不真实、不合法的原始凭证，不予受理。对弄虚作假、严重违法的原始凭证，在不予受理的同时，应当予以扣留，并及时向单位领导人报告，请求查明原因，追究当事人的责任。对记载不明确、不完整的原始凭证，予以退回，要求经办人员更正、补充。

第七十六条　会计机构、会计人员对伪造、变造、故意毁灭会计账簿或者账外设账行为，应当制止和纠正；制止和纠正无效的，应当向上级主管单位报告，请求做出处理。

第七十七条　会计机构、会计人员应当对实物、款项进行监督，督促建立并严格执行财产清查制度。发现账簿记录与实物、款项不符时，应当按照国家有关规定进行处理。超出会计机构、会计人员职权范围的，应当立即向本单位领导报告，请求查明原因，做出处理。

第七十八条　会计机构、会计人员对指使、强令编造、篡改财务报告行为，应当制止和纠正；制止和纠正无效的，应当向上级主管单位报告，请求处理。

第七十九条　会计机构、会计人员应当对财务收支进行监督。

（一）对审批手续不全的财务收支，应当退回，要求补充、更正。

（二）对违反规定不纳入单位统一会计核算的财务收支，应当制止和纠正。

（三）对违反国家统一的财政、财务、会计制度规定的财务收支，不予办理。

（四）对认为是违反国家统一的财政、财务、会计制度规定的财务收支，应当制止和纠正；制止和纠正无效的，应当向单位领导人提出书面意见请求处理。单位领导人应当在接到书面意见起十日内作出书面决定，并对决定承担责任。

（五）对违反国家统一的财政、财务、会计制度规定的财务收支，不予制止和纠正，又不向单位领导人提出书面意见的，也应当承担责任。

（六）对严重违反国家利益和社会公众利益的财务收支，应当向主管单位或者财政、审计、税务机关报告。

第八十条　会计机构、会计人员对违反单位内部会计管理制度的经济活动，应当制止和纠正；制止和纠正无效的，向单位领导人报告，请求处理。

第八十一条　会计机构、会计人员应当对单位制定的预算、财务计划、经济计划、业务计划的执行情况进行监督。

第八十二条　各单位必须依照法律和国家有关规定接受财政、审计、税务等机关的监督，如实提供会计凭证、会计账簿、会计报表和其他会计资料以及有关情况，不得拒绝、隐匿、谎报。

第八十三条　按照法律规定应当委托注册会计师进行审计的单位，应当委托注册会计师进行审计，并配合注册会计师的工作，如实提供会计凭证、会计账簿、会计报表和其他会计资料以及有关情况，不得拒绝、隐匿、谎报；不得示意注册会计师出具不当的审计报告。

第五章　内部会计管理制度

第八十四条　各单位应当根据《中华人民共和国会计法》和国家统一会计制度的规定，结合单位类型和内部管理的需要，建立健全相应的内部会计管理制度。

第八十五条　各单位制定内部会计管理制度应当遵循下列原则。

（一）应当执行法律、法规和国家统一的财务会计制度。

（二）应当体现本单位的生产经营、业务管理的特点和要求。

（三）应当全面规范本单位的各项会计工作，建立健全会计基础，保证会计工作的有序进行。

（四）应当科学、合理，便于操作和执行。

（五）应当定期检查执行情况。

（六）应当根据管理需要和执行中的问题不断完善。

第八十六条　各单位应当建立内部会计管理体系。主要内容包括：单位领导人、总会计师对会计工作的领导职责；会计部门及其会计机构负责人、会计主管人员的职责、权限；会计部门与其他职能部门的关系；会计核算的组织形式等。

第八十七条　各单位应当建立会计人员岗位责任制度。主要内容包括：会计人员的工作岗位设置；各会计工作岗位的职责和标准；各会计工作岗位的人员和具体分工；会计工作岗位轮换办法；对各会计工作岗位的考核办法。

第八十八条　各单位应当建立账务处理程序制度。主要内容包括：会计科目及其明细科目的设置和使用；会计凭证的格式、审核要求和传递程序；会计核算方法；会计账簿的设置；编制会计报表的种类和要求；单位会计指标体系。

第八十九条　各单位应当建立内部牵制制度。主要内容包括：内部牵制制度的原则；组织分工；出纳岗位的职责和限制条件；有关岗位的职责和权限。

第九十条　各单位应当建立稽核制度。主要内容包括：稽核工作的组织形式和具体分工；稽核工作的职责、权限；审核会计凭证和复核会计账簿、会计报表的方法。

第九十一条　各单位应当建立原始记录管理制度。主要内容包括：原始记录的内容和填制方法；原始记录的格式；原始记录的审核；原始记录填制人的责任；原始记录签署；传递、汇集要求。

第九十二条　各单位应当建立定额管理制度。主要内容包括：定额管理的范围；制定和修订定额的依据、程序和方法；定额的执行；定额考核和奖惩办法等。

第九十三条　各单位应当建立计量验收制度。主要内容包括：计量检测手段和方法；计量验收管理的要求；计量验收人员的责任和奖惩办法。

第九十四条　各单位应当建立财产清查制度。主要内容包括：财产清查的范围；财产清查的组织；财产清查的期限和方法；对财产清查中发现问题的处理办法；对财产管理人员的奖惩办法。

第九十五条　各单位应当建立财务收支审批制度。主要内容包括：财务收支审批人员和审批权限；财务收支审批程序；财务收支审批人员的责任。

第九十六条　实行成本核算的单位应当建立成本核算制度。主要内容包括：成本核算的对象；成本核算的方法和程序；成本分析等。

第九十七条　各单位应当建立财务会计分析制度。主要内容包括：财务会计分析的主要内容；财务会计分析的基本要求和组织程序；财务会计分析的具体方法；财务会计分析报告的编写要求等。

第六章　附　　则

第九十八条　本规范所称国家统一会计制度，是指由财政部制定、或者财政部与国务院有关部门联合制定、或者经财政部审核批准的在全国范围内统一执行的会计规章、准则、办法等规范性文件。本规范所称会计主管人员，是指不设置会计机构、只在其他机构中设置专职会计人员的单位行使会计机构负责人职权的人员。本规范第三章第二节和第三节关于填制会计凭证、登记会计账簿的规定，除特别指出外，一般适用于手工记账。实行会计电算化的单位，填制会计凭证和登记会计账簿的有关要求，应当符合财政部关于会计电算化的有关规定。

第九十九条　各省、自治区、直辖市财政厅（局）、国务院各业务主管部门可以根据本规范的原则，结合本地区、本部门的具体情况，制定具体实施办法，报财政部备案。

第一百条　本规范由财政部负责解释、修改。

第一百零一条　本规范自公布之日起实施。1984 年 4 月 24 日财政部发布的《会计人员工作规则》同时废止。

编写思路及教学建议

首先感谢广大读者的厚爱，本书已出版到第 3 版了，鉴于前两版收到广大读者反馈的信息中提到本书如何使用的问题，是更适合会计专业学生使用，还是更适合非会计专业学生使用，编者在此结合自己的编写思路和用书实践提点建议，仅供参考。

一、编写思路

1. 变“发珍珠”为“做项链”

“基础会计”课程传统的教材与教学方式是依次教学生一些零散的知识、一项项分散的技能，这就像发给学生一颗颗珍珠。分散的珍珠容易丢，零散的知识与技能也容易忘，初学会计者很难将学到的零散知识与技能系统化，有机融入到整个会计核算过程中，即很难将珍珠串成项链。如果用完整的会计核算案例贯穿课程始终，老师引领学生穿“珍珠”做“项链”，不仅能让学生明白单项知识与技能之间的逻辑关系，也能为学生搭建起会计核算工作的整体框架。

2. 变“学后做”为“做中学”

传统的教学方式是先教后做，教师教的抽象，学生做的吃力。如果结合高职高专学生的认知特点，变学科教学体系为行动教学体系，把学生放入模拟仿真的职业环境中，让学生模拟顶岗学习，使学生在做的过程中掌握操作方法和技能，并在操作过程中产生知识需求时引入相关的理论知识，真正做到“教、学、做”一体化，实现理论与实践的高度融合，能提高学生的学习兴趣，进而提高教学效果。

在此理念指导下，编者没有在书中先面面俱到地大量罗列抽象的理论知识和方法，再安排零散的实训与练习，而是在两部分中各用一个完整的会计核算案例为载体，一个是以资金运动过程为主线，一个是以会计核算流程为主线，将零散的理论知识与方法串联起来。这种教材结构便于学生在做中学，教师在做中教。

二、用书建议

本书既可作为非会计专业学生的基础课和选修课教材，也可作为会计专业学生的专业课教材。

1. 非会计专业选用

如果非会计专业选用本书，对于理论知识与方法，其中关于会计从业资格考试的相关内容和难度较大的内容可略讲或选讲。对于模拟案例，滨海有限责任公司的教学模拟案例，可由教师引领学生共同完成，以教师为主导，学生参与学习即可。也可直接用相对简单的泰山有限责任公司的模拟案例作为教学案例，不再用滨海有限责任公司的教学模拟案例。

2. 会计专业选用

如果会计专业选用本书，对于理论知识与方法，第 3 版补充了会计从业资格考试的相关内容，以及提炼点睛和拓展阅读等，可根据需要充分选用。对于模拟案例，滨海有限责任公司的教学模拟案例，可由教师引领学生共同完成，以学生动手操作为主，教师引导和点评为辅。泰山有限责任公司的自训模拟案例，供有余力的学校选用。潍坊职业学院会计专业学生选用本书，本课程 96 学时，多年教学实践，没觉得特别宽松，编者认为本书完全适合会计专业选用。

杨桂洁
2016 年 4 月 28 日

主要参考文献

[1] 财政部会计资格评价中心. 2009. 初级会计实务[M]. 北京：中国财政经济出版社.

[2] 丁增稳，王美玲. 2007. 基础会计[M]. 北京：中国经济出版社.

[3] 高香林. 2007. 基础会计[M]. 2版. 北京：高等教育出版社.

[4] 华泽会计组编. 2014. 会计基础[M]. 上海：立信会计出版社.

[5] 贾永海. 2000. 会计基础[M]. 北京：高等教育出版社.

[6] 李梦玉，马葵. 2010. 会计学基础[M]. 2版. 北京：北京大学出版社.

[7] 赵宝芳. 2008. 新编基础会计[M]. 2版. 北京：中国农业出版社.

[8] 中华人民共和国财政部. 2006. 企业会计准则[M]. 北京：经济科学出版社.

[9] 中华人民共和国财政部. 2006. 企业会计准则——应用指南[M]. 北京：中国财政经济出版社.

后 记

精耕细作二十秋，白头添皱笔中游；

回首四望苍茫处，读者遍布华夏洲。

在草长莺飞的春天，本书第 3 版终于修订完成，抬眼望去，窗外已桃红柳绿，风筝满天。回首本书 2009 年开始创作，2010 年出版，2013 年推出第二版，到如今推出第 3 版，转眼七年，好像只是瞬间，深深留在记忆中的却是——写本好书真的很难！

尽管诸事缠身，但读者的厚爱和教学的责任牢记心间，本书的完善在编辑的督促下也不敢拖延。完成第 3 版并不是我一个人和编写团队的功劳，还有很多同行在使用或看过本书后给出了许多具体的意见和建议。如今修订完成，特向以下各位同行致以深深的谢意！

广东清远职业技术学院黄清泉

湖南生物机电职业技术学院肖淑兰、王园

广安职业技术学院沈婷婷、刘光清

石家庄信息工程职业学院安立明

北京吉利大学王红娟

滁州市总工会职业培训学校方明

佛山职业技术学院吴健鹏

广州城建职业学院黄子明、叶忠、陈祥友、谭吉芳、张珊、梁玲芝

海南琼州学院黎小长

河北软件职业技术学院甄立敏

宁波大红鹰学院高职分院陈光梅

陕西工业职业技术学院朱晓聪

邵阳职业技术学院何群英

四川航天职业技术学院张雯

天一会计培训中心王力

乌鲁木齐职业大学钟丽蓉

武昌职业学院杨映玲

西安外事学院崔洁、王瑾

驻马店职业技术学院席蕊

无锡商业职业技术学院翟志华、李凤燕

浙江纺织服装职业技术学院刘莹

山东工业技师学院牟温生

北京信息职业技术学院蔺宁

芜湖职业技术学院冯蔚

北京电子科技职业学院邓晖

台州第一技师学院林海荣

梧州职业学院董艳辉

浙江纺织服装职业技术学院董春丽

濮阳职业技术学院赵景社

北京电子科技职业学院刘朝霞

北京现代职业技术学院申婧

滁州职业技术学院翁嘉晨

黑龙江农业经济职业学院徐丽

贵州工业职业技术学院陈小英

江西工程学院周肖英、邹莉

雅安职业技术学院赵康

石家庄信息工程职业学院贾卫兰

广东水利电力职业技术学院邹权锋

河北省藁城职教中心王翠英

因统计记录不全，应有遗漏，未列明者敬请谅解。

不敢用无错不成书来遮掩本书中存在的问题，况且各学校的教学条件和环境不同，本书肯定仍存在需要完善之处，望各位同行继续批评指正，将来我们会尽力把本书改得更好一点！

金杯银杯不如读者的口碑，教材的广泛使用说明我们的教学改革成果得到了同类院校的高度认可，我们将以此为激励，在教改之路上继续前行。

2016 年 4 月 28 日

更新勘误表和配套资料索取示意图

说明：本书配套资料可在 http://www.ryjiaoyu.com/下载，其中配套学习资料注册后可直接下载；**教学用资料**仅供采用本书授课的教师下载，**教师身份、用书教师身份**需网站后台审批（咨询邮箱 13051901888@163.com）。

更新勘误及意见建议记录表

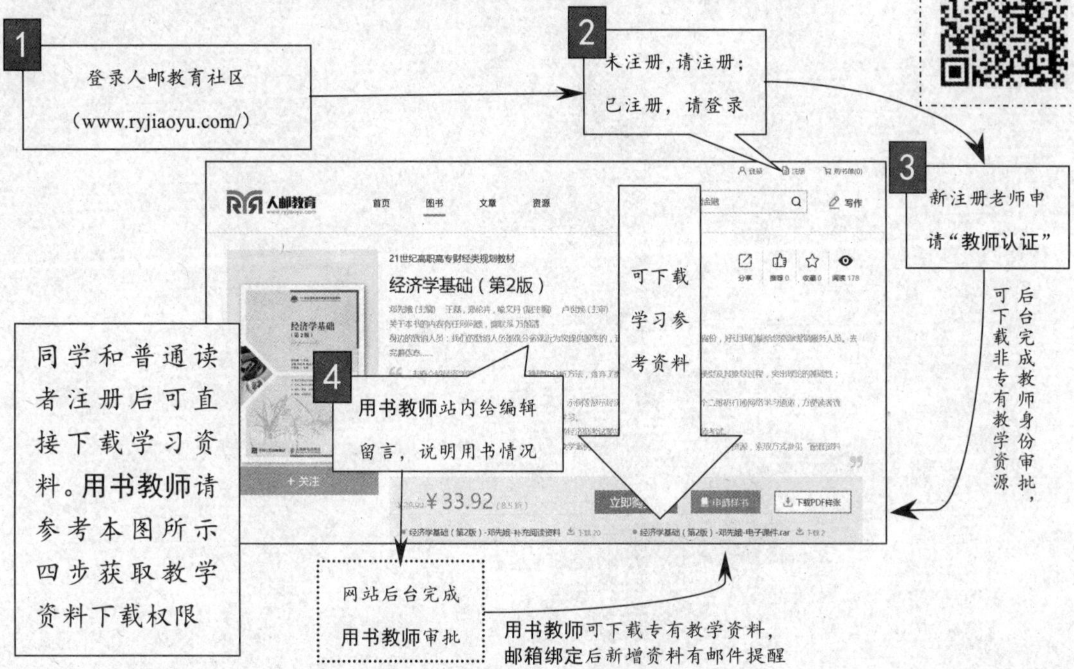

部分财会类教材推荐

（更多教材请登录人邮教育社区搜索）

书名/主编	书　号	适用层次	编 辑 推 荐
中级财务会计（第3版），吴学斌	978-7-115-43464-7	本科	四川省“十二五”本科规划教材；二维码链接网络学习资源；章后习题+电子版习题集；提供课件、教案、案例库、试卷等
财务会计实训教程（上、下册）（第2版），裴永浩	978-7-115-40690-3	本专科	原始凭证和记账凭证单独成册；按营改增调整相关业务；利用二维码提供相关网络资源；融基本功训练、岗位技能训练和综合技能训练为一体；提供答案、课件、习题集、阅读资料等
会计基础与实务（第3版），杨桂洁	978-7-115-42694-9	高职高专	山东省潍坊市第二十次社会科学优秀成果二等奖；满足会计从业资格考试要求；原始凭证单独成册，方便裁剪；二维码展示视频等资源；提供课件、教案、答案、试卷等
财务会计（第2版），贾永海	978-7-115-39292-3	高职高专	提供课件、教案、各类题目参考答案；学练结合，重点突出课堂练习及课后实训环节，配有“教学做一体化训练”
成本会计（上、下册）（第2版），徐晓敏	978-7-115-39201-5	高职高专	提供课件、教案、习题及实训答案、试卷；实训部分单独成册，方便使用
会计综合实训（第2版），甄立敏	978-7-115-30148-2	高职高专	校企合作开发，根据企业会计的实际情况布置教材内容；凭证单独成册；提供课件、教案、答案、电子备份文件等